中国式现代化之路

罗平汉 等◎著

图书在版编目（CIP）数据

中国式现代化之路 / 罗平汉等著 . -- 北京：北京联合出版公司 , 2024.4
ISBN 978-7-5596-6713-7

Ⅰ.①中… Ⅱ.①罗… Ⅲ.①现代化建设—研究—中国 Ⅳ.① D61

中国国家版本馆 CIP 数据核字（2023）第 039003 号

中国式现代化之路
作　　者：罗平汉等
出 品 人：赵红仕
责任编辑：张　萌
封面设计：WONDERLAND Book design
　　　　　仙德 QQ:344581934
版式设计：张博轩
责任编审：赵　娜

北京联合出版公司出版
（北京市西城区德外大街 83 号楼 9 层 100088）
北京华景时代文化传媒有限公司发行
北京中科印刷有限公司印刷　新华书店经销
字数 202 千字　　710 毫米 ×1000 毫米　　1/16　　17.5 印张
2024 年 4 月第 1 版　　2024 年 4 月第 1 次印刷
ISBN 978-7-5596-6713-7
定价：58.00 元

版权所有，侵权必究
未经书面许可，不得以任何方式转载、复制、翻印本书部分或全部内容。
本书若有质量问题，请与本公司图书销售中心联系调换。电话：（010）83626929

前　言

近代以来，为寻找自己的现代化道路，中华民族进行了长期不懈的努力。一开始，曾尝试过以西方为榜样实现中国的现代化，于是有了洋务运动、维新变法和辛亥革命，先是学西方的器物与技术，后是学西方的体制与制度，但始终没有成功，中国的现代化依旧遥遥无期，国家依旧是那样的贫弱，社会依旧是那样的落后，人民依旧是那样的贫穷。

在中国革命胜利前夕，毛泽东曾对鸦片战争以来向西方学习的心路历程有过总结。他指出："自从一八四〇年鸦片战争失败那时起，先进的中国人，经过千辛万苦，向西方国家寻找真理。洪秀全、康有为、严复和孙中山，代表了在中国共产党出世以前向西方寻找真理的一派人物。那时，求进步的中国人，只要是西方的新道理，什么书也看。向日本、英国、美国、法国、德国派遣留学生之多，达到了惊人的程度。国内废科举，兴学校，好像雨后春笋，努力学习西方。""要救国，只有维新，要维新，只有学外国。那时的外国只有西方资本主义国家是进步的，它们成功地建设了资产阶级的现代国家。日本人向西方学习有成效，中国人也想向日本人学。在那时的中国人看来，俄国是落后的，很少人想学俄国。这就是十九世纪四十年代至二十世纪初期中国人学习外国的情形。""帝国主义的侵略打破了中国人学西方的迷梦。很奇怪，为什么先生老是侵略学生呢？中国人向西方学得很不少，但是行不通，理想总是不能实现。"①历史表明，西方资本主义的现代化模式不适合于中国国情，中国要实现现代化必须另找出路。

近代以来，中国贫穷落后实现不了现代化的根本原因，就在封建主义的统治与帝国主义的入侵，以及二者结合产生的官僚资本主义。要实现现代化和中华民族的伟大复兴，必须进行反帝反封建的革命。在中国共产党成立前，虽然中国人民在反帝反封建上付出过许多的努力，发生过太平天国运动、义和团运动和辛亥革命，但并没有从根本上推翻帝国主义和封建主义的统治，中国长期陷入半殖民地半封建社会的深渊中，现代化和民族复兴依然遥不可及。历史表明，在中国要实现现代化，必须彻底推翻帝国主义、封建主义和官僚资本主义这三座大山。中国共产党领导中国人民经过二十八年艰苦卓绝的斗争，最终取得了新民主主义革命的伟大胜利，实现了民族独立和人民解放，这就为实现现代化进而实现中华民族伟大复兴创造了根本社会历史条件。

新中国成立后，曾一度向苏联的社会主义现代化模式有过认真的学习，但随后以毛泽东同志为主要代表的中国共产党人

---

① 《毛泽东选集》第四卷，人民出版社1991年版，第1469、1470页。

前　言

意识到苏联的现代化模式亦存在许多的弊端。以1956年发表的《论十大关系》为标志，毛泽东明确提出要实现马克思主义与中国具体实际的第二次结合，以苏为鉴，避免苏联在社会主义建设中曾走过的弯路，而走出中国自己的工业化即现代化建设道路。正如毛泽东在《论十大关系》中所指出的："特别值得注意的是，最近苏联方面暴露了他们在建设社会主义过程中的一些缺点和错误，他们走过的弯路，你还想走？过去我们就是鉴于他们的经验教训，少走了一些弯路，现在当然更要引以为戒。"[①] 从这时起，开始了中国自己的社会主义建设道路也就是现代化道路的探索，这其中有成功也有曲折，有经验也有教训，总的来说，由于历史条件的限制和各种复杂的原因，并没有从苏联模式中真正走出来，虽然提出了实现四个现代化的口号，现代化建设取得了不小的成就，但离现代化目标还有相当的距离。

1978年12月召开的中共十一届三中全会，开启了改革开放的伟大进程。随着改革开放的深入，人们不但进一步感受到了中国同已经实现现代化的国家在经济、科技领域的差距，而且意识到中国的现代化建设既不能照搬照抄西方模式，也不能固守苏联模式，必须有中国自己的道路选择，于是，"中国式的现代化"这一命题应运而生。这一命题在20世纪70年代末80年代初提出之时，主要是考虑原定的20世纪内达到西方发达国

---

① 中共中央文献研究室编：《毛泽东文集》第七卷，人民出版社1999年版，第23页。

中国式现代化之路

家那样的现代化程度不可能实现。为使中国的现代化有切实、具体、明晰、能够实现的目标，邓小平提出了小康标准，即将在20世纪内中国实现小康作为这一阶段现代化的目标任务。从此，实现小康目标并全面建成小康社会，就成为中国现代化建设在20世纪后二十年和21世纪前二十年的具体任务。

党的十八大以来，中国共产党人成功推进和拓展了中国式现代化。在认识上不断深化，创立了习近平新时代中国特色社会主义思想，实现了马克思主义中国化时代化新的飞跃，为中国式现代化提供了根本遵循。进一步深化对中国式现代化的内涵和本质的认识，概括形成中国式现代化的中国特色、本质要求和重大原则，初步构建中国式现代化的理论体系，使中国式现代化更加清晰、更加科学、更加可感可行。在战略上不断完善，深入实施科教兴国战略、人才强国战略、乡村振兴战略等一系列重大战略，为中国式现代化提供坚实战略支撑。在实践上不断丰富，推进一系列变革性实践、实现一系列突破性进展、取得一系列标志性成果，推动党和国家事业取得历史性成就、发生历史性变革，特别是消除了绝对贫困问题，全面建成小康社会，为中国式现代化提供了更为完善的制度保证、更为坚实的物质基础、更为主动的精神力量。

目前已经实现现代化的国家和地区，走的是资本主义的现代化道路。十月革命后，苏联开启以计划经济为特征的工业化建设，并在短期内取得了不小的成就，但随着20世纪80年代末90代初东欧剧变和苏联解体，苏联模式的现代化道路实际被

前 言

中断。因此，长期以来，在一些人看来，唯有资本主义的模式才能实现现代化。中国式现代化打破了"现代化=西方化"的迷思，展现了现代化的另一幅图景，拓展了发展中国家走向现代化的路径选择，为人类对更好社会制度的探索提供了中国方案。中国式现代化蕴含的独特世界观、价值观、历史观、文明观、民主观、生态观等及其伟大实践，是对世界现代化理论和实践的重大创新。中国式现代化为广大发展中国家独立自主迈向现代化树立了典范。

中国式现代化是中国共产党领导全国各族人民在长期探索和实践中，历经千辛万苦、付出巨大代价取得的重大成果，必须倍加珍惜、始终坚持、不断拓展和深化。在学习中国式现代化理论的过程中，我们编写了这本小书，试图对一百多年来中华民族对现代化道路的探寻作个简单的勾勒。

目 录

第一章
中国现代化的艰难起步与挫折　　　001

一、"师夷长技以制夷"思想的萌发　　　002

二、洋务运动、维新变法及其失败　　　017

三、昙花一现的清末新政　　　038

四、孙中山的现代化强国梦想　　　043

第二章
民主革命时期共产党人对现代化的探寻　　　055

一、陈独秀对现代化的思考　　　056

二、李大钊的现代化方案　　　068

三、毛泽东的现代化思想　　　078

第三章
四个现代化宏伟目标的提出   **089**

    一、新中国成立时一穷二白的基本国情   090
    二、"一五"计划与新中国工业化起步   095
    三、四个现代化目标的提出与现代化建设的曲折   108
    四、国民经济的调整与再提四个现代化目标   138

第四章
"中国式的现代化"与小康社会建设   **157**

    一、对历史的反思促成探寻新路   158
    二、"中国式的现代化"命题的提出   175
    三、小康之家：20世纪末人均一千美元   189
    四、"三步走"发展战略的形成   201
    五、全面建设并建成小康社会   213

第五章
全面建设社会主义现代化国家   **237**

    一、新时代中国共产党人的中心任务   238
    二、中国式现代化的基本特征   248
    三、中国式现代化的本质要求   259

后　记   **267**

第一章

中国现代化的艰难起步与挫折

以1840年的鸦片战争为起点，列强对中国发动了一系列侵略战争。很显然，西方列强的坚船利炮，其威力要远远大于清朝军队仍然使用的冷兵器，很多次战争都以中国失败、签订一系列丧权辱国的不平等条约而告暂停，中国就这样一步步地沦为半殖民地半封建社会。但是，西方的枪炮也在客观上打开了中国人的眼界。在这一背景下，当时的中国人逐步意识到要摆脱这种被动挨打的局面，使国家强大起来，赶上和超过西方先进国家，必须"师夷长技以制夷"，于是开始了洋务运动，办工厂、架电线、修铁路、建海军，如此等等，中国的现代化艰难起步。然而，由于中国外有帝国主义的侵略，内有封建主义的统治，现代化收效甚微，中国积贫积弱的状况一点儿也没有改变，国家和人民照旧处于水深火热之中。

一、"师夷长技以制夷"思想的萌发

实现中华民族伟大复兴，是中华民族近代以来最伟大的梦想。中国人之所以有如此强烈的复兴愿望，与中华民族的历史紧密相连。因为我们的祖先曾经创造了光辉灿烂的古代文明，中国成为举世闻名的文明古国，比如人们熟知的汉唐盛世，无疑代表了当时世界上最先进最发达的文明，但后来衰落了。这种衰落是从元、明之时开始的。当时，西方开始走出黑暗的中世纪，开启了文艺复兴，于是产生了一批杰出的思想家、科学家，在此基础上，发生了资产阶级革命，建立了比封建制度先进的资本主义制度，从而在一定程度上解放和发展了生产力，继而发生了工业革命，走上了近代化之路。

而此时的中国，却没有从封建社会中走出来，封建制度仍在顽固地统治着中国。西方文艺复兴的时代，正值中国的明王朝（1368—1644年）之时，这是一个中国封建专制统治达到新的高峰的时代。封建统治者为了维护自己的统治地位，大兴文字狱，同时强化科举制度，而科举的内容只是四书五经，从而严重束缚了人们的思想，中国已经严重落后于时代潮流。1616年清政权建立，1644年取代明王朝成为中国最后一个封建王朝。清王朝建立之时，英国开始了资产阶级革命，可清王朝的封建专制统治和思想禁锢，与明王朝相比有过之无不及，虽然也有过所谓的康乾盛世，由于玉米、土豆、红薯等适应性强的高产作物的传入，中国的人口规模迅速扩大，经济总量随着人口的增长也稳居世界第一，但这种经济总量的增长不是先进的生产力带来的，而是人口迅速膨胀的结果。正像有的学者所指出的："中国是一个几千年的文明古国，周围的地形使它处于同外界相对封闭的状态。这种历史和地理条件，加上缓慢发展的农业经济，使中国的社会结构和民族心理在很长时间内保持着近乎迟滞不前的巨大惰性。'天不变，道亦不变'被人们奉为信条。长时期以'天朝大国'自命，更使许多人盲目自大，安于现状，对事实上正在发生的变化依然不屑一顾，很少有进行根本性的改革来改变现状的要求。"[①]

当历史的车轮驶入19世纪的时候，已经实现了工业化的西方国

---

① 金冲及：《二十世纪中国史纲》上卷，社会科学文献出版社2009年版，第2—3页。

家，为了打开其商品的销路，将其目光更多地聚焦到人口众多、市场广阔的中国。可是，由于中国长期自给自足的自然经济对外来商品有着极强的排斥性，清王朝上上下下对外面的世界又缺少起码的了解，总觉得天朝物产甚丰什么也不缺，用不着开放市场与洋人做生意。于是，以英国为代表的西方国家为了打开中国市场，竟然向中国从事罪恶的鸦片贸易，这种肮脏的贸易不但造成了中国大量的白银外流，而且严重损害了中国人民的健康，以林则徐为代表的中国有识之士建议朝廷查禁并销毁鸦片，而英国则以此为借口挑起第一次鸦片战争。这场战争将清政府的腐败无能暴露无遗，中国最终是通过割地赔款才使战争暂时结束。

列强的侵略和中国领土的丧失，将中国推向了半殖民地的深渊，鸦片战争的炮声在一定程度上震惊了中国社会，人们逐渐发现中国之外还有一个完全陌生的世界，催生了中国社会上新的近代化因素，以魏源、徐继畬、冯桂芬等为代表的近代中国有识之士，开始对国家如何强大起来摆脱被动挨打局面这一问题进行思考，积极探索挽救民族危亡、走向近代化的方案，形成了"师夷长技以制夷"思想。

魏源的"师夷长技以制夷"思想，集中体现在其所编撰的《海国图志》一书中。《海国图志》是魏源受林则徐嘱托而编著的一部世界地理历史知识的综合性图书。魏源以林则徐主持编译的《四洲志》为基础，将当时搜集到的其他文献书刊资料和自撰的多篇论文进行扩编，不断增补，由50卷到60卷，再由60卷到100卷。在《海国图志叙》中，魏源明确提出编撰这本书的目的就是"为以夷攻夷而作，为以夷款夷而作，为师夷长技以制夷而作"①。

《海国图志》全书大致可以分为六个部分，第一部分是《筹海》四篇，从议守、议战、议款三个方面，系统总结了鸦片战争失败的经验教训，同时提出了鸦片战争失败之后清政府应该采取的对策，论述了"师夷长技以制夷"的具体方针；第二部分是世界地图及各个国家的分地图；第三部分是各国情况介绍，按照海洋方位详细叙述了世界各国的地理位置、历史沿革、政治制度、物产矿藏、宗教信仰、风土人情、中西历法等；第四部分是鸦片战争的有关档案材料和林则徐组织翻译的国外情报资料；第五部分是轮船、火炮、火枪、水雷、望远镜等器物的制造样图和具体制作方法等；第六部分是《地球天文合论》，较为系统地介绍了地球形状、行星运行规律、哥白尼的日心说等近代自然科学知识。

《海国图志》一书的最大特色与主线，就是"师夷长技以制夷"思想，主要包括三个方面的内容，即"悉夷""师夷""制夷"。在魏源看来，"悉夷"是"师夷""制夷"的前提，强调"筹夷事必知夷情，知夷情必知夷形"②，要"师夷""制夷"，必须首先了解外国的情形。他呼吁立即改变那种"苟有议征用西洋兵舶者，则必曰借助外夷恐示弱，及一旦示弱数倍于此，则甘心而不辞；使有议置造船械师夷长技者，则曰糜费，及一旦糜费十倍于此，则又谓权宜救急而不足惜；苟有议翻夷书、刺夷事者，则必曰多事"的不良风气，批评清朝当局在鸦片战争中竟然对已经互相通商两百年的英

---

① ［清］魏源：《海国图志》（一），岳麓书社2021年版，第2页。
② ［清］魏源：《海国图志》（一），岳麓书社2021年版，第32页。

国的具体位置在哪、领土面积有多大、和俄国是否接壤等信息都不了解的闭塞状态，"以通市二百年之国，竟莫知其方向，莫悉其离合"。①在魏源看来，清王朝在鸦片战争中之所以会遭到失败，一个很重要的原因就是不"悉夷"，即对西方国家的历史、地理、军事、经济、政治、外交等方面基本上"浑然不知"，与夷敌洞悉中国各种情况形成了鲜明对比。在此基础上，魏源明确提出了"欲制外夷者，必先悉夷情始；欲悉夷情者，必先立译馆翻夷书始"②的主张，即抵御外国侵略首先要认识和了解外国的具体情况，而要认识和了解外国的具体情况，首先要从设立翻译机构翻译外国书籍开始。否则，如果继续保持这种昧于世界大势的闭塞状态，以后将会更为外夷所欺凌，后果不堪设想。

在论证了"悉夷"的重要性之后，魏源继而提出了"师夷"的主张，强调"善师四夷者，能制四夷；不善师外夷者，外夷制之"③。"师夷"是"制夷"的途径和手段。魏源明确提出要学习外国的"长技"，而不是学习外国的短处和缺点，并且力求纠正当时人们将外国"长技"视为"奇技淫巧"的看法，指出："射御登诸六艺，岂火轮、火器不等于射御乎？指南制自周公，挈壶创自《周礼》，有用之物，即奇技而非淫巧。今西洋器械，借风力、水力、火力，夺造化，通神明，无非竭耳目心思之力，以前民用。"④

关于"师夷"的内容，具体来说，魏源认为"夷之长技三：一、

---

① ［清］魏源：《海国图志》（一），岳麓书社2021年版，第34页。
② ［清］魏源：《海国图志》（一），岳麓书社2021年版，第35页。
③ ［清］魏源：《海国图志》（三），岳麓书社2021年版，第1124页。
④ ［清］魏源：《海国图志》（一），岳麓书社2021年版，第39页。

战舰，二、火器，三、养兵、练兵之法"①。在学习外国的战舰、火器也就是器物层面，魏源对"广东互市二百年，始则奇技淫巧受之；继则邪教毒烟受之，独于行军利器则不一师其长技，是但肯受害不肯受益也"这一局面痛心疾首，建议在广东设立造船厂和火器局，"行取佛兰西、弥利坚二国各来夷目一二人，分携西洋工匠至粤"负责制造船械，同时"延西洋柁师司教行船演炮之法"。与此同时，挑选闽粤的巧匠、精兵跟随他们学习，这样用不了多长时间，就可以"而尽得西洋之长技为中国之长技"。②

魏源并没有把外国的"长技"限定于器物层面。在学习外国的养兵、练兵之法也就是军队建设层面，魏源指出"人但知船炮为西夷之长技，而不知西夷之所长不徒船炮也"，认为西方国家在军事方面的长处不仅仅是坚船利炮，还包括军队的军事素养好、战斗力强，因而建议学习外国军队"赡之厚故选之精，练之勤故御之整"的优点，对旧军队进行改造，加强军队纪律，"汰其冗滥，补其精锐"③，建立一支新式海军。

魏源针对当时的清王朝武举考试重陆军轻水师的缺点，建议在福建、广东两省的武举考试中，增加水师科目，"有能造西洋战舰、火轮舟，造飞炮、火箭、水雷、奇器者，为科甲出身；能驾驶飓涛，能熟风云沙线，能枪炮有准者，为行伍出身。皆由水师提督考取，会同总督拔取送京验试，分发沿海水师教习技艺。凡水师将官必由船厂、火器局出身，否则由舵工、水手、炮手出身，使天下知朝廷所注

---

① ［清］魏源：《海国图志》（一），岳麓书社 2021 年版，第 35 页。
② ［清］魏源：《海国图志》（一），岳麓书社 2021 年版，第 35—36 页。
③ ［清］魏源：《海国图志》（一），岳麓书社 2021 年版，第 40 页。

意在是，不以工匠、柁师视在骑射之下，则争奋于功名，必有奇材绝技出其中"[①]，以改变"舍船炮而专重弓马"[②]的风气，挖掘水师方面人才。

"悉夷""师夷"是为了"制夷"，"制夷"是"悉夷""师夷"的目的。在魏源看来，"师夷长技"一是可以增强国家的军事实力和自卫能力，达到"中国水师可以驶楼船于海外，可以战洋夷于海中"的效果，避免重蹈鸦片战争的覆辙。二是可以增强国家的自主制造能力，摆脱对外国的技术依赖，"我有铸造之局，则人习其技巧，一二载后，不必仰赖于外夷，如内地钟表亦可以定时刻，逮二十五年大修之期，即可自行改造"，即便再向外国购买战舰、火器等武器装备，由于"有铸造之局，则知工料之值、工食之值，每艘每炮有定价"，即造船厂和火器局已经知道了建造战舰、火器的具体成本费用，因而也不会再被外国商人所欺骗，"不致以昂价赝物受欺"。[③]此外，自主制造能力的提升并不仅限于军事工业，如战舰、火器等，还包括民用工业，如"量天尺、千里镜、龙尾车、风锯、水锯、火轮机、火轮舟、自来火、自转碓、千斤秤之属，凡有益民用者，皆可于此造之。是造炮有数，而出鬻器械无数"[④]。三是可以提升国家的沿海武装缉私和护航能力，一方面可以打击鸦片贸易，遏制外国凭借水上优势贩卖鸦片的行为，避免贸易出超的发生，增加国家的财政收入，"鸦片趸船敢于蔓延者，欺我水师之不敢攻剿。今水师整饬，鸦烟自不敢来，

[①] [清]魏源：《海国图志》（一），岳麓书社2021年版，第37页。
[②] [清]魏源：《海国图志》（一），岳麓书社2021年版，第38页。
[③] [清]魏源：《海国图志》（一），岳麓书社2021年版，第36页。
[④] [清]魏源：《海国图志》（一），岳麓书社2021年版，第39页。

第一章　中国现代化的艰难起步与挫折

纹银自不透漏，以用财为节财"；另一方面可以保护国家及私商的海漕贸易，比如福建、广东地区的战舰每年可以保护运送"暹米、吕宋米、台湾米"，江浙地区的战舰可以保护运送"苏、松、杭、嘉、湖之米"，"凡内地出洋之商，愿禀请各艘护货者听"。① 四是可以使国家强大，民族进步。魏源以俄罗斯彼得一世微服到欧洲各国访问学习"技艺"，"反国传授，所造器械，反甲西洋，由是其兴勃然，遂为欧罗巴洲最雄大国"的例子激励国人"厉精淬志"，发愤图强，必会使中国有实力抵御外侮，走向强盛，"足国而足兵"，② 赶上和超越西方国家，使中华民族"风气日开，智慧日出，方见东海之民，犹西海之民"③，自立于世界民族之林。

《海国图志》五十卷本初刻六年后，徐继畬撰写的《瀛寰志略》于1848年问世。与同时代其他有关世界地理的著述相比，《瀛寰志略》有着鲜明的特色，书中共有地图四十余幅，先介绍地球概况，而后介绍四大洲各国，每大洲先总述而后分述，较为详细且客观地介绍了各国的地理位置、气候物产、风土人情、历史沿革、典章制度、政治得失、兵力强弱、兼并征伐、海外扩展及与中国交往等情况，文末则以按语的形式发表对人、事、物的议论，从而表达自己的见解和观点。

在《瀛寰志略》中，对欧洲部分的介绍几乎占到了全书的一半篇幅，徐继畬试图通过介绍世界各国尤其是欧美强国的具体情况，从而探究这些国家在互相竞争中走向强大的原因，为中国找出富国强兵、

---

① ［清］魏源：《海国图志》（一），岳麓书社2021年版，第37页。
② ［清］魏源：《海国图志》（一），岳麓书社2021年版，第39—40页。
③ ［清］魏源：《海国图志》（一），岳麓书社2021年版，第39页。

自立于世界民族之林的方式和途径。具体而言，徐继畲将注意力放在了当时的法国、英国、美国之上，对这三个国家进行了较为全面的介绍和剖析，其中对于经济产业、政治体制、军事力量等方面的介绍具有十分重要的意义。

关于法、英、美三国的经济产业情况，徐继畲指出，法国自然条件优越，"壤地之腴，甲于西土"，葡萄酒产业十分出名，"岁得价银六千余万圆"，并且"所织大呢、羽缎皆精致，又能织花纹丝缎，本国岁产蚕丝十万余担"，法国人"心思精敏，工于制器，自来火之枪、火轮之车船，大半皆其所创。都城有钟表匠二千人，每岁造时辰表四万件、自鸣钟一万八千架，其法时时变易，奇幻出人意表，他国亦有仿造者，而终逊于佛"，"山产石炭、铁、铅、白矾，仅供国用"，"每年收各项税银约一万二千九百万两"。①

至于英国"物产，石炭之外兼产铜、铁、锡、铅、窝宅、碯砂，马、牛、羊最多。土宜二麦，收获甚丰，然人满食不足，资运籴于他国。织布者四十九万余人，其机以铁为之，激以火轮，关捩自能运动，是以工省而价廉。每年用棉花四十余万担，皆从五印度、米利坚运入。织造大呢、羽缎、哔叽最多，又能织丝缎，亚于佛郎西，丝由中国、意大里运买。枪、炮、刀、剑、钟表以及日用各项器皿之工，约三十万人。每年各项货价约值一万万余两。街市之中，袨帷汗雨，昼夜往来如织。其商船四海之中无处不到，大利归于商贾，而工则贫"。②

---

① ［清］徐继畲：《瀛寰志略》，上海书店出版社2001年版，第206页。
② ［清］徐继畲：《瀛寰志略》，上海书店出版社2001年版，第235页。

第一章 中国现代化的艰难起步与挫折

在徐继畬眼中，美国"天时和正，迤北似燕、晋，迤南似江、浙，水土平良，无沙碛，鲜瘴疠。其土平衍膏腴，五谷皆宜，棉花最良亦最多，英、佛诸国咸取给焉。蔬菜、果实皆备，烟叶极佳，通行甚远。山内所出者，石炭、盐铁、白铅。境内小河甚多，米人处处疏凿，以通运道。又造火轮车，以石铺路，熔铁汁灌之，以利火轮车之行，一日可三百余里。火轮船尤多，往来江海如梭织，因地产石炭故也"[①]。

关于法、英、美三国的政治体制情况，徐继畬指出，法国"颇重读书，学优者超擢为美官。其制宰相一人，别立五爵公所，又于绅士中择四百五十九人立公局。国有大政，如刑赏、征伐之类则令公所筹议，事关税饷则令公局筹办，相无权，宣传王命而已"[②]。

英国的政治运作形式是："相二人，一专司国内之政，一专司外国之务。此外大臣，一管帑藏、一管出纳、一管贸易、一管讼狱、一管玺印、一管印度事务、一管水师事务，各有佐属襄助。都城有公会所，内分两所，一曰爵房、一曰乡绅房。爵房者，有爵位贵人及西教师处之；乡绅房者，由庶民推择有才识学术者处之。国有大事，王谕相，相告爵房聚众公议，参以条例，决其可否，复转告乡绅房，必乡绅大众允诺而后行，否则寝其事勿论。其民间有利病欲兴除者，先陈说于乡绅房，乡绅酌核，上之爵房，爵房酌议，可行则上之相而闻于王，否则报罢。民间有控诉者，亦赴乡绅房具状，乡绅斟酌拟批，上之爵房核定。乡绅有罪，令众乡绅议治之，不与庶民同囚禁。大约刑

---

① ［清］徐继畬：《瀛寰志略》，上海书店出版社2001年版，第289—290页。
② ［清］徐继畬：《瀛寰志略》，上海书店出版社2001年版，第209—210页。

赏、征伐、条例诸事，有爵者主议；增减课税、筹办帑饷，则全由乡绅主议。此制欧罗巴诸国皆从同，不独英吉利也。又英国听讼之制，有证据则拿解到官，将讯，先于齐民中选派有声望者六人，又令犯罪者自选六人，此十二人会同讯问，辨其曲直，然后闻之于官，官乃审讯而行法焉。"①

美国"政最简易，榷税亦轻，户口十年一编。每二年于四万七千七百人之中，选才识出众者一人居于京城，参议国政。总统领所居京城，众国设有公会，各选贤士二人居于公会，参决大政，如会盟、战守、通商、税饷之类，以六年为秩满。每国设刑官六人主谳狱，亦以推选充补，有偏私不公者，群议废之。合众国税入约四千万圆，文职俸禄四百七十六万圆，陆路官兵俸饷四百三十万圆，水师官兵俸饷四百五十七万圆，杂费三百八十万圆，开垦土费一千三百万圆。统领虽总财赋，而额俸万圆之外不得私用分毫"②。此外，徐继畬对开创美国民主法治的华盛顿十分赞赏，在按语中介绍了美国首位总统华盛顿，写道："华盛顿，异人也。起事勇于胜、广，割据雄于曹、刘，既已提三尺剑，开疆万里，乃不僭位号，不传子孙，而创为推举之法，几于天下为公，骎骎乎三代之遗意。其治国崇让善俗，不尚武功，亦迥与诸国异。余尝见其画像，气貌雄毅绝伦。呜呼！可不谓人杰矣哉。"③

关于法、英、美三国的军事力量，徐继畬指出，法国"有额兵三十万，战船大小二百九十只，水兵五万，船之大者载炮七十二门至

---

① ［清］徐继畬：《瀛寰志略》，上海书店出版社2001年版，第235—236页。
② ［清］徐继畬：《瀛寰志略》，上海书店出版社2001年版，第290页。
③ ［清］徐继畬：《瀛寰志略》，上海书店出版社2001年版，第277页。

一百二十门。亦有火轮船数十只，巡驶地中海。其俗人人喜武功，军兴则意气激扬，面有矜色，临阵跳荡直前，义不返顾，前队横尸杂逻，后队仍继进不已，获胜则举国欢呼，虽伤亡千万人不恤，但以崇国威、全国体为幸。其酋长沉鸷好谋，知兵者多，水战、陆战之法无不讲求，又好用纵横之术，故与诸国交兵，常十出而九胜"①。英国"额兵九万，印度英兵三万，土兵二十三万，谓之叙跛兵。兵船大小六百余只，火轮船百余只。其兵水师衣青，陆路衣红，重水师而轻陆路。专恃枪炮，不工技击，刀剑之外无别械"②。美国"额兵不过一万，分隶各炮台关隘。其余除儒士、医士、天文生外，农工商贾自二十岁以上、四十岁以下一概听官征选，给牌效用，为民兵，糇粮器械概由自备，无事各操本业，有事同人行伍，又设队长、领军等官，皆有职无俸，每岁农隙集聚操演。其民兵约一百七十余万丁，与古人寓兵于农之法盖暗合焉"③。

总体而言，从《瀛寰志略》一书中可以发现，徐继畲的注意力并没有仅仅停留在坚船利炮上，而是展现出了更加广阔的视野和更加深刻的思考，以翔实的材料，多角度、全方位地介绍了西方资本主义国家的历史发展与现实状况，特别是对这些国家的政治经济体制进行了重点介绍，并对英、美等国作了不少积极的评价，在很大程度上是对中国传统世界观的挑战，通过书中的按语暗示了只有进行变革才能走向富强的思想。

冯桂芬是魏源"师夷长技以制夷"主张的直接继承者，并对魏源

---

① ［清］徐继畲：《瀛寰志略》，上海书店出版社 2001 年版，第 210 页。
② ［清］徐继畲：《瀛寰志略》，上海书店出版社 2001 年版，第 237 页。
③ ［清］徐继畲：《瀛寰志略》，上海书店出版社 2001 年版，第 290 页。

的这一主张作出了进一步的发展。冯桂芬于1861年写成《校邠庐抗议》一书，全书共计40篇，涉及政治、经济、社会、文化、军事等各个领域，包括采西学、公黜陟、汰冗员、厚养廉、复乡职、折南漕、改土贡、罢关征、节经费、筹国用、变科举、改会试、广取士、减兵额、制洋器、善驭夷、变捐例、绘地图、兴水利、均赋税、改河道、收贫民、劝树桑、稽户口、崇节俭等方面的内容，是一份全面进行社会改革的变法意见书。

在《校邠庐抗议》一书中，冯桂芬清醒地看到了中国日益加深的民族危机，发出"我中华且将为天下万国所鱼肉，何以堪之"[①]的呐喊，指出中国之所以落后于西方的"四不如"，即"人无弃材不如夷，地无遗利不如夷，君民不隔不如夷，名实必符不如夷"[②]。对于魏源的"师夷长技以制夷"的主张，冯桂芬认为"魏氏源论驭夷"，"独'师夷长技以制夷'一语为得之"[③]，明确提出了"采西学"的构想，进而突破了将"师夷"的内容限定在坚船利炮层面的观点。

其一，冯桂芬将学习西方国家的"长技"，从以往的坚船利炮扩充为可以广泛运用于本国农业、手工业、采矿业等各项生产行业的先进机器。例如，冯桂芬在《改河道议》一篇中推荐使用西方国家使用的刷沙之法，"法用千匹马大火轮置船旁，可上可下，于潮退时下其轮，使附于沙而转之，沙四飞，随潮而去。凡通潮之地皆宜之。黄河水性湍急，更无处不宜，自下流迤逦而上，积日累月，锲而不舍，虽欲复由地中行之旧不难。此不特黄河可用，北河亦可

[①] 冯桂芬：《校邠庐抗议》，上海书店出版社2002年版，第51页。
[②] 冯桂芬：《校邠庐抗议》，上海书店出版社2002年版，第49页。
[③] 冯桂芬：《校邠庐抗议》，上海书店出版社2002年版，第49页。

用，即南运河徒阳等处亦可用。且东南水利久不治，数日之霖，积月不退，宜于通潮各海口如法浚之，使下流迅驶，则上流虽不浚，而自有一落千丈强之势，可收事半功倍之效"①。在《筹国用议》一篇中，冯桂芬提出在农业生产中引入和运用西方机器，以提升农业生产力，指出在人少田荒的地区，"宜以西人耕具济之，或用马，或用火轮机，一人可耕百亩"②。

其二，冯桂芬建议学习西方国家的一些先进制度，把学习西方国家的"长技"从器物层面扩展到制度层面，强调"法苟不善，虽古先吾斥之；法苟善，虽蛮貊吾师之"③。例如，在《收贫民议》一篇中，冯桂芬介绍了荷兰、瑞典等国在社会福利和教育制度方面的情况，"荷兰国有养贫、教贫二局，途有乞人，官若绅辄收之。老幼残疾入养局，廪之而已；少壮入教局，有严师，又绝有力量，其所能为而日与之程，不中程者痛责之，中程而后已。国人子弟有不率者，辄曰逐汝，汝且入教贫局，子弟辄慑为之改行，以是国无游民，无饥民"，"瑞颠国设小书院无数，不入院者官必强之。有不入书院之刑，有父兄纵子弟不入书院之刑，以是国无不识字之民"，建议"推广义庄，更宜饬郡县普建善堂，与义庄相辅而行，官为定制，择绅领其事，立养老室、恤嫠室、育婴室、读书室、严教室，一如义庄法，以补无力义庄之不逮。严教室教之耕田、治圃及凡技艺，严扑作教刑之法，以制其顽梗。凡民间子弟不率教，族正不能制者，赌博、斗殴、窃贼初犯未入罪者，入罪而遇赦若期满

---

① 冯桂芬：《校邠庐抗议》，上海书店出版社 2002 年版，第 72 页。
② 冯桂芬：《校邠庐抗议》，上海书店出版社 2002 年版，第 32 页。
③ 冯桂芬：《校邠庐抗议》，上海书店出版社 2002 年版，第 75 页。

回籍者，皆入焉，三年改行，族正愿保领者释之。别设化良局，专收妓女，择老妇诚朴者教之纺织，三年保释亦如之。期于境无游民，无饥民，无妓女乃已"。①

其三，冯桂芬还认识到了在西方国家坚船利炮这一现象背后所蕴藏着的自然科学原理的重要性，把学习西方国家的"长技"从器物层面拓展至更深层次的学理层面，即"西学"。例如，在《采西学议》一篇中，冯桂芬指出"据西人舆图所列，不下百国。此百国中经译之书，惟明末意大里亚及今英吉利两国书凡数十种，其述耶稣教者率猥鄙无足道，此外如算学、重学、视学、光学、化学等皆得格物至理，舆地书备列百国山川厄塞、风土物产，多中人所不及"②，在诸多"西学"中，冯桂芬最为推崇"算学"，认为"一切西学皆从算学出。西人十岁外，无人不学算。今欲采西学，自不可不学算"③。为了更好地"采西学"，冯桂芬建议在广东、上海设立"翻译公所"，"选近郡十五岁以下颖悟文童，倍其廪饩，住院肄业，聘西人课以诸国语言文字，又聘内地名师，课以经史等学，兼习算学"，对于外国书籍，除了"轮船、火器"相关之外，应该"择其有理者译之。由是而历算之术，而格致之理，而制器尚象之法，兼综条贯"，"三年之后，诸文童于诸国书应口成诵者，许补本学。诸生如有神明变化，能实见之行事者，由通商大臣请赏给举人。如前议中国多秀民，必有出于夷而转胜于夷者，诚今日论学一要务矣"。④冯桂芬还提出了"中学为体，西

---

① 冯桂芬：《校邠庐抗议》，上海书店出版社2002年版，第75—76页。
② 冯桂芬：《校邠庐抗议》，上海书店出版社2002年版，第55页。
③ 冯桂芬：《校邠庐抗议》，上海书店出版社2002年版，第56页。
④ 冯桂芬：《校邠庐抗议》，上海书店出版社2002年版，第56页。

学为用"思想的最初表述形式，即"以中国之伦常名教为原本，辅以诸国富强之术"①的主张，成为19世纪60年代兴起的洋务运动的思想理论基础之一。由此开始，"西学"一词逐渐取代"夷学"的贬称，国人开始把"西学"视为与"中学"对等的思想，并开始探讨如何融合"中学"与"西学"的优点来达到富国强兵的目的。

应该说明的是，虽然魏源、徐继畬、冯桂芬等人看到了"夷"有"长技"，意识到中国要避免"夷"之侵略，就必须学习和运用其"长技"，即学习西方的近代先进技术，这样才能达到"制夷"的目的，他们的著述有助于封闭已久的中国人对外部特别是西方世界的了解，但他们并不是要在中国实现现代化，他们还没有现代化的思想与意识。尽管他们在那个时代已经是中国先进的思想家，但他们所着眼的仅是"以夷制夷""以夷款夷""师夷长技以制夷"，认为只要实现了这样几条，中国就能够维持康乾时那样的盛世，他们没有也不可能意识到，技术固然重要，但没有思想的解放、制度的更新、社会环境的变化，不可能从根本上学习到西方的所谓"长技"，更不可能使国家真正强盛起来。

二、洋务运动、维新变法及其失败

经过两次鸦片战争的失败，以及太平天国和捻军等农民起义的打击，清政府面临着内忧外患的局面，清朝统治集团中一部分官僚在同西方列强的接触中，逐渐认识到西方坚船利炮的威力，感受到西方列

---

① 冯桂芬：《校邠庐抗议》，上海书店出版社2002年版，第57页。

强的威胁，由此产生出深刻的危机意识。为了改变这一困局，解除内忧外患，实现富国强兵，维护清王朝的统治，从19世纪60年代初开始，以奕䜣和文祥等为代表的中央实权派，以及以曾国藩、左宗棠、李鸿章、张之洞等为代表的地方实力派，开展了以学习西方先进科学技术、引进西方机器设备为主要内容的"自强""求富"运动，即洋务运动，这一部分人也被称为洋务派。

"中学为体，西学为用"即"中体西用"思想，是洋务派的指导思想。在这一思想中，"中学"一般指的是"纲常名教""四书五经""历朝典故"等一整套封建文化思想以及道德观念，"西学"最早指的是"西艺"，也就是西方的坚船利炮制造技术及其他应用技术，而后开始超出应用技术的范围，拓展到自然科学基础理论、经济政策等，再扩充至西方的政治文化、社会制度等方面。

张之洞于1898年撰写的《劝学篇》，可以说是全面阐述和宣传洋务派"中体西用"思想的代表作。《劝学篇》共24篇，包括内篇9篇、外篇15篇，全面阐述洋务派以中学为体、西学为用的文化观，在理论上论证了未来改革的基本设想。

张之洞在序言中指出，"内篇务本，以正人心；外篇务通，以开风气"[1]。所谓"务本"，就是要求人们忠于朝廷，严守三纲五常的道德规范，先中学后西学，循序而进，以传统纲常名教为立身之本。所谓"务通"，就是在务本的基础上，有限度地采西学，变旧法，如学习西方先进科学知识和技术，改革科举制和旧学制，培养新人才，发

---

[1] ［清］张之洞：《劝学篇》，上海书店出版社2002年版，第1页。

展资本主义经济，改善君主专制政治等。张之洞撰写《劝学篇》的主要目的就是宣传"中体西用"思想，从而达到"五知"："一知耻，耻不如日本，耻不如土耳其，耻不如暹罗，耻不如古巴。二知惧，惧为印度，惧为越南、缅甸、朝鲜，惧为埃及，惧为波兰。三知变，不变其习，不能变法，不变其法，不能变器。四知要，中学考古非要，致用为要。西学亦有别，西艺非要，西政为要。五知本，在海外不忘国，见异俗不忘亲，多智巧不忘圣。"[①]

洋务派的"中体西用"思想，在中国近代思想史上占有一定的地位，它在一定程度上将中国人从"天朝上国"的迷梦中唤醒，推动了先进的中国人努力认识世界，并冲出封建的藩篱开始走向世界，从而使中国开始了第一次学习西方的近代化运动。因为洋务派对西方的认识依然停留在表面，即把西方各国的强盛归结于技术的不断进步，所以洋务派没有也不可能认识到在不改变封建专制制度的前提下，想要在中国建立起西方那样强大的工业体系是绝对不可能的，推行洋务的本意是为了维护摇摇欲坠的清王朝。但是，也正是由于以"中体西用"为指导思想的洋务运动，客观上引进了当时世界上的先进设备和技术，开启了中国工业化即现代化的第一步，让中国人从新的生产力与旧的封建关系这样一种矛盾发展中，认识到改变封建制度的必要性。

1861年1月，恭亲王奕䜣会同军机大臣桂良、文祥上奏《通筹夷务全局酌拟章程六条》，主张"自图振兴"，提出要通过兴办

---

① ［清］张之洞：《劝学篇》，上海书店出版社2002年版，第2页。

洋务以求"自强"。1861年初，清政府设立总理各国事务衙门，洋务运动正式拉开帷幕。具体而言，洋务运动的主要内容包括三个方面：

第一，创办军事工业，训练新式军队。在与西方列强打交道的过程中，洋务派清楚地看到了洋枪洋炮的巨大威力。因此，他们一开始就特别注重引进西方先进的军事技术，制造新式炮舰，创办了一系列军事工业，如1861年创立的安庆内军械所、1865年创立的江南制造总局和金陵机器制造局、1866年创立的福州船政局、1867年创立的天津机器制造局（北洋机器制造局）、1873年在上海创立的轮船招商局、1894年创立的汉阳兵工厂等。在创办军事工业的同时，洋务派还仿照西法训练海陆军以巩固国防。如1862年清政府在天津、上海、广州、福州等地，聘用英、法两国教官，购买洋枪洋炮，建立洋枪队，并逐渐推广到武汉、南昌、安庆、济南等地。洋务派尤其注重海军的建设，1875年两江总督沈葆桢、直隶总督李鸿章等人负责筹建南洋、北洋和粤洋三支海军。此项计划经总理各国事务衙门核准，每年拨款400万两白银作经费，10年内完成。1883—1885年中法战争结束后，李鸿章大力扩充北洋水师，并于1888年正式建成。

第二，兴办民用工业。在创办军事工业的过程中，洋务派遇到了资金短缺、原材料供应紧张和交通运输落后等一系列困难，因而从19世纪70年代开始，洋务派将兴办洋务的重心转向了"求富"，进口西方机器，创办了一批民用企业，如1872年创办的轮船招商局、1878年创办的开平矿务局、1880年创办的电报总局、1882年创办的上海机器织布局、1888年创办的湖北织布局、1890年创办的湖北汉阳铁厂等。

第三，兴办教育文化事业。如清政府于1862年创办同文馆，开设天文、化学、测地、算学、法律、医学、生理、物理、历史、地理等课程，翻译出版《万国公法》及数理化、文史经济等方面的西方最新理论著作，随后洋务派陆续创办百余所专门学校、技术学校等新式学堂，教学内容从传统四书五经改为自然科学和社会科学知识。此外，1872年经李鸿章等人奏请，清政府派30名幼童赴美学习，随后的20年间，派赴欧美的留学生达200人，培养了包括詹天佑、刘步蟾、林永升等在内的一批人才。

总体而言，以"中体西用"思想为指导，以"自强""求富"为目标的洋务运动，在军队国防、社会经济及教育文化等领域，积极学习西方先进理念、引进西方机器设备，从而拉开了中国现代化的序幕，取得了一定的成效：

一是创办了一批军事企业，这些军事企业虽然依然具有浓厚的封建性质，但在企业内部大多采用了机器生产和雇佣劳动制，因而从实践层面在"师夷长技以制夷"的道路上向前迈进了一步。

二是建立了近代化海军舰队，其中北洋水师是清政府建立的四支近代化海军（北洋水师、南洋水师、闽洋水师、粤洋水师）中实力最强、规模最大的一支，可以说是洋务运动的标志性成果之一，根据1888年的《美国海军年鉴》资料统计，北洋水师的实力排在亚洲第一位、世界第九位，增强了清政府的海上防卫能力。

三是兴办了一批民用工业，洋务运动期间创办的民用企业，大多采取了"官督商办"或"官商合办"的形式，尽管受制于地方官僚，但基本上是属于资本主义性质的新式企业。在这些企业中，洋务派引进西方先进技术设备，聘用西方技术人员，使社会生产力得到了一定程度的发展，也为中国早期工业化奠定了一定基础。

不过，洋务运动是否真正达到了"富国强兵"的目标，则要看其是否能够顺利通过相关考试或检验，这就是中日甲午战争。

发生在1894—1895年的中日甲午战争，是中、日这两个几乎同时开始现代化历程的国家之间的一场决定两国命运、决定东亚历史格局的重要战争。实际上，在19世纪七八十年代的中日冲突中，中方在硬实力上一直占据优势，但在1884年朝鲜甲申政变之后的10年间，中日力量的对比情况逐渐发生了变化。

这10年间，日本明治政府改革国家制度，实行君主立宪制，建立国会，举行众议员选举，大力推进"殖产兴业"、"富国强兵"和"文明开化"等方针，通过国家政权加速资本原始积累，推动国家的工业化，革新军队体制，建立新式军队，全面学习西方的教育文化政策，建立现代教育体系，大大加速了日本的现代化进程，使日本逐步从一个落后的封建传统国家转变为资本主义强国，摆脱了沦为西方列强殖民地的危机。

与此同时，日本积极备战，谋求向周边邻国进行侵略扩张，并将中国视为假想敌，密切关注中国的动向。日本军界要人山县有朋在其意见书中提出"欧美各国与我相隔甚远，并无急迫的痛痒"，"日本的假想敌人，近在咫尺"，强调准备对中国的战争是迫不及待之事，煽动日本全国上下的危机感，不断扩充军备，增加军费。中日甲午战争前的四个年度，日本军费占总支出的百分比分别为1890年的29.51%，1891年的27.38%，1892年的28.67%，1893年的32%。① 从1893年起，日本明治天皇决定每年从自己的宫廷经费中拨出30万元，再从文武百官的薪金中抽出十分之一，以补充建造军舰的费用。②

此外，日本还全力发展军事工业，革新武器装备；改革军队体制，不断派遣留学生以及高级军官前往欧美各国考察研究战略与军政；建立一批军事学校，培养大批军事人才；同时派出大批间谍特务，搜集中国政治、军事、地理、经济等方面的情报，并据此制订周密的侵华战争预案。到了中日甲午战争前夕，在陆军方面日本已经建立了一支拥有63000名常备兵和23万名预备兵的陆军，包括6个野战师团和1个近卫师团；在海军方面，日本终于在1894年前建成了一支较北洋水师更为精锐的舰队，拥有军舰32艘，鱼雷艇37艘，总吨位59000余吨，其主要舰只由于下水时间更晚，因而航速更快，安炮更多，其性能较北洋舰队的主力舰只为优。可以说，这时的日本已经具备了机会来临之时向中国发起挑战的实力。

反观清政府方面，经过多年的洋务运动，清朝统治集团开始满足于已经取得的初步成效，停止了继续发展的步伐。例如李鸿章于1891年第一次检阅北洋水师后，便认为当时的海防虽然还需要继续加强，但"就渤海门户而论，已有深固不摇之势"。在这样一种满

---

① 戚其章、玉如绘主编：《甲午战争与近代中国和世界——甲午战争100周年国际学术讨论会文集》，人民出版社1995年版，第288、290页。
② 参见李文阁等：《兴国之魂——文化强国背景下的核心价值体系和核心价值观研究》，人民出版社2017年版，第14页。

足于已有成就的想法之下，北洋水师的巨额经费被醇亲王奕譞挪用修建颐和园与三海工程，1891年户部又决定两年内停止向外洋购买枪炮、船只及器械，致使整个国防建设完全处于停滞状态，因而北洋水师自1888年正式建成至1894年中日甲午战争爆发的几年间，再未购进一艘新的舰艇，也未更新武器装备，使其船炮日渐落后于日本海军。正如李鸿章在1894年第二次检阅北洋水师后向朝廷的奏报中所说，"西洋各国以舟师纵横海上，船式日异月新。臣鸿章此次在烟台、大连湾亲诣英、法、俄各铁舰，详加察看，规制均极精坚，而英尤胜。即日本蕞尔小邦，犹能节省经费，岁添巨舰。中国自十四年北洋海军开办以后，迄今未添一船，仅能就现有大小二十余艘，勤加训练。窃虑后难为继"[①]。甲午战争爆发时，北洋水师有军舰22艘，鱼雷艇12艘，总吨位41200吨，北洋战舰的功率、航速、舰龄、火炮等均劣于日本，只有定远、镇远两铁甲舰及重炮可对日本战舰造成较大威胁。

与此同时，由于放松了军备意识，清朝军队的管理松弛，腐败现象严重，兵卒军事素质低下。这些兵卒有的是长期驻守从未见仗；有的临时从别的省份征调，放下冷兵器刚拿起洋枪洋炮，对枪械的保养很差，损坏极多；有的甚至是临时招募，还没有来得及训练就开赴战场。除此之外，与日本积极搜集中国情报，拟定侵略中国方案相反，"天朝上国"的观念仍缠绕在清政府的头脑之中，对"蕞尔小国"的日本不无轻视之意，对日本的国情军情和侵略意图

[①] 《李鸿章全集》第五册，时代文艺出版社1998年版，第2865页。

不仅不甚了解，甚至对于一些战时所必须研究的问题，例如如何应对日本舰队、如何进行抗登陆作战、如何保障军械粮饷、如何进行战场准备等，均未认真进行研究，因而只能临时应付，打毫无计划和准备的糊涂仗。

更为重要的是，由于洋务派始终把"中体西用"思想作为洋务运动的指导思想，仅仅局限于从外国引进机器和技术，根本不愿意变革腐朽的封建生产关系及其上层建筑。这种思想反映在军事方面，就是只买军舰、枪炮和机器设备，不愿意对属于"中体"范畴的内容实行变革，如学习外国先进的国防体制、军事制度、指挥体系、军官培训和军事思想等。与此同时，1856—1860年的第二次鸦片战争后，在英、法等国帮助下，清政府镇压了被视为"心腹大患"的太平天国，其统治秩序又维持了多年，以"自强""求富"相标榜的洋务运动也得以推行，于是在所谓的"同治中兴"中清朝统治者自我陶醉起来，并不知道民族危机已经迫近。正是由于以上种种原因，清政府在中日甲午战争中惨败，不但洋务派精心打造的北洋水师全军覆没，而且在陆军方面拥有巨大人数优势的清朝军队也土崩瓦解、一路溃败，宣告了洋务运动的破产。清政府最终在1895年被迫签订了《马关条约》，进一步丧失国家主权和各项权益。

通过中日甲午战争的失败，人们发现作为岛国的日本国力之所以能够强大起来，就在于日本通过明治维新建立了君主立宪制度，意识到改制度比造器物更为重要。此外，19世纪下半叶，科学技术的飞速发展引发了第二次工业革命，资本主义进入快速发展阶段。早已建立资本主义制度的英国、法国、美国、德国等国家继续处于领先地位，俄国、日本在发展了资本主义之后也迅速强大起来。在世界资本主义发展的浪潮下，中国民族资本主义也获得了初步发展，为民族资产阶级登上中国历史舞台创造了条件。

1895年4月，清政府被迫签订《马关条约》的消息传来，激起了正在北京参加会试的全国各地举人的极大愤慨。广东举人康有为与他的学生梁启超四处联络，发动在京应试的各省举人一千三百余人联名向光绪皇帝上书请愿，即"公车上书"。他们在比较"言战"和"言和"的可能后果后，痛陈民族危亡的严峻形势，坚决反对《马关条约》，提出拒和、迁都、练兵再战、变法等一系列主张，以图天下大治，从而揭开了维新变法的序幕。

同年8月，康有为、梁启超等人在北京组织强学会，编《万国公报》（后改名为《中外纪闻》），一度得到光绪皇帝的老师翁同龢、湖广总督张之洞等清朝高级官员的支持。康有为在《京师强学会序》中先是指出中国当时面临"俄北瞰，英西睒，法南瞵，日东眈，处四强邻之中而为中国"的危急形势；印度、土耳其等国"守旧不变"而国运日衰，惨遭西方列强瓜分，教训极为深刻，因此，"举地球守旧之国，盖已无一瓦全者矣"。[1] 为了改变此种状况，康有为呼吁向德国和日本学习，认为"普鲁士有强国之会，遂报法仇。日本有尊攘之徒，用成维新。盖学业以讲求而成，人才以摩厉而出，合众人之才力，则图书易庀，合众人之心思，则闻见易通"[2]。

---

[1] 汤志钧编：《康有为政论集》上册，中华书局1981年版，第165页。
[2] 汤志钧编：《康有为政论集》上册，中华书局1981年版，第166页。

第一章　中国现代化的艰难起步与挫折

康有为、梁启超号召有识之士发愤图强，通力合作，进行变法维新以挽救国家于危亡。

在顽固派的不断攻击弹劾下，清政府于1896年1月下令解散强学会。强学会遭封禁后，汪康年、梁启超等人于1896年8月在上海创办《时务报》，梁启超为主笔，汪康年为总经理，以"变法图存"为目标，为变法制造舆论。1897年冬，严复等人在天津主编《国闻报》。《时务报》与《国闻报》成为维新派宣传变法的南北舆论中心，全国议论时政、鼓吹维新变法的风气开始形成。到1897年底，各地建立以变法自强为宗旨的学会、新式学堂和出版报刊合计达三百多个，维新变法运动逐渐发展成为全国规模。

当时，民族危机日益深重，继日本通过《马关条约》迫使清政府割让台湾岛及其附属各岛屿、澎湖列岛后，法国擅自将华南和西南划为自己的势力范围。1897年11月，德国借口曹州教案，派军舰强占胶州湾。随后，沙俄以德国强占胶州湾为借口，出兵占领旅顺、大连湾，一时间，帝国主义列强掀起了瓜分中国的狂潮，激起维新变法运动的迅速高涨。

作为维新变法运动的思想引领者与资产阶级改良派的代表人物，康有为从1888年至1898年先后七次上书光绪皇帝，阐述其对时局的看法与变法主张。

康有为认为，中国当时面临的局面是"强邻四迫，国势危蹙"[1]，"大地忽通，数十强国环迫，皆祖宗所未遇"[2]，"泰西诸国之相逼，中

---

[1] 汤志钧编：《康有为政论集》上册，中华书局1981年版，第218页。
[2] 汤志钧编：《康有为政论集》上册，中华书局1981年版，第218页。

中国式现代化之路

国数千年来未有之变局也"①。而中国之所以陷入被动挨打、疲于应对的危难境地，根本原因就在于因循守旧，拒绝变法革新，着重指出"方今大地守旧之国，未有不分割危亡者也。有次第胁割其土地人民而亡之者，波兰是也。有尽取其利权一举而亡之者，缅甸是也。有尽亡其土地人民而存其虚号者，安南是也。有收其利权而后亡之者，印度是也。有握其利权而徐分割而亡之者，土耳其、埃及是也。我今无士、无兵、无饷、无船、无械，虽名为国，而土地、铁路、轮船、商务、银行，惟敌之命，听客取求，虽无亡之形，而有亡之实矣"，"观大地诸国，皆以变法而强，守旧而亡，然则守旧开新之效，已断可睹矣。以皇上之明，观万国之势，能变则全，不变则亡，全变则强，小变仍亡"。②

在阐述变法的重要性时，康有为多次以日本、俄国为例，强调只有通过变法才能够使国家由弱转强，以此来激励光绪皇帝下定决心实施变法。例如，康有为在1895年6月第四次上书光绪皇帝时，对比中日国情认为，"日本蕞尔三岛，土地人民不能当中国之十一，近者其皇睦仁与其相三条实美改纪其政，国日富强，乃能灭我琉球，割我辽台。以土之大，不更化则削弱如此；以日之小，能更化则骤强如彼。岂非明效大验哉？况中国地方二万里之大，人民四万万之多，物产二十六万种之富，加以先圣义理入人之深，祖宗德泽在人之厚，下知忠义而无异心，上有全权而无掣肘，此地球各国之所无，而泰西诸国之所羡慕者也。以皇上之明，居莫强之势，

---

① 汤志钧编：《康有为政论集》上册，中华书局1981年版，第149页。
② 汤志钧编：《康有为政论集》上册，中华书局1981年版，第211页。

第一章　中国现代化的艰难起步与挫折

有独揽之权，不欲自强则已耳，若皇上真欲自强，则孔子所谓欲仁仁至、孟子所谓王犹反手。盖惟中国之势为然。然数千年之旧说，易为所牵，数百年之积习，易为所滞，非常之原，黎民所惧，吐下之方，庸医不投，苟非有雷霆霹雳之气，不能成造立天地之功，故非天下之至强，不能扫除也"[1]。

康有为在第七次上书光绪皇帝时，认为中国应学习俄国的变法方式，指出"职窃考之地球，富乐莫如美，而民主之制与中国不同；强盛莫如英、德，而君民共主之制，仍与中国少异。惟俄国其君权最尊，体制崇严，与中国同。其始为瑞典削弱，为泰西挨鄙，亦与中国同。然其以君权变法，转弱为强、化衰为盛之速者，莫如俄前主大彼得，故中国变法莫如法、俄，以君权变法，莫如采法彼得"[2]。在康有为看来，变法主要分为两个层面：

一是"立科以励智学"[3]。康有为认为，中国国力日衰的重要原因之一，就是教育水平落后，对技术革新重视不足，导致人才缺乏，"夫才智之民多则国强，才智之士少则国弱"[4]，其对比中国和英美两国教育情况指出，"尝考泰西之所以富强，不在炮械军兵，而在穷理劝学。彼自七八岁皆入学，有不学者责其父母，故乡塾甚多。其各国读书识字者，百人中率有七十人。其学塾经费，美国乃至八千万，其大学生徒，英国乃至一万余。其每岁著书，美国乃至万余种。其属郡县，各有书藏，英国乃至百余万册。所以开民之智

---

[1] 汤志钧编：《康有为政论集》上册，中华书局1981年版，第153页。
[2] 汤志钧编：《康有为政论集》上册，中华书局1981年版，第218页。
[3] 汤志钧编：《康有为政论集》上册，中华书局1981年版，第150页。
[4] 汤志钧编：《康有为政论集》上册，中华书局1981年版，第131页。

者亦广矣。而我中国文物之邦,读书识字仅百之二十,学塾经费少于兵饷数十倍,士人能通古今达中外者,郡县乃或无人焉"①。与此相对,西方列强实现国富兵强的重要原因之一,就是奖励革新,鼓励人们探索新事物,"合十余国人士所观摩,君相所激励,师友所讲求,事无大小,皆求新便。近以船械横行四海,故以薄技粗器之微,而为天下政教之大,人皆惊洋人气象之强、制造之奇,而推所自来,皆由立爵赏以劝智学为之"②。

二是"设议院以通下情"③。康有为认为中国"败弱之由,百弊丛积,皆由体制尊隔之故"④。在这种体制之下,下面的情况无法上达,上面的政策也无法正常向下推行,只会导致政治栓塞,"积弊如山,疾苦如海"⑤。为了有效解决当时专制体制的种种弊端,康有为推崇西方的三权分立体制,指出"近泰西政论,皆言三权:有议政之官,有行政之官,有司法之官。三权立,然后政体备。以我朝论之,皇上则为元首,百体所从,军机号为政府,出纳王命",同时强调"制度局之设,尤为变法之原也","然今之部寺,率皆守旧之官,骤与改革,势实难行,既立制度局总其纲,宜立十二局分其事",提议设立"法律局""度支局""学校局""农局""工局""商局""铁路局""邮政局""矿务局""游会局""陆军局""海军局","十二局设,庶政可得而举矣。然国政之立,皆以为民,民政不举,等于具文而已"。⑥ 只

---

① 汤志钧编:《康有为政论集》上册,中华书局1981年版,第130—131页。
② 汤志钧编:《康有为政论集》上册,中华书局1981年版,第150页。
③ 汤志钧编:《康有为政论集》上册,中华书局1981年版,第150页。
④ 汤志钧编:《康有为政论集》上册,中华书局1981年版,第219页。
⑤ 汤志钧编:《康有为政论集》上册,中华书局1981年版,第219页。
⑥ 汤志钧编:《康有为政论集》上册,中华书局1981年版,第214—216页。

第一章　中国现代化的艰难起步与挫折

有如此，才能做到"人皆来自四方，故疾苦无不上闻；政皆出于一堂，故德意无不下达；事皆本于众议，故权奸无所容其私；动皆溢于众听，故中饱无所容其弊。有是三者，故百度并举，以致富强"①。

作为维新变法运动的重要发起者，梁启超于1896年8月至1899年1月，在《时务报》及《清议报》连载《变法通议》，详细阐述其变法思想，提出了较为完整具体的政治改革方案，议论新颖，与其师康有为合称"康梁"。在《变法通议》中，梁启超指出变法是历史发展的必然趋势，"变亦变，不变亦变。变而变者，变之权操诸己，可以保国，可以保种，可以保教。不变而变者，变之权让诸人，束缚之，驰骤之，呜呼！则非吾之所敢言矣"②。为了更好地论证变法的观点，梁启超列举了历史上四种变法模式："其一，如日本，自变者也；其二，如突厥，他人执其权而代变者也；埃及、高丽等国皆是。其三，如印度，见并于一国而代变者也；越南、缅甸等国皆是。其四，如波兰，见分于诸国而代变者也。吉凶之故，去就之间，其何择焉？"③由此可见，要想实现"保国""保种""保教"的目标，必须走自变之路主动进行变法，从而改变被动挨打的局面。

针对当时一部分人以洋务运动的失败，来反对改变、反对变法，以及他们因循守旧的做法，梁启超进行了猛烈批判，认为像洋务运动这样寻求器物上的改变并非真正的改变，而制度上的改变才是真正的改变，并以中国和日本的强弱对比作为论据："日人之游欧洲者，讨论学业，讲求官制，归而行之。中人之游欧洲者，询某厂船炮之利，

---

① 汤志钧编：《康有为政论集》上册，中华书局1981年版，第150—151页。
② 汤志钧、汤仁泽编：《梁启超全集》第一集，中国人民大学出版社2018年版，第28页。
③ 汤志钧、汤仁泽编：《梁启超全集》第一集，中国人民大学出版社2018年版，第28页。

某厂价值之廉,购而用之。强弱之原,其在此乎!"[1]梁启超着重指出,变法不仅仅指的是"练兵""开矿""通商"等,"变法之本,在育人才,人才之兴,在开学校,学校之立,在变科举,而一切要其大成,在变官制"[2]。

在梁启超看来,人才、民智是影响一个国家强盛与否的重要因素,指出"近百年间,欧罗巴之众,高加索之族,藉制器以灭国,借通商以辟地,于是全球十九,归其统辖,智之强也。世界之运,由乱而进于平,胜败之原,由力而趋于智,故言自强于今日,以开民智为第一义"[3]。而要想培养人才、广开民智,必然要从开设新式学校做起,这里梁启超所说的学校,不同于以往的学校,包括洋务运动时期所开设的学校,其指出"今之同文馆、广方言馆、水师学堂、武备学堂、自强学堂、实学馆之类,其不能得异才,何也?言艺之事多,言政与教之事少,其所谓艺者,又不过语言文字之浅,兵学之末,不务其大,不揣其本,即尽其道,所成已无几矣"[4],即学校教育应当注重对政治知识的传授,培养具备民主政治能力的人才,为变法作准备。

培养出人才之后,还需要使这些人才顺利为国家所用,梁启超认为,洋务运动失败的重要原因之一,就是培养出的"洋务人才"并没有得到重用,从而无法推动国家的整体变革,这与俄国、日本的崛起形成了较大反差,指出"昔俄主大彼得,躬游列国,择国中俊秀子

---

[1] 汤志钧、汤仁泽编:《梁启超全集》第一集,中国人民大学出版社2018年版,第29页。
[2] 汤志钧、汤仁泽编:《梁启超全集》第一集,中国人民大学出版社2018年版,第30—31页。
[3] 汤志钧、汤仁泽编:《梁启超全集》第一集,中国人民大学出版社2018年版,第34页。
[4] 汤志钧、汤仁泽编:《梁启超全集》第一集,中国人民大学出版社2018年版,第38—39页。

弟，使受业葡、法之都，归而贵显之，布在朝邑，俄遂以强。日本维新之始，选高才生就学欧洲，学成返国，因才委任，今之伊藤、榎本之徒，皆昔日之学僮也。而中国所谓'洋务学生'者，竭其精力，废其生业，离井去邑，逾幼涉壮，以从事于西学，幸薄有成就，谓可致身通显，光宠族游，及贸贸然归，乃置散投闲，瓠落不用，往往栖迟十载，未获一官，上不足以尽所学，下不足以救饥寒，千金屠龙，成亦无益"[1]。

要想改变这种状况，必须对科举制度乃至官制进行变革。正如梁启超指出的："官制不改，学成而无所用，投闲置散，如前者出洋学生故事，奇才异能，能自安乎？"[2] 而"欲兴学校、养人才，以强中国，惟变科举为第一义，大变则大效，小变则小效"。对此，梁启超提出了变革科举制度的上、中、下三策。

其中，上策主要是"合科举于学校"，在全国设立大学、小学，"入大学者比举人，大学学成比进士，选其尤异者，出洋学习比庶吉士，其余归内、外、户、刑、工、商各部任用，比部曹、庶吉士，出洋三年，学成而归者，授职比编检"。

中策主要是在无法实现"合科举于学校"的情况下，将科举科目细化、专业化以适应现代化的需要，例如设立"明经一科，以畅达教旨，阐发大义，能以今日新政，证合古经者为及格"，设立"明算一科，以通中外算术，引申其理，神明其法者为及格"，设立"明字一科，以通中外语言文字，能互翻者为及格"，设立"明

---

[1] 汤志钧、汤仁泽编：《梁启超全集》第一集，中国人民大学出版社2018年版，第46页。
[2] 汤志钧、汤仁泽编：《梁启超全集》第一集，中国人民大学出版社2018年版，第30页。

法一科，以能通中外刑律，斟酌适用者为及格"，设立"技艺一科，以能明格致制造之理，自著新书、制新器者为及格"，设立"明医一科，以能通全体学、识万国药方、知中西病名证治者为及格"，设立"兵法一科，以能谙操练法程、识天下险要、通船械制法者为及格"，等等。①

下策主要是在既无法实现"合科举于学校"又无法改变科举科目的情况下，改变具体考试内容，在各级考试中增加涉及现代化方面的考试内容，即"童子试非取录经古者，不得入学，而经古一场，必试以中外政治得失、时务要事、算法格致等艺学。乡、会试必三场并重，第一场试四书文、五经文，试帖各一首；第二场试中外史学三首，专问历代五洲治乱存亡之故；第三场试天算地舆、声光化电、农矿商兵等专门，听人自刎一门，分题试之，各三首。殿试一依汉策贤良故事，专问当世之务，对策者不拘格式，不论楷法，考试学差试差，亦试以时务、艺学各一篇，破除成格，一如殿试"②。

梁启超认为，只有通过制度的改变，特别是改变封建官僚体制，使具有现代知识的人才进入仕途，并逐步升至高位，"用以更新百度，力图富强"③，才能够真正达到富国强兵的目的。

此外，梁启超还十分看重组织学会的作用，强调"道莫善于群，莫不善于独。独故塞，塞故愚，愚故弱；群故通，通故智，智故强"④。梁启超还以鸦片战争中英国中商学会发挥的作用，来突出组织学会对

---

① 汤志钧、汤仁泽编：《梁启超全集》第一集，中国人民大学出版社 2018 年版，第 47 页。
② 汤志钧、汤仁泽编：《梁启超全集》第一集，中国人民大学出版社 2018 年版，第 48 页。
③ 汤志钧、汤仁泽编：《梁启超全集》第一集，中国人民大学出版社 2018 年版，第 49 页。
④ 汤志钧、汤仁泽编：《梁启超全集》第一集，中国人民大学出版社 2018 年版，第 50 页。

于西方列强崛起的重要作用，指出"西人之为学也，有一学即有一会，故有农学会、有矿学会、有商学会、有工艺会、有法学会、有天学会、有地学会、有算学会、有化学会、有电学会、有声学会、有光学会、有重学会、有力学会、有水学会、有热学会、有医学会、有动植两学会、有教务会，乃至于照像、丹青、浴堂之琐碎，莫不有会。其入会之人，上自后妃王公，下及一命布衣，会众有集至数百万人者，会资有集至数百万金者。会中有书以便翻阅，有器以便试验，有报以便布知新艺，有师友以便讲求疑义。故学无不成，术无不精，新法日出，以前民用，人才日众，以为国干，用能富强甲于五洲，文治轶于三古"[①]。因此，梁启超进而指出"今欲振中国，在广人才，欲广人才，在兴学会"[②]，提议设立农学、矿学、工艺、商务、法学、兵学，以及天、算、声、光、化、电等学会，以培育各方面人才，扭转国家颓势。

在帝国主义瓜分中国的阴谋日益加紧、国家命运危在旦夕这一背景下，1898年1月康有为第六次上书光绪皇帝，即《应诏统筹全局折》，并呈其所著《日本变政考》《俄彼得变政记》，以及英国人李提摩太所译《泰西新史揽要》《时事新论》《列国变通兴盛记》《列国岁计政要》等著述。随后，康有为与梁启超于同年4月在北京发起成立以"保全国地、国民、国教"为目标的保国会，为变法维新作了直接准备。

1898年6月11日，光绪皇帝颁布"明定国是"诏书，宣布变法，百日维新正式开始。从1898年6月11日到9月21日，103天

---

① 汤志钧、汤仁泽编：《梁启超全集》第一集，中国人民大学出版社2018年版，第51—52页。
② 汤志钧、汤仁泽编：《梁启超全集》第一集，中国人民大学出版社2018年版，第52页。

的时间内，光绪皇帝先后发布110余道变法诏令，除旧布新，内容涵盖文化教育、经济、军事、政治等诸多方面，试图全面革新。具体而言，维新变法的主要内容包括四个方面：

一是在文化教育方面，废除八股，改试策论，提倡西学；实施新式教育，创办京师大学堂，各地设立中小学堂等新式学堂；设译书局，翻译外国新书，向西方国家派遣留学生；鼓励民间办报纸；奖励科学著作和发明等。

二是在经济方面，鼓励发展工商业，创办国家银行，开设铁路矿务总局、农工商总局，令各省设立商务局（或农工商分局），组建商会；提倡开办实业，鼓励私人投资，修筑铁路，开采矿藏；在京师及各通商口岸广设邮政分局，裁撤驿站；改革财政，编制国家预决算，由户部按月公布；命各省地方官兼采中西各法，切实振兴农业等。

三是在政治方面，改革政府机构，裁撤冗衙冗官，撤销詹事府（主管皇后、太子家事）、通政司（主管内外章奏）等衙门，各个省份也要做相应精减；广开言路，鼓励各方士民上书言事，允许报纸"指陈利弊"；任用支持实施新政的人才，维新派杨锐、刘光第、谭嗣同都被光绪皇帝任命为"军机衙门章京上行走"（秘书），参与到新政的实施当中来；取消八旗旗人特权等。

四是在军事方面，采用新式军制，裁汰绿营旧军，削减军饷，以西法编练新式军队；筹设武备学堂，实行征兵制、建立海军；力行保甲，实行团练等。

总的来说，维新变法是近代以来推进中国现代化的一次重要尝

第一章　中国现代化的艰难起步与挫折

试，是以康有为、梁启超、谭嗣同、严复等人为主要代表的资产阶级维新派，依靠封建统治者即光绪皇帝，自上而下进行的带有资产阶级性质的政治改良运动，其目的是通过仿效西法，在中国建立君主立宪的政治体制，让资产阶级参与政权，实施资产阶级性质的改良，以推动中国资本主义经济、文化的发展，从而把中国推上君主立宪的现代化道路。这种带有资产阶级性质的政治改良运动，虽然未能也不可能触及中国腐朽的封建主义社会制度，但维新变法中颁布的各项变法举措，无疑代表了新兴的民族资产阶级的利益，从文化教育、经济、政治、军事等方面，对传统封建社会都造成了巨大的冲击。可以说，在中国的现代化进程中，维新变法意味着中国的现代化由技术层面进至制度层面，是从"师夷长技以制夷"的学习西方技术转向变革本国制度的开端。

然而，由于资产阶级维新派的力量太小，其所依靠的光绪皇帝既没有实权也缺乏经验，以及维新变法在实施过程中欠缺策略上的考量，因而在清朝统治集团内部保守势力及封建顽固派的支持下，慈禧太后发动政变，光绪皇帝被幽囚，资产阶级维新派遭到捕杀，康有为、梁启超出逃，戊戌六君子血洒街头，废止新政，传统旧制重新恢复，历时103天的百日维新宣告失败。历史表明，通过维新变法在中国建立君主立宪制度，从而推进中国的现代化进程并不适合中国国情。因为中国是一个封建统治长达两千多年的国家，封建势力顽固且强大，唯有维持旧制度他们的统治才可以继续下去，因此，对于任何触及他们实际利益的变革都不会容忍，必将千方百计地将其打压下去。在中国，不从根本上推翻封建主义的统治，现代化就无从谈起。

三、昙花一现的清末新政

维新运动失败后，中国内外环境更加恶劣。帝国主义进一步加紧了对中国的入侵，掀起了瓜分中国的狂潮，以慈禧太后为首的顽固派更趋守旧。随着外族入侵的加剧，尤其是洋教堂的大量开办，信洋教的民众日益增多，一些教民在教会的包庇下为非作歹，引发了教民与非信教民众的尖锐矛盾。同时，随着中国被迫开放口岸的增多，西方商品大量传入，加之国内民族资本主义的初步发展，工业产品的产量开始增加，这更加严重地冲击了中国自给自足的自然经济，导致底层民众特别是农民的生活越发艰难，他们对帝国主义的仇恨加重。在爱国主义情结日浓的同时，由于得不到正确的指导，因而一部分群众产生了盲目排外情结，认为凡是带"洋"的东西都是造成中国贫穷落后的因素，由恨洋人到恨洋教进而到恨一切由西洋传入之物，包括西洋的器物与技术，由此引发了由底层民众自发形成的义和团运动。

与此同时，由于西方对主张维新变法的光绪皇帝的态度，与对镇压维新变法的慈禧太后的态度有所不同，引发权力欲望极强的慈禧太后担心列强帮助光绪皇帝重掌权力，慈禧太后由此对列强产生怨恨，为避免自己大权旁落，慈禧太后决定将义和团作为与列强对抗的工具，由原来的剿灭义和团转变为利用义和团，结果，得到慈禧太后等人支持的义和团在"扶清灭洋"的口号下，迅速席卷京津地区并波及华北各地，这就引起了帝国主义的恐慌，于是他们联合

第一章　中国现代化的艰难起步与挫折

起来组织八国联军，发动对中国更大规模的侵略，史称"八国联军侵华战争"。在列强的大举入侵面前，慈禧太后再次显露了外强中干、媚外欺内的本质，不但抛弃了义和团，而且还提出"量中华之物力，结与国之欢心"这种无耻的口号，并于1901年9月与列强签订更加丧权辱国的《辛丑条约》。该条约的主要内容是：中国对各国赔款4.5亿两白银，价息合计超过9.8亿两白银，并以关税和盐税等作抵押；划定北京东交民巷为使馆界，允许各国驻兵保护，不准中国人在界内居住；拆毁天津大沽口到北京沿线设防的炮台，允许列强派兵驻扎北京到山海关铁路沿线要地；清政府保证严禁人民参加反帝运动；外国认为各个通商章程中应修之处或其他应办的通商事项，清政府概允商议；惩办"首祸诸臣"，等等。

19世纪末兴起的义和团运动，以及1900年爆发的八国联军侵华战争，再次使清王朝陷入内忧外患之中。从内部看，当时政治败坏、军备废弛、文化凋敝，各地人民的自发反抗斗争接连不断；从外部看，八国联军在1900年8月攻陷北京，慈禧太后和光绪皇帝仓皇出逃，这是继第二次鸦片战争咸丰皇帝从北京出逃后，清朝最高统治者再一次被逐出北京。面对这样的严酷现实，清朝最高统治者不得不作出改变。为了顺应形势以便继续维持自身统治，慈禧太后在逃亡西安期间，一反三年前镇压维新变法的常态，发布"罪己诏"，并于1901年1月用光绪皇帝的名义颁发"改革"谕旨，在谕旨中极言积弊之深和改革之迫，指出"世有万古不易之常经，无一成不变之治法"，要求各省督抚及政府大员限期就朝章国政、吏治民生、学校科举、军制财政等问题详细议奏表述对改革的意见。1901年4月，清

中国式现代化之路

政府正式成立以庆亲王奕劻为首的督办政务处，掌管和审查各地官吏奏章，作为筹划推行新政的专门机构，任命李鸿章、荣禄、昆冈、王文韶、鹿传霖为督办政务大臣，刘坤一、张之洞（后又增加袁世凯）为参预政务大臣，总揽一切新政事宜，随后陆续颁布涉及政治、经济、文化教育、军事等各大领域的新政章程，由此开始了持续十余年直至清朝灭亡才结束的所谓清末新政。

总体而言，清末新政大致可以分1905年之前与1905年之后两个阶段。1905年之前这一阶段新政的主要内容集中在军事、经济、文化教育方面：

在军事方面，裁汰绿营、防勇，并从中精选若干营，分别编为常备、续备、巡警等军事单位；编练新军，统一全国番号，停止武举，各省建立武备学堂，培养军事人才；在北京成立练兵处，以奕劻总理练兵事务，仿照资本主义国家的军事制度，制定了一系列练兵规章和法令等。

在经济方面，设立商部，倡导官商创办企业；颁布一系列工商业规章和奖励实业办法，如钦定大清商法、商会章程、铁路简明章程、奖励华商公司章程，以及矿务、公司注册、试办银行等章程，允许自由发展实业，奖励兴办工商企业，鼓励组织商会团体，以振兴商务、奖励实业；积极筹饷，采取增加税种、提高税率、把地方库存及各项"陋规"收归中央政府、允许地方政府自筹税收等种种方式，解决《辛丑条约》签订后财政入不敷出的状况。

在文化教育方面，将各省城书院改成大学堂，各府直隶州改设中学堂，各县改设小学堂，批准张之洞等拟定的《奏定学堂章程》，以法令形式公布在全国推行的学制，通称《癸卯学制》。与普通学制并行的还有专业教育，包括师范学堂及各类实业学堂，在学制上自成系统，初步建立起新式教育体制，育才兴学；各省选派留学生出国，准许自费留学，颁布有关游学及奖励章程；从1906年起停止一切科举考试，延续千余年的科举制度被废除。

1905年之后这一阶段新政的主要内容集中在政治方面，即预备立宪。1904—1905年的日俄大战，引起了国内各方人士的高度关注，不仅是因为这场战争发生在中国境内，更因为这场战争在当时被视作是两种政体之战，日本代表着君主立宪政体，而俄国象征着传统的君主专制政体，最终日本战胜俄国，双方签订《朴次茅斯和约》，国内立宪的声浪日益高涨。在这一背景下，清政府于1905年7月派载泽、戴鸿慈、徐世昌、端方、绍英等五大臣出国考察宪政，研究各国宪政并负责提供宪政改革咨询意见。徐世昌、绍英后就他职，改派山东布政使尚其亨、顺天府丞李盛铎随载泽等出国。考察团主要出访了美国、英国、法国、俄国、日本等国家，特别考察了德国和日本的君主立宪政体。五大臣回国后，向慈禧太后和光绪皇帝提交了《奏请宣布立宪密折》，建议效仿德国和日本改行君主立宪政体，以达到"皇位永固""外患渐轻""内乱可弭"的目的。

1906年9月，清政府颁发上谕，宣布"预备仿行宪政"，并制定新的官制，在中央政府层面，改六部为十一部，分别为外务、吏、民政、度支、礼、学、陆军、法、农工商、邮传、理藩等部，后又增设海军部，保留内阁及军机处，改大理寺为大理院，开设中央资政院及审计院；在地方政府层面，开设地方谘议局，与中央资政院一道作为中央和地方的谘询机关，准备将来改为国会或地方议会。1908年8月，清政府颁布《钦定宪法大纲》《逐年筹备事宜清单》，以及"臣民权利义务""议院法要领""选举法要领"等三个附录，对君主和臣民的权利义务做了详尽的规定，明确中央资政院和地方谘议局的选举时间和宪法筹备时间，宣布预备立宪以九年为期。1909年10月，各省谘议局成立。1910年10月，北京资政院成立，其中一半的议员由各省谘议局通过选举而来。在全国声势浩大的立宪运动，以及十八省督联衔上奏请求开设国会的政治压力下，清政府不得不宣布缩短预备立宪期限，拟定于1911年成立新内阁，并于1913年召开国会。

1911年5月，清政府组成第一届内阁，由庆亲王奕劻任总理大臣，在13名内阁成员中，满族9人，其中皇族7人，汉族只有4人，所有军政大权均为皇室贵族把持。清政府组成的第一届内阁的名单一出，举国哗然，资产阶级立宪派和社会舆论将这一内阁讥讽为"皇族内阁"，资产阶级立宪派随即以各省谘议局的名义上书，要求更换人员，另组内阁，结果为清政府所拒绝。至此，资产阶级立宪派希望利用清政府实行宪政的幻想彻底破灭。

可以说，1901—1911年的清末新政，是清朝最高统治者在维护自身统治的目标下进行的一场自上而下的改革，在加快民族资本主义的发展、提升现代教育事业、促进国防军队建设，以及推进国家体制转型等方面，发挥了一定作用。但是，在这场改革中，清政府只是希望利用"预备立宪"的幌子来延续自身统治，不愿意放弃手中的权力，如五大臣出国考察归国后，在奏请仿行宪政的奏折中指出"今日宣布立宪，不过明示宗旨为立宪之预备。至于实行之期，原可宽立年限。日本明治十四年宣布宪政，二十二年始开国会，已然之效，可仿而行也"，即说明立宪只是一种收买人心、稳定局势的策略，实际则会无限期拖延下去，根本没有真正实行宪政的诚意和决心。

随着"皇族内阁"的成立，清政府借口"预备立宪"，实际上企图将大权集中于皇族，从而抵制革命的目的完全暴露，当时先进的中国人也意识到衰败腐朽的清政府不可能真正革新中国政治，无力回应现代化的挑战，进而转向革命。正如孙中山所说，只要清政府存在，中国就不可能实现"完整与独立"，"满清王朝可以比作一座即将倒塌的房屋，整个结构已从根本上彻底地腐朽了，难道有人只要用几根小柱子斜撑住外墙就能够使那座房屋免于倾倒吗？我们恐怕这种支撑行为的本身反要加速其颠覆"，"必须以一个新的、开明的、进步的政府来代替旧政府，这样一来，中国不但会自力更生，而且也就能解除其他国家维护中国的独立与完整的麻烦。在中国人民中有许多极有教养的能干人物，他们能够担当起组织新政府的任务；把过时的满清君主政体改变为'中华民国'的计划"。[①] 因此，要在中国实现现代化，必须彻底推翻封建主义的统治，同时推翻帝国主义对中国的压迫。

四、孙中山的现代化强国梦想

1911 年 10 月 10 日，在孙中山的领导和影响下，辛亥革命爆发。在革命爆发后短短不到两个月的时间内，全国有十五个省宣布起义，

[①] 《孙中山选集》（上），人民出版社 2011 年版，第 71 页。

意味着三分之二的中国已经脱离清政府的统治，清政府赖以维护其统治的"新军"成了起义的主力，有8万多人直接参加各地起义，占"新军"总数的三分之一。1912年1月1日，中华民国政府正式成立，孙中山就任中华民国临时大总统。随后，清政府曾经最大的支柱袁世凯，胁迫清帝溥仪于1912年2月12日退位，清朝宣告灭亡。

辛亥革命结束了在中国延续了两千多年的君主专制制度，建立了共和政体，共和国的观念从此深入人心，在一定程度上推动了中国民族资本主义经济的发展。在中国现代化进程中，辛亥革命具有推翻传统政治体制的重大意义，一方面辛亥革命结束了中国的传统社会，另一方面打开了中国通向现代社会的大门。辛亥革命的领导者孙中山，是伟大的民族英雄、伟大的爱国主义者、中国民主革命的伟大先驱，一生以革命为己任，立志救国救民，为中华民族作出了彪炳史册的贡献。除了辛亥革命之外，孙中山对于中国现代化的战略构想，代表着先进的中国人对于中国不断发展、实现现代化的孜孜追求。

早在1905年11月，孙中山就在《民报》发刊词中指出，"余维欧美之进化，凡以三大主义：曰民族，曰民权，曰民生。罗马之亡，民族主义兴，而欧洲各国以独立。洎自帝其国，威行专制，在下者不堪其苦，则民权主义起。十八世纪之末，十九世纪之初，专制仆而立宪政体殖焉。世界开化，人智益蒸，物质发舒，百年锐于千载，经济问题继政治问题之后，则民生主义跃跃然动，二十世纪不得不为民生主义之擅场时代也。是三大主义皆基本于民，递嬗变易，而欧美之人种胥冶化焉。其他旋维于小己大群之间而成为故说者，皆此三者之充满发挥而旁及者耳"①，正式提出三民主义，即民族、民权、民生。可以说，三民主义是孙中山全面思考中国现代化问题的理论结晶，汇集着其对西方现代化的反思，凝结着其对中国现代化道路的探索。在孙中山看来，民族主义，就是要推翻清王朝，反对民族压迫；民权主义，就是要推翻封建君主专制，建立民主立宪政体，让人民充分享有一切权力；民生主义，就是要反对少数富人专利，平均地权，发展实业，使民生得以改善。实现民族主义和民权主义是中国富强和现代化的政治与社会前提，在实现这两者之后，还必须大力发展实业，改善民生，实现经济上的独立和富强。只有如此，中国才有实现现代化的希望。

辛亥革命推翻清王朝的统治之后，由于当时中国资产阶级的力量还太微弱，并且同帝国主义和封建势力有着难以完全割断的联系，而同广大的下层劳动群众则严重地脱离。这就导致资产阶级革命派既没有勇气也没有力量把反帝反封建的斗争进行到底。因此，北洋军阀的首领袁世凯很快窃取了辛亥革命的果实，迫使孙中山辞职，篡夺了中华民国临时大总统职务。1913 年 10 月，袁世凯又通过非法手段成为中华民国总统。随后，袁世凯个人野心不断膨胀，公然于 1915 年 12 月在北京宣布接受帝位，推翻共和，复辟帝制，下令废除民国纪元，改民国五年为"洪宪元年"。袁世凯称帝失败后，中国继而陷入了军阀割据的局面。这些派系军阀之间，有的为了争夺中央政权，有的为了维持与扩大自己的地盘，从而进行连年不断的混战，相互火并，给

---

① 《孙中山选集》（上），人民出版社 2011 年版，第 79 页。

人民带来无穷灾难，中国社会的半殖民地半封建性质一点也没有变，现代化对当时的人们来说依旧是遥不可及的梦想。正如孙中山所说的："我们自办同盟会以来，有很大的力量表现出来，就是把满洲政府推倒。但推倒之后，官僚之流毒日益加甚，破坏虽成功，建设上却一点没有尽（力）。这十三年来，政治上、社会上种种黑暗腐败比前清更甚，人民困苦日甚一日。"[1]

面对袁世凯的倒行逆施以及军阀割据的局面，孙中山不得不先把主要精力放在与军阀势力的斗争之中。1918年护法运动失败之后，孙中山感到十分苦闷，因而决定"专事著书，外方纷纭，殊不欲过问"[2]，在1918—1919年撰写出《孙文学说——行易知难》即《建国方略》之一的"心理建设"和《实业计划》即《建国方略》之二的"物质建设"两本书。这两本书和孙中山1917年撰写的《民权初步》即《建国方略》之三的"社会建设"一起，汇编成了《建国方略》这部著作。

具体而言，在《孙文学说——行易知难》中，孙中山从指导思想的层面，探索推翻清王朝建立民国后出现的混乱局面，力求从理论上解决当时困扰着革命党人的精神动力问题。孙中山认为，推翻清王朝建立民国后，"本可从此继进，实行革命党所抱持之三民主义、五权宪法，与夫《革命方略》所规定之种种建设宏模，则必能乘时一跃而登中国于富强之域，跻斯民于安乐之天也"，但令他没想到的是，"革命初成，党人即起异议，谓予所主张者理想太高，不适中国之用；

---

[1] 《孙中山选集》（下），人民出版社2011年版，第601页。
[2] 《孙中山全集》第五卷，人民出版社2015年版，第81页。

第一章　中国现代化的艰难起步与挫折

众口铄金，一时风靡，同志之士亦悉惑焉。是以予为民国总统时之主张，反不若为革命领袖时之有效而见之施行矣。此革命之建设所以无成，而破坏之后国事更因之以日非也。夫去一满洲之专制，转生出无数强盗之专制，其为毒之烈，较前尤甚。于是而民愈不聊生矣"。[1] 究其根源，这是由于中国传统哲学"知之非艰，行之惟艰"，即"知易行难"一说深入人心。孙中山将"知易行难"一说视作"生平之最大敌也，其威力当万倍于满清"，指出"夫满清之威力，不过只能杀吾人之身耳，而不能夺吾人之志也。乃此敌之威力，则不惟能夺吾人之志，且足以迷亿兆人之心也。是故当满清之世，予之主张革命也，犹能日起有功，进行不已；惟自民国成立之日，则予之主张建设，反致半筹莫展，一败涂地"。[2]

为了破除"知易行难"一说的影响，孙中山先是以与人们日常生活息息相关的饮食、用钱、作文、建屋、造船、筑城、开河、电学、化学、进化等为例，来说明"行易知难"的道理，进而分析欧美国家以及日本"近代之进化"，出现"突飞之进步"[3] 的原因，进一步证明只有践行"行易知难"学说才能"万众一心，急起直追，以我五千年文明优秀之民族，应世界之潮流，而建设一政治最修明、人民最安乐之国家，为民所有、为民所治、为民所享者也"[4]。

《实业计划》是孙中山《建国方略》的核心内容，也是一个实现中国现代化的大规模建设方案。当时，第一次世界大战刚刚结束，因

---

[1] 《孙中山选集》（上），人民出版社 2011 年版，第 121 页。
[2] 《孙中山选集》（上），人民出版社 2011 年版，第 121 页。
[3] 《孙中山选集》（上），人民出版社 2011 年版，第 168 页。
[4] 《孙中山选集》（上），人民出版社 2011 年版，第 123 页。

而孙中山把中国的工业化以及实业的发展,放在第一次世界大战后世界经济亟须复兴的背景中加以考察,希望借助国际形势实现中国的发展。在《实业计划》中,孙中山先是提出了十项简要规划,即"交通之开发""商港之开辟""铁路中心及终点并商港地设新式市街,各具公用设备""水力之发展""设冶铁、制钢并造士敏土之大工厂,以供上列各项之需""矿业之发展""农业之发展""蒙古、新疆之灌溉""于中国北部及中部建造森林""移民于东三省、蒙古、新疆、青海、西藏"。① 而后,孙中山详细论述了六大计划,前三项计划主要是修建北方、东方、南方三大港口。

第一计划由五部分构成,分别为"筑北方大港于直隶湾""建铁路统系,起北方大港,迄中国西北极端""殖民蒙古、新疆""开浚运河,以联络中国北部、中部通渠及北方大港""开发山西煤铁矿源,设立制铁、炼钢工厂",其中修建北方大港最为关键,"用为国际发展实业计划之策源地;中国与世界交通运输之关键,亦系夫此。此为中枢,其余四事旁属焉"。②

第二计划由五部分构成,分别为修筑"东方大港","整治扬子江水路及河岸","建设内河商埠","改良扬子江之现存水路及运河","创建大士敏土厂"。③ 其中,修建东方大港为此项计划中心。

第三计划由五部分构成,分别为"改良广州为一世界港""改良广州水路系统""建设中国西南铁路系统""建设沿海商埠及渔业

---

① 《孙中山选集》(上),人民出版社2011年版,第224—225页。
② 《孙中山选集》(上),人民出版社2011年版,第227—228页。
③ 《孙中山选集》(上),人民出版社2011年版,第241—242页。

港""创立造船厂"①，其中修建南方大港为此项计划中心。

第四计划主要是发展铁路交通，由六部分构成，分别为修建"中央铁路系统""东南铁路系统""东北铁路系统""高原铁路系统"，"扩张西北铁路系统"，"创立机关车、客货车制造厂"。②

第五计划主要是建立工业体系，具体涉及五种工业，分别为"粮食工业""衣服工业""居室工业""行动工业""印刷工业"③。

第六计划主要是发展采矿业，主要包括开采"铁矿""煤矿""油矿""铜矿""特种矿"，以及"矿业机器之制造""冶矿机厂之设立"。④

最后，孙中山认为中国的现代化"可依西方已辟之路径而行之"，同时还提出"工业发展所生之利益"除了"摊还借用外资之利息""增加工人之工资""改良与推广机器之生产"之外，"其余利益须留存以为节省各种物品及公用事业之价值"，从而"使外国之资本主义以造成中国之社会主义，而调和此人类进化之两种经济能力，使之互相为用，以促进将来世界之文明也"。⑤

在《民权初步》中，孙中山从国民觉悟、国民意识的层面，探索推翻清王朝建立民国后出现的混乱局面。孙中山认为，推翻清王朝建立民国后，之所以还是无法使中国走向独立富强，就在于"人心涣散，民力不凝结也"，致使"中国四万万之众等于一盘散沙"。这种情况的发生并非由于国人天生如此，而是因为"异族之专制有以致之

---

① 《孙中山选集》（上），人民出版社2011年版，第278页。
② 《孙中山选集》（上），人民出版社2011年版，第317页。
③ 《孙中山选集》（上），人民出版社2011年版，第362页。
④ 《孙中山选集》（上），人民出版社2011年版，第375页。
⑤ 《孙中山选集》（上），人民出版社2011年版，第384页。

也","在满清之世,集会有禁,文字成狱,偶语弃市,是人民之集会自由、出版自由、思想自由皆已削夺净尽,至二百六十余年之久。种族不至灭绝亦云幸矣,岂复能期其人心固结、群力发扬耶"。[1]

此外,孙中山十分重视民权的重要性,认为"今后民国前途之安危若何,则全视民权之发达如何耳"[2],其写作《民权初步》的目的就是"教国民行民权之第一步也"[3],主要内容包括五部分:一是结会,二是动议,三是修正案,四是动议之顺序,五是权宜及秩序问题。最后,孙中山满怀信心地指出:"苟人人熟习此书,则人心自结,民力自固。如是,以我四万万众优秀文明之民族,而握有世界最良美之土地、最博大之富源,若一心一德,以图富强,吾决十年之后,必能驾欧美而上之也。"[4]

总体而言,《建国方略》是孙中山最重要的著作之一,也是中国近代史上第一个比较全面、系统、准确的国家现代化建设蓝图,对经济、政治、社会、科学、文化、外交、国防等诸多方面的中国现代化进行了系统的战略设计,希望使中国成为"世界至进步、至庄严、至富强、至安乐之国家"[5]。孙中山在《建国方略》一书的总目中,亲笔增添了"(四)国家建设(续出)"一项。按照孙中山的写作计划,《建国方略》之四的"国家建设"共八册,分别为《民族主义》《民权主义》《民生主义》《五权宪法》《地方政府》《中央政府》《外交政策》《国防计划》。至1922年,"《民族主义》一册已经脱稿,《民权

---

[1] 《孙中山选集》(上),人民出版社2011年版,第398—399页。
[2] 《孙中山选集》(上),人民出版社2011年版,第399页。
[3] 《孙中山选集》(上),人民出版社2011年版,第400页。
[4] 《孙中山选集》(上),人民出版社2011年版,第401页。
[5] 《孙中山选集》(上),人民出版社2011年版,第399页。

第一章　中国现代化的艰难起步与挫折

主义》、《民生主义》二册亦草就大部。其他各册，于思想之线索、研究之门径亦大略规划就绪，俟有余暇，便可执笔直书，无待思索。方拟全书告竣，乃出而问世"，然而广东军阀陈炯明于1922年6月背叛革命，在广州发动兵变，炮击孙中山住所观音山粤秀楼，导致孙中山"数年心血所成之各种草稿，并备参考之西籍数百种，悉被毁去"。[①]

陈炯明的叛变，既打断了孙中山庞大的著书计划，也使第二次护法运动以失败而告终。孙中山在苦闷之中，深感国民党内许多人已经日趋腐败，中国革命必须改弦易辙，从而开始与共产党人建立联系，真诚地欢迎共产党员同他合作，欢迎苏联对中国国民革命进行援助。在中国共产党和共产国际的建议和协助下，国共合作不断向前推进，国民党改组很快进入实行阶段。1924年1月20日至30日，中国国民党第一次全国代表大会由孙中山主持在广州举行。出席开幕式的代表165人中，共产党员有20多人。国民党一大审议并通过了《中国国民党第一次全国代表大会宣言》，对三民主义作出顺应时代潮流的新解释。

此外，大会还审议通过了由孙中山起草的《国民政府建国大纲》（以下简称《建国大纲》）。《建国大纲》全文共25条，集中体现了孙中山的现代化理念和设想。具体而言，孙中山在《建国大纲》中指出，国民政府实行三民主义，建设重点首先是民生，即"对于全国人民之食衣住行四大需要，政府当与人民协力，共谋农业之发展，以足

[①] 《孙中山选集》（下），人民出版社2011年版，第638—639页。

民食；共谋织造之发展，以裕民衣；建筑大计划之各式屋舍，以乐民居；修治道路、运河，以利民行"。其次是民权，即"于人民之政治知识能力，政府当训导之，以行使其选举权，行使其罢官权，行使其创制权，行使其复决权"。其三是民族，即"对于国内之弱小民族，政府当扶植之，使之能自决自治。对于国外之侵略强权，政府当抵御之；并同时修改各国条约，以恢复我国际平等、国家独立"。[1]

按照孙中山的设想，国民政府建设的程序分为三个时期：一是军政时期，在这一时期"政府一面用兵力以扫除国内之障碍，一面宣传主义以开化全国之人心，而促进国家之统一"[2]；二是训政时期，"凡一省完全底定之日，则为训政开始之时，而军政停止之日"，在训政时期"政府当派曾经训练考试合格之员，到各县协助人民筹备自治"[3]；三是宪政时期，"凡一省全数之县皆达完全自治者，则为宪政开始时期"，"在宪政开始时期，中央政府当完成设立五院，以试行五权之治。其序列如下：曰行政院；曰立法院；曰司法院；曰考试院；曰监察院"[4]。

可以说，无论是实现《建国方略》的宏大构想还是实现《建国大纲》的理念设计，都有一个根本前提，就是首先实现民族独立、人民解放，也正如孙中山在《建国方略》中指出的，"惟发展之权，操之在我则存，操之在人则亡"[5]。"孙中山先生的《建国方略》被称为近代中国谋求现代化的第一份蓝图，但在半殖民地半封建社会的条件

---

[1] 《孙中山选集》（下），人民出版社 2011 年版，第 624 页。
[2] 《孙中山选集》（下），人民出版社 2011 年版，第 624—625 页。
[3] 《孙中山选集》（下），人民出版社 2011 年版，第 625 页。
[4] 《孙中山选集》（下），人民出版社 2011 年版，第 626 页。
[5] 《孙中山选集》（上），人民出版社 2011 年版，第 221 页。

下，中国现代化没有也不可能取得成功。"①实践证明，民族独立、人民解放的历史任务，中国资产阶级无力完成，其对中国现代化的设想自然也无法实现。

孙中山曾组织发动了辛亥革命，推翻了清王朝的统治，结束了长达两千多年的封建专制政治，但革命的胜利果实却被北洋军阀头子袁世凯所窃取，中华民国虽然建立，但中国仍然陷于半殖民地半封建的深渊之中。袁世凯死后，北洋军阀内部更是争权夺利、内战不止，中国陷入四分五裂的状态，民不聊生，中国社会处于停滞甚至倒退之中。在中国共产党的帮助下，孙中山改组了国民党，实现了第一次国共合作，在国共两党的共同推动下，一场轰轰烈烈的国民革命运动由珠江流域发展到长江流域，通过北伐战争推翻了北洋军阀的统治，中国一时出现了新的局面，给现代化事业带来了新的希望。可是，由于蒋介石、汪精卫背叛革命，他们虽然取代了北洋军阀的统治建立了南京政府，但中国社会的半殖民地半封建性质没有丝毫的变化。为了维护他们反革命反人民的政权，不惜实行独裁专制统治，凭借自己手中掌握的反革命武装对革命实行残酷的镇压，同时内部又争权夺利、内战不止，根本无心从事经济建设，更遑论推进现代化了。

近代以来的历史表明，中国要发展进步，要实现民族复兴，其前提是必须跟上时代潮流实现现代化。近代中国无数仁人志士为此做过许多尝试与努力，但都没有成功，原因就在于长期的封建统治导致经济文化落后，以至于屡遭列强的侵略；而帝国主义的侵略，又加剧了

---

① 中共中央党史和文献研究院编：《习近平关于中国式现代化论述摘编》，中央文献出版社 2023 年版，第 12 页。

中国的贫穷落后。中国实现现代化和民族复兴的主要障碍，是帝国主义和封建主义，在半殖民地半封建社会，要实现现代化是不可能的，不完成反帝反封建的革命任务，中国的现代化和中华民族伟大复兴就无从谈起。正如习近平总书记所指出的："具有五千多年文明历史的中华民族，长期走在世界前列。明朝后期开始实行闭关锁国政策，错失工业革命、科技革命机遇，中国在内部矛盾和西方现代化浪潮冲击下逐渐走向衰落。一八四〇年鸦片战争成为'压倒骆驼的最后一根稻草'，中国逐步沦为半殖民地半封建社会，遭受前所未有的劫难。为了摆脱落后挨打、任人宰割的悲惨命运，中国人民奋起反抗，仁人志士苦苦求索，进行民族复兴的各种尝试，洋务运动试图'师夷长技以制夷'，戊戌变法试图通过改良来图强，孙中山先生领导辛亥革命试图以资产阶级共和国、振兴实业等方案来实现现代化，但都以失败告终。探索中国现代化道路的重任，历史地落在了中国共产党身上。"[1]

---

[1] 中共中央党史和文献研究院编：《习近平关于中国式现代化论述摘编》，中央文献出版社2023年版，第27—28页。

第二章

民主革命时期共产党人对现代化的探寻

鸦片战争以来，中国人民的反帝反封建斗争一直没有停止过，但最终都没有成功，根本原因在于没有科学的理论作指导，没有先进的阶级和政党作领导。在中国，要实现现代化进而实现中华民族伟大复兴，需要马克思主义这一科学理论作指导，需要马克思主义政党作领导。中国的马克思主义者以实现民族复兴为己任，陈独秀、李大钊在宣传马克思主义、创立党的组织的过程中，对中国现代化问题有过深入的思考，形成了早期共产党人的现代化思想。遵义会议后，毛泽东逐步成为党的第一代中央领导集体的核心，他在总结历史经验的基础上，形成了新民主主义理论，并对中国如何实现现代化作出了许多重要论述。

一、陈独秀对现代化的思考

从现代化的角度回顾党的历史，早期中国共产党人就对中国的现代化进行了初步的探索。1911年爆发的辛亥革命，推翻了统治中国几千年的封建帝制，建立起民主共和政体。然而，中华民国的建立引进了民主共和制度，却未能使民主共和在中国大地上成功地生根发芽。先是袁世凯窃取了革命果实，对外于1915年5月25日与日本签订丧权辱国的"二十一条"，对内则是闹出了复辟帝制的历史丑剧。袁世凯死后，中国更是陷入军阀割据混战、民不聊生的局面。这一乱局进一步引发文化上尊孔复古的腐朽倒退逆流，整个社会一片乌烟瘴气、混乱不堪，实现中国由传统向现代的转型更是无从谈起。

第二章　民主革命时期共产党人对现代化的探寻

面对辛亥革命的失败以及北洋军阀的专制统治，先进的中国人在苦闷之中认真总结辛亥革命的经验教训，认识到民主共和之所以有名无实，中国的现代化之所以陷入困境无法向前推进，根本原因在于民智未开，人民大众始终被封建专制和愚昧牢牢束缚，无法真正参与到国家的现代化进程之中，以致出现了"惟有党派运动，而无国民运动"的现象。若是不把国民性这块"土壤"改造好，提升国民觉悟，那么民主共和这颗"种子"就无法真正在中国生根发芽，正如陈独秀所说："吾国之维新也，复古也，共和也，帝政也，皆政府党与在野党之所主张抗斗，而国民若观对岸之火，熟视而无所容心；其结果也，不过党派之胜负，于国民根本之进步，必无与焉。"①

针对于此，当时以陈独秀为代表的中国先进分子，以"德先生""赛先生"即民主和科学为旗帜，向根深蒂固的封建传统文化发起猛烈攻击，希望以此来改造国民性，提高国民觉悟，促使民众参与到国家的现代化进程之中，从而推动国家的发展与进步。1915年9月15日，参加过辛亥革命的陈独秀在上海创办《青年杂志》（第二卷起改名为《新青年》），以此为主要思想阵地，拉开了宣传新思想、新文化、新道德，奋起反抗旧思想、旧文化、旧道德，不断思考国家和民族命运的新文化运动的序幕，一场中国思想上的启蒙运动由此展开，也使得中国人对现代化的探索从制度层面推进至文化层面。

以陈独秀为代表的中国先进分子按照其对现代社会的理解，以新的意义和标准，试图在文化层面重建中国价值体系。1915年9月15

---

① 《陈独秀文集》第一卷，人民出版社2013年版，第134—135页。

日，陈独秀在《青年杂志》发刊词《敬告青年》一文中表达了对青年人的期望和热盼，指出："予所欲涕泣陈词者，惟属望于新鲜活泼之青年，有以自觉而奋斗耳！"①并从六条标准判定何为"敏于自觉勇于奋斗之青年"，即"自主的而非奴隶的""进步的而非保守的""进取的而非退隐的""世界的而非锁国的""实利的而非虚文的""科学的而非想象的"。②陈独秀热切期望广大青年能够摆脱封建思想的束缚，廓清蒙昧，认为中国必须放弃闭关自守的姿态，以开放的态度融入世界，向着现代化迈进。

陈独秀把中国现代化放在世界现代化的历史进程中，强调中国要实现国家现代化，不能闭关锁国，愚昧自封，要顺应时代潮流，对外交流开放，吸收国外一切有益文明成果，指出："吾国自通海以来，自悲观者言之，失地偿金，国力索矣；自乐观者言之，倘无甲午庚子两次之福音，至今犹在八股垂发时代。居今日而言锁国闭关之策，匪独力所不能，亦且势所不利。万邦并立，动辄相关，无论其国若何富强，亦不能漠视外情，自为风气。各国之制度文物，形式虽不必尽同，但不思驱其国于危亡者，其遵循共同原则之精神，渐趋一致，潮流所及，莫之能违。于此而执特别历史国情之说，以冀抗此潮流，是犹有锁国之精神，而无世界之智识。国民而无世界智识，其国将何以图存于世界之中？"③

拥护"德先生"和"赛先生"即提倡民主和科学，是新文化运动的基本口号。1919年1月15日，陈独秀在《新青年》第六卷第一号

---

① 《陈独秀文集》第一卷，人民出版社2013年版，第89页。
② 《陈独秀文集》第一卷，人民出版社2013年版，第90—95页。
③ 《陈独秀文集》第一卷，人民出版社2013年版，第93—94页。

第二章　民主革命时期共产党人对现代化的探寻

上发表《〈新青年〉罪案之答辩书》一文。针对当时社会上对《新青年》杂志的种种非难，陈独秀在文中明确指出，"本志同人本来无罪，只因为拥护那德莫克拉西（Democracy）和赛因斯（Science）两位先生，才犯了这几条滔天的大罪。要拥护那德先生，便不得不反对孔教，礼法，贞节，旧伦理，旧政治；要拥护那赛先生，便不得不反对旧艺术，旧宗教；要拥护德先生又要拥护赛先生，便不得不反对国粹和旧文学。大家平心细想，本志除了拥护德、赛两先生之外，还有别项罪案没有呢？若是没有，请你们不用专门非难本志，要有气力有胆量来反对德、赛两先生，才算是好汉，才算是根本的办法"[1]。

关于科学，陈独秀在《敬告青年》一文中对科学大加赞赏，指出："科学者何？吾人对于事物之概念，综合客观之现象，诉之主观之理性而不矛盾之谓也。想象者何？既超脱客观之现象，复抛弃主观之理性，凭空构造，有假定而无实证，不可以人间已有之智灵，明其理由，道其法则者也。在昔蒙昧之世，当今浅化之民，有想象而无科学。宗教美文，皆想象时代之产物。近代欧洲之所以优越他族者，科学之兴，其功不在人权说下，若舟车之有两轮焉。今且日新月异，举凡一事之兴，一物之细，罔不诉之科学法则，以定其得失从违；其效将使人间之思想云为，一遵理性，而迷信斩焉，而无知妄作之风息焉。"[2] 在这里，陈独秀所强调的科学，主要指的是一种与愚昧、迷信、落后相对立的求实、理性的态度与思维方式。

1920年4月1日，陈独秀在《新青年》第七卷第五号上发表的

---

[1]《陈独秀文集》第一卷，人民出版社2013年版，第361—362页。
[2]《陈独秀文集》第一卷，人民出版社2013年版，第95页。

中国式现代化之路

《新文化运动是什么？》一文，对"科学"一词的含义作了更加清晰的说明。他指出："科学有广狭二义：狭义的是指自然科学而言，广义是指社会科学而言。社会科学是拿研究自然科学的方法，用在一切社会人事的学问上，像社会学、伦理学、历史学、法律学、经济学等，凡用自然科学方法来研究、说明的都算是科学；这乃是科学最大的效用。我们中国人向来不认识自然科学以外的学问，也有科学的威权；向来不认识自然科学以外的学问，也要受科学的洗礼；向来不认识西洋除自然科学外没有别种应该输入我们东洋的文化；向来不认识中国底学问有应受科学洗礼的必要。我们要改去从前的错误，不但应该提倡自然科学，并且研究、说明一切学问（国故也包含在内），都应该严守科学方法，才免得昏天黑地乌烟瘴气的妄想、胡说。"[1]

针对当时社会上一些人认为，第一次世界大战爆发的重要原因之一，就是科学技术在缺少伦理约束条件下的滥用，将第一次世界大战结束后欧洲的衰败、破碎、混乱归因于"科学万能"论的影响，从而对西方文化产生了怀疑，得出了"科学无用""科学破产""东方文化可以救济西方文化的弊端""科学无法解决人生观"等观点，陈独秀指出，"现在新文化运动声中，有两种不祥的声音：一是科学无用了，我们应该注重哲学；一是西洋人现在也倾向东方文化了。各国政治家、资本家固然利用科学做了许多罪恶，但这不是科学本身底罪恶；科学无用，这句话不知从何说起？我们的物质生活上需要科学，自不待言；就是精神生活离开科学也很危险"[2]，再次强调科学在物质生活

---

[1] 《陈独秀文集》第二卷，人民出版社2013年版，第1—2页。
[2] 《陈独秀文集》第二卷，人民出版社2013年版，第2页。

第二章 民主革命时期共产党人对现代化的探寻

和精神生活中的重要作用。

关于民主,陈独秀最初提倡的是资产阶级的民主制度和民主思想。1919年2月15日,陈独秀在《新青年》第六卷第二号上发表《再质问〈东方杂志〉记者》一文。针对一些人将中国古代的民本思想与西方的民主主义混为一谈的调和观点,陈独秀指出"夫西洋之民主主义(Democray)乃以人民为主体,林肯所谓由民(by people)而非为民(for people)者,是也。所谓民视民听、民贵君轻,所谓民为邦本,皆以君主之社稷(即君主祖遗之家产)为本位。此等仁民爱民为民之民本主义,民本主义,乃日本人用以影射民主主义者也。其或径用西文Democracy,而未敢公言民主者,回避其政府之干涉耳。皆自根本上取消国民之人格,而与以人民为主体,由民主主义之民主政治,绝非一物"[①]。

新文化运动初期,陈独秀仍以资产阶级民主主义为救国方案,认为只有按照资产阶级的民主制度和民主思想所建立起来的国家,才能使人民获得自由和幸福,才是一个真正的国家,他于1914年11月10日在《甲寅杂志》第一卷第四号上发表《爱国心与自觉心》一文,他在文中指出,"惟中国人之视国家也,与社稷齐观,斯其释爱国也,与忠君同义。盖以此国家,此社稷,乃吾君祖若宗艰难缔造之大业,传之子孙,所谓得天下是也。若夫人民,惟为缔造者供其牺牲,无丝毫自由权利与幸福焉,此欧洲各国宪政未兴以前之政体,而吾华自古讫今,未之或改者也。近世欧美人之视国家也,为国人共谋安宁幸福

[①] 《陈独秀文集》第一卷,人民出版社2013年版,第403页。

之团体。人民权利，载在宪章，犬马民众，以奉一人，虽有健者，莫敢出此"[1]。随后，陈独秀于1915年10月15日在《青年杂志》第一卷第二号上发表《今日之教育方针》一文，他进一步指出"民主国家，真国家也，国民之公产也，以人民为主人，以执政为公仆者也。民奴国家，伪国家也，执政之私产也，以执政为主人，以国民为奴隶者也。真国家者，牺牲个人一部分之权利，以保全体国民之权利也。伪国家者，牺牲全体国民之权利，以奉一人也"[2]。

陈独秀对民主和科学的提倡、对封建传统文化的批判，以及与时俱进适应时代潮流的发展思想，对解放当时中国人的思想，使中国人从苦闷、彷徨之中警醒起到了重要作用。为了实现中国由封建传统落后到现代化的转变，陈独秀提出务必以科学和民主作为两面大旗，其在《〈新青年〉罪案之答辩书》一文中指出，"西洋人因为拥护德、赛两先生，闹了多少事，流了多少血，德、赛两先生才渐渐从黑暗中把他们救出，引到光明世界。我们现在认定只有这两位先生，可以救治中国政治上道德上学术上思想上一切的黑暗。若因为拥护这两位先生，一切政府的压迫，社会的攻击笑骂，就是断头流血，都不推辞"[3]。陈独秀认为，西方也曾经历过宗教迷信、玄学幻想的时代，正是因为借助科学、民主的力量才实现了现代化，走入了科学实证的时代。而中国在当时仍处于封建专制政治，文化中仍有较多腐朽落后的因素，若想建立一个现代化的中国，必须破除旧文化，反对封建传统文化，倡导民主、科学精神。这无疑给中国如何实现现代化提供了思

---

[1] 《陈独秀文集》第一卷，人民出版社2013年版，第82—83页。
[2] 《陈独秀文集》第一卷，人民出版社2013年版，第107—108页。
[3] 《陈独秀文集》第一卷，人民出版社2013年版，第362页。

第二章 民主革命时期共产党人对现代化的探寻

想上的指引。

对于走何种道路实现国家的现代化，当时的中国人一直在苦苦探索和追寻。实际上，1917年十月革命前，在人们的认知中只存在一种现代化道路，即资本主义的现代化道路，除此之外别无他途。然而，1914年至1918年空前野蛮残酷的第一次世界大战，使得西方资本主义的丑陋、衰颓一览无余，意识形态上西方文化陷入前所未有的危机。1919年巴黎和会上"公理战胜强权"理想的破灭，更是粉碎了西方世界的"美好形象"，给中国人民当头一棒，中国的先进分子又不得不思考中国新的出路。

在这一背景下，陈独秀对民主有了新的认识，并于1919年12月1日在《晨报》上发表《告北京劳动界》一文，明确指出"十八世纪以来的'德莫克拉西'是那被征服的新兴财产工商阶级，因为自身的共同利害，对于征服阶级的帝王贵族要求权利的旗帜。现在宪法都有了，共和政体也渐渐普遍了，帝王贵族也都逃跑或是大大的让步了，财产工商业阶级要求的权利得到了手了，目的达了，他们也居了帝王贵族的特权地位了。如今二十世纪的'德莫克拉西'，乃是被征服的新兴无产劳动阶级，因为自身的共同利害，对于征服阶级的财产工商界要求权利的旗帜"[①]。也正是在此前后，俄国十月革命爆发，解锁了现代化道路的新路线，即社会主义现代化道路，为当时的中国人思考救国之路打开了新的视野，而西方列强又陷入第一次世界大战，无暇东顾，中国出现了民族资本主义快速发展的黄金期，民族资产阶级、

---

① 《陈独秀文集》第一卷，人民出版社2013年版，第518页。

工人阶级及知识分子队伍也随之逐步壮大。

在马克思主义和俄国十月革命的影响下，陈独秀不仅继承了前人现代化思想的有益成分，同时也形成了具有其鲜明特色的现代化思想。1920年5月1日，陈独秀在《新青年》第七卷第六号上发表《上海厚生纱厂湖南女工问题》一文，在文中初步阐释了其工业化思想，主张重点发展工业，但反对走资本主义的工业化道路，提出维护工人阶级的利益，用"社会的工业主义"代替"个人的工业主义"，运用马克思主义的剩余价值学说，揭露资本家压榨工人的本质。陈独秀认为："要想中国产业界资本雄厚可以同外国竞争，非由公共的力量强行把全国底资本都集合到社会的工业上不可。果然是社会的工业，他的发达，社会上人人底幸福都跟着平等的发展；工资少点，工作时间多点，都还没甚稀奇。像现在个人的工业，牺牲了无数的穷苦工人，利益都集中到少数的资本家个人手里；若用这样厚利去引诱资本家，免得多所顾虑，那么，工业或者可以振兴；若说有利益于社会国家，除非是少数资本家独有的社会国家，除非是多数工人除外的社会国家。欧、美、日本底社会危机，就是这个人的工业主义造出来的，我希望想'使地方进于治安之轨道中'的穆先生及其他企业家，千万别跟欧、美、日本人走这条错路！"①

随后，陈独秀于1920年9月1日在《新青年》第八卷第一号上发表《谈政治》一文，可以说是他于现代化思想发展的一个重要节点。自此，陈独秀不再局限于从改造国民性入手从而实现文化现代化

---

① 《陈独秀文集》第二卷，人民出版社2013年版，第17—18页。

的层面，开始从社会制度的层面思考中国具体的现代化发展道路和发展战略的问题。

在《谈政治》一文中，陈独秀指出："从事实上说起来，第一我们要明白世界各国里面最不平最痛苦的事，不是别的，就是少数游惰的消费的资产阶级，利用国家、政治、法律等机关，把多数勤苦的生产的劳动阶级压在资本势力底下，当做牛马机器还不如。要扫除这种不平这种痛苦，只有被压迫的生产的劳动阶级自己造成新的强力，自己站在国家地位，利用政治、法律等机关，把那压迫的资产阶级完全征服，然后才可望将财产私有、工银劳动等制度废去，将过于不平等的经济状况除去。若是不主张用强力，不主张阶级战争，天天不要国家、政治、法律，天天空想自由组织的社会出现；那班资产阶级仍旧天天站在国家地位，天天利用政治、法律。如此梦想自由，便再过一万年，那被压迫的劳动阶级也没有翻身的机会。"[1] 由此可以看出，陈独秀一针见血地指出社会不平等的根源，在于属于少数人的资产阶级掌握了国家机器，压迫属于多数人的无产阶级，无产阶级只有通过阶级斗争，掌握国家机器，即建立无产阶级专政，才能改变这种不平等现状。

从 1920 年 9 月起，《新青年》成为上海共产党早期组织的机关刊物，开始系统介绍马克思主义理论。从 1920 年下半年到 1921 年中国共产党成立前，陈独秀先后发表了《此时中国劳动运动底意思》《中国劳动者可怜的要求》《关于社会主义的讨论》《社会主义批评》《妇

---

[1] 《陈独秀文集》第二卷，人民出版社 2013 年版，第 33 页。

女问题与社会主义》《告劳动》等文章，系统阐释科学社会主义理论，如阶级觉悟、劳动者联合起来、无产阶级革命和无产阶级专政、资本主义弊端、社会主义理论等，并且更加旗帜鲜明地树立起俄国式社会主义的旗帜，指出"只有俄国底共产党在名义上，在实质上，都真是马格斯主义，而德国底社会民主党不但忘记了马格斯底学说，并且明明白白反对马格斯，表面上却挂着马格斯派的招牌，而世界上一般心盲的人，也往往拿德国社会民主党底主张代表马格斯派社会主义，这真是世界上一件不可解的怪事"①。

1920年11月7日，十月革命三周年之际，上海共产党早期组织创办了党内机关刊物《共产党》月刊，介绍共产党的基本知识以及共产国际和各国共产党的状况等。陈独秀在《共产党》月刊第一号上发表《〈共产党〉月刊短言》一文，明确指出，只有俄国式革命才能拯救民众，"要想把我们的同胞从奴隶境遇中完全救出，非由生产劳动者全体结合起来，用革命的手段打倒本国外国一切资本阶级，跟着俄国的共产党一同试验新的生产方法不可。什么民主政治，什么代议政治，都是些资本家为自己阶级设立的，与劳动阶级无关"②。他进一步指出，"我们要逃出奴隶的境遇，我们不可听议会派底欺骗，我们只有用阶级战争的手段，打倒一切资本阶级，从他们手抢夺来政权；并且用劳动专政的制度，拥护劳动者底政权，建设劳动者的国家以至于无国家，使资本阶级永远不至发生"③。《〈共产党〉月刊短言》在某种程度上可以说是陈独秀为中国共产党早期组织草拟的第一个党纲草

---

① 《陈独秀文集》第二卷，人民出版社2013年版，第133页。
② 《陈独秀文集》第二卷，人民出版社2013年版，第76页。
③ 《陈独秀文集》第二卷，人民出版社2013年版，第77页。

案，也表明陈独秀这时已经建立起科学社会主义的信仰，完成了由激进的民主主义者向马克思主义者的转变，并为中国现代化的道路选择奠定了思想理论基础。

除了思想理论方面的贡献，陈独秀还积极推进工人运动、重视劳工教育和宣传。1920年8月15日，上海共产党早期组织创办《劳动界》，陈独秀作为主编，用工人群众能够理解的通俗易懂的语言、朴实生动的案例，对工人进行马克思主义理论的宣传，向工人阐明马克思主义的一些基本道理。例如他在《劳动界》第一册上发表了《两个工人的疑问》一文，提到了一个工人最简单的疑问："总而言之我们吃的粮食，住的房屋，穿的衣裳，都全是人工做出来的，单靠天然的原料是不行的。人工如此重要，所以有人说什么'劳工神圣'。但是有一个做工的人问我道，既然是劳工神圣，既然是人工如此重要，为什么大家都说做工的人是下等社会，不做工的人反来是上等社会呢？"[1]从而引导工人群众正视自己的劳动价值，推进工人群众的阶级觉醒。此外，陈独秀还积极筹备、组织全国各地共产党早期组织成立，在中国共产党创建过程中起着重要作用。

1921年7月中国共产党的成立，是中国现代化进程中开天辟地的大事变，标志着中国现代化的探索迈入了以马克思主义理论为指导、以实现社会主义现代化为方向的新阶段，从此中国人民探索现代化道路有了坚定的领导力量。

总体而言，作为中国共产党的主要创始人之一，以及中国共产党

---

[1] 《陈独秀文集》第二卷，人民出版社2013年版，第27页。

早期的主要领导人,陈独秀对如何在中国大地上实现现代化进行了积极探索。陈独秀虽然没有明确提出"中国现代化"这一概念,但在其思想以及各方面的论述中,蕴含着对中国现代化的深入思考,从经济现代化、政治现代化、文化现代化、科教现代化等多个方面,构建起了在中国如何实现现代化的较为全面的思路框架,为推进中国的现代化进程作出了重要的思想理论贡献。

二、李大钊的现代化方案

李大钊同样是早期中国共产党人探索中国现代化进程中的代表人物之一。与陈独秀类似,面对近代中国严重的国家灾难和民族危机,李大钊认识到中国与西方的差距不仅仅在于器物、制度的落后,更在于思想文化的落后,实现国家现代化的基础条件是建构适应国家现代化发展需要的"新民",而若想实现"新民"的塑造,则需要从思想的解放着手。

1916年9月1日,李大钊在《新青年》第二卷第一号上发表《青春》一文,指出"吾族青年所当信誓旦旦,以昭示于世者,不在龈龈辩证白首中国之不死,乃在汲汲孕育青春中国之再生。吾族今后之能否立足于世界,不在白首中国之苟延残喘,而在青春中国之投胎复活。盖尝闻之,生命者,死与再生之连续也。今后人类之问题,民族之问题,非苟生残存之问题,乃复活更生、回春再造之问题也"[①],"青年之自觉,一在冲决过去历史之网罗,破坏陈腐学说之囹圄,勿

---

① 《李大钊文集》第一卷,人民出版社1999年版,第189—190页。

第二章　民主革命时期共产党人对现代化的探寻

令僵尸枯骨，束缚现在活泼泼地之我，进而纵现在青春之我，扑杀过去青春之我，促今日青春之我，禅让明日青春之我"[1]。在李大钊看来，中国欲脱离困境走向现代化，首先需要从根本上与封建文化决裂，彻底摆脱封建文化的束缚。

在文化领域的现代化方面，李大钊认为文化应当与时俱进，与社会同发展，反对单纯以感情色彩看待中国文化。1920年1月1日，李大钊在《新青年》第七卷第二号上发表《由经济上解释中国近代思想变动的原因》一文，从经济的视角来阐述为什么要摆脱封建文化束缚，特别分析了以孔子为代表的儒家思想的局限性："看那二千余年来支配中国人精神的孔门伦理，所谓纲常，所谓名教，所谓道德，所谓礼义，哪一样不是损卑下以奉尊长？哪一样不是牺牲被治者的个性以事治者？哪一样不是本着大家族制下子弟对于亲长的精神？所以孔子的政治哲学，修身齐家治国平天下，'一以贯之'，全是'以修身为本'；又是孔子所谓修身，不是使人完成他的个性，乃是使人牺牲他的个性。"[2]

与此同时，李大钊从经济方式发展变革层面指明新阶段要发展新文化的原因，强调："第一，我们可以晓得孔子主义（就是中国人所谓纲常名教）并不是永久不变的真理。孔子或其他古人，只是一代哲人，决不是'万世师表'。他的学说，所以能在中国行了二千余年，全是因为中国的农业经济，没有很大的变动，他的学说适宜于那样经济状况的原故。现在经济上生了变动，他的学说，就根本动摇，因为

---

[1]《李大钊文集》第一卷，人民出版社1999年版，第193—194页。
[2]《李大钊文集》第三卷，人民出版社1999年版，第141页。

他不能适应中国现代的生活，现代的社会"，"第二，我们可以晓得中国的纲常、名教、伦理、道德，都是建立在大家族制上的东西。中国思想的变动，就是家族制度崩坏的征候。第三，我们可以晓得中国今日在世界经济上，实立于将为世界的无产阶级的地位。我们应该研究如何使世界的生产手段和生产机关同中国劳工发生关系。第四，我们可以正告那些钳制新思想的人，你们若是能够把现代的世界经济关系完全打破，再复古代闭关自守的生活，把欧洲的物质文明、动的文明，完全扫除，再复古代静止的生活，新思想自然不会发生。你们若是无奈何这新经济势力，那么只有听新思想自由流行，因为新思想是应经济的新状态、社会的新要求发生的，不是几个青年凭空造出来的。"①

在对封建文化进行批判的同时，李大钊号召思想解放，提倡自由之精神。1916年12月10日，他在《宪法公言》第七期上发表《宪法与思想自由》一文，指出："人之于世，不自由而不生存可也，生存而不自由不能忍也。试观人类生活史上之一切努力，罔不为求得自由而始然者。他且莫论，即以吾国历次革命而言，先民之努力乃至断头流血而亦有所不辞者，亦曰为求自由而已矣。今兹议坛诸贤瘏口哓音，穷思殚虑，努力以制定庄严神圣之宪典者，亦曰为求自由之确实保障而已矣。盖自由为人类生存必需之要求，无自由则无生存之价值。"②

1918年7月，李大钊在《言治》季刊第三册上发表《东西文明

---

① 《李大钊文集》第三卷，人民出版社1999年版，第146—147页。
② 《李大钊文集》第一卷，人民出版社1999年版，第231页。

第二章 民主革命时期共产党人对现代化的探寻

根本之异点》一文，通过对比东西方文明上的差异，认为"东西文明有根本不同之点，即东洋文明主静，西洋文明主动是也"[1]，"平情论之，东西文明，互有长短，不宜妄为轩轾于其间"[2]。针对当时东方文化处于弱势地位的局面，李大钊主张积极学习西洋文明的长处，从而实现东方文明的发展，"以于世界文明为第二次之大贡献。然知吾人苟欲有所努力以达此志的者，其事非他，即在竭力以受西洋文明之特长，以济吾静止文明之穷，而立东西文明调和之基础"[3]。值得注意的是，李大钊在文中还表达了对俄罗斯文明的称赞，指出，"由今言之，东洋文明既衰颓于静止之中，而西洋文明又疲命于物质之下，为救世界之危机，非有第三新文明之崛起，不足以渡此危崖。俄罗斯之文明，诚足以当媒介东西之任，而东西文明真正之调和，则终非二种文明本身之觉醒，万不为功"[4]。

1917年俄国十月革命后，李大钊经过细致考察与深入思考，相继发表一系列文章，高度赞扬俄国十月革命。例如1918年7月李大钊在《言治》季刊第三册上发表《法俄革命之比较观》一文，指出"俄罗斯之革命是二十世纪初期之革命，是立于社会主义上之革命，是社会的革命而并著世界的革命之采色者也"[5]。1918年11月，李大钊在《庶民的胜利》演说中讲道，俄国十月革命是"劳工主义的战胜，也是庶民的胜利"[6]，"是二十世纪中世界革命的先声"，"须知今

---

[1] 《李大钊文集》第二卷，人民出版社1999年版，第202页。
[2] 《李大钊文集》第二卷，人民出版社1999年版，第204页。
[3] 《李大钊文集》第二卷，人民出版社1999年版，第207页。
[4] 《李大钊文集》第二卷，人民出版社1999年版，第205页。
[5] 《李大钊文集》第二卷，人民出版社1999年版，第217页。
[6] 《李大钊文集》第二卷，人民出版社1999年版，第239页。

后的世界,变成劳工的世界"。①随后,李大钊在《新青年》第五卷第五号上发表《Bolshevism 的胜利》一文,预言:"由今以后,到处所见的,都是 Bolshevism 战胜的旗。到处所闻的,都是 Bolshevism 的凯歌的声。人道的警钟响了!自由的曙光现了!试看将来的环球,必是赤旗的世界!"②

1919 年元旦,李大钊在《每周评论》第三号上发表《新纪元》一文,指出俄国十月革命开辟了人类历史的"新纪元","这个新纪元带来新生活、新文明、新世界","是世界革命的新纪元,是人类觉醒的新纪元",号召工人阶级联合起来,反对阶级剥削和阶级压迫,认为"从今以后,生产制度起一种绝大的变动,劳工阶级要联合他们全世界的同胞,作一个合理的生产者的结合,去打破国界,打倒全世界资本的阶级"。③

1919 年 10 月、11 月,李大钊在《新青年》第六卷第五号、第六号上连续发表《我的马克思主义观》一文。与之前一些人对马克思主义理论进行片面的、粗线条式的介绍不同,李大钊的这篇文章,对马克思主义的唯物史观、阶级斗争理论、剩余价值学说等基本观点,作了比较全面、系统的介绍,指出马克思主义是"世界改造原动的学说","马氏社会主义的理论,可大别为三部:一为关于过去的理论,就是他的历史论,也称社会组织进化论;二为关于现在的理论,就是他的经济论,也称资本主义的经济论;三为关于将来的理论,就是他的政策论,也称社会主义运动论,就是社会民主主义","他这三部

---

① 《李大钊文集》第二卷,人民出版社 1999 年版,第 240 页。
② 《李大钊文集》第二卷,人民出版社 1999 年版,第 246 页。
③ 《李大钊文集》第二卷,人民出版社 1999 年版,第 250、251—252 页。

理论，都有不可分的关系，而阶级竞争说恰如一条金线，把这三大原理从根本上联络起来"。① 可以说，从这时起，李大钊逐渐成为一名坚定的马克思主义者，承担起在中国大地上宣传马克思主义，把马克思主义引入到中国现代化实践之中的重任。

1921年，中国共产党成立前夕，李大钊多次探讨在中国实行社会主义和发展实业的关系。在李大钊看来，当时中国应当首先实行社会主义，再在此基础上发展实业。例如在1921年1月发表的《中国的社会主义及其实行方法的考察》一文中，他指出，"不少人认为要实行社会主义，必须首先着力于发展实业，以开发全国的事业，增加富力，从而使一般人尤其是广大的下层农民富裕起来，认为这是最稳妥和最好的方法。然而我的想法却与此相反。我认为要在现存制度下发展实业，只能越发强化现在的统治阶级而迫使下层农民为少数的统治者阶级付出更多的劳动"，"在现存制度下谋求实业的兴盛，实质上就是要使我国的统治阶级与各国的资本阶级结合起来，这样只能加强统治阶级的力量，而决不会带来其他任何好结果，这是显而易见的"。②

1921年3月，李大钊在《曙光》第二卷第二号上发表《社会主义下之实业》一文，继续论证此观点："中国实行社会主义，不愁缺乏资本，尤不愁缺乏劳力，以此而开发地大物博的中国富源，实业是大可发展的。且中国不实行社会主义，则官僚之势力太大，他们也是掣肘实业的人。中国实业界的人，没有不受官僚的操纵压迫的。既行

---

① 《李大钊文集》第三卷，人民出版社1999年版，第15、18、19页。
② 《李大钊文集》第四卷，人民出版社1999年版，第64页。

社会主义而后，则此种掣肘实业的人，当然可以消灭了。我要说一句武断的预言：中国实业之振兴，必在社会主义之实行。"[1]

1921年3月20日，李大钊在《评论之评论》第一卷第二号上发表《中国的社会主义与世界的资本主义》一文，再次提出："今日在中国想发展实业，非由纯粹生产者组织政府，以铲除国内的掠夺阶级，抵抗此世界的资本主义，依社会主义的组织经营实业不可。"[2]由此可见，在李大钊看来，中国实现现代化固然要发展实业，但前提条件是改变当时腐朽的社会制度，实行社会主义。

中国共产党成立之后，李大钊不仅在思想上、理论上继续深入研究、宣传马克思主义，更在实践上积极投身于中国革命当中。1921年12月刊登在《晨报副刊》上的《由平民政治到工人政治——在北京中国大学的演讲》、1922年2月刊登在《北京大学日刊》上的《马克思的经济学说——在北京大学马克思学说研究会上的演讲》、1923年1月刊登在《北大经济学会半月刊》上的《社会主义下的经济组织——在北京大学经济学会的演讲》、1923年3月发表在上海职工俱乐部特刊《合作》周刊第五十二期上的《马克思经济学说——在上海职工俱乐部的演讲》、1923年11月刊登在《民国日报》副刊《觉悟》上的《社会主义释疑——在上海大学的演讲》、1924年5月发表在《北大经济学会半月刊》第二十四期上的《这一周》、1926年5月发表在《政治生活》第七十六期上的《马克思的中国民族革命观》等，集中体现出这一时期李大钊对马克思主义和社会主义理论的

---

[1] 《李大钊文集》第四卷，人民出版社1999年版，第81页。
[2] 《李大钊文集》第四卷，人民出版社1999年版，第85—86页。

认识和理解逐步深入,达到了新的高度。

在《社会主义释疑——在上海大学的演讲》中,李大钊针对社会上对社会主义的种种怀疑和误解进行说明,阐述了自己对于社会主义现代化的理解。例如当时有些人认为在社会主义制度下的生活是穷苦的而不是享福的,因而反对社会主义,对此李大钊指出:"在资本制度之下,我们永远不会享福,不会安逸;能够安逸享福的,惟独那少数的资本家。资本主义制度能使社会破产,使经济恐慌和贫乏,能使大多数的人民变为劳动无产阶级,而供奉那少数的资本家","社会主义就是应运而生的起来改造这样社会,而实现一个社会主义的社会。社会主义是使生产品为有计划的增殖,为极公平的分配,要整理生产的方法。这样一来,能够使我们人人都能安逸享福,过那一种很好的精神和物质的生活。"[1]

关于如何看待社会主义制度下的劳动,李大钊指出社会主义制度下的劳动不同于资本主义制度下的劳动,"在社会主义制度底下做工,是很愉快的,很舒服的,并不像现在资本主义制度下的工作,非常劳苦,同那牛马一样,得不到一点人生的乐趣"[2]。而对于当时有些人认为在社会主义制度下不自由的观点,李大钊指出:"经济上的自由,才是真的自由。现在资本主义制度的底下,那里有劳动者的自由,只有少数的资本家的自由,高楼、大厦、汽车、马车全为他们所占据,我们如牛马的劳苦终身,而衣食住反得不着适当的供养。所以我们想得到真的自由,极平等的自由,更该实现那'社会主义的制度',而

---

[1] 《李大钊文集》第四卷,人民出版社1999年版,第334页。
[2] 《李大钊文集》第四卷,人民出版社1999年版,第335页。

打倒现在的'资本主义的制度'。"①李大钊的这些阐释和回应都反映了其在理论层次上对社会主义的实质内涵、前途命运等的认识和理解进一步加深。

在《这一周》一文中，李大钊主张理论学习应当结合实际情况，应当将马克思主义理论与中国社会实际相结合，从而思考出使国家摆脱困境走向现代化的办法，指出"'五五'纪念日。这是社会主义经济学硕宿，亦是社会革命的先驱马克思的诞生纪念日。我们在这一天，应该细细的研考马克思的唯物史观，怎样应用于中国今日的政治经济情形。详细一点说，就是依马克思的唯物史观以研究怎样成了中国今日政治经济的情状，我们应该怎样去作民族独立的运动，把中国从列强压迫之下救济出来"②。

为了在中国实现社会主义，为实现国家的现代化创造前提条件，李大钊在这一时期抛弃早期支持改良、反对暴力的思想，明确提出只有不断革命、反抗才能实现社会主义的目标，其自身也积极投身于中国革命当中，这在诸多演讲和文章中均有体现。例如1922年3月23日李大钊在《晨报副刊》上发表《〈黄庞流血记〉序》一文，纪念因从事工人运动而被湖南军阀赵恒惕残忍杀害的黄爱和庞人铨，指出革命道路中必然会出现流血牺牲，"我们的目的，在废除人类间的阶级，在灭绝人类间的僭擅。但能达到这个目的，流血的事，非所必要，然亦非所敢辞。要知道，牺牲永是成功的代价"③。1924年2月7日，李大钊在广州追悼列宁并纪念"二七"大会上的演讲中指出："国民革

---

① 《李大钊文集》第四卷，人民出版社1999年版，第336页。
② 《李大钊文集》第四卷，人民出版社1999年版，第376页。
③ 《李大钊文集》第四卷，人民出版社1999年版，第197页。

第二章　民主革命时期共产党人对现代化的探寻

命中，黄花岗七十二烈士与'二七'死难工友有同一的价值，京汉路流血与黄花岗七十二烈士流血同埋下第二次革命的种子，将来不久是要爆发的。'二七'被难同志虽然死了，然'二七'同志们仿佛常常在我们面前，他们的精神，还是像车轮——京汉火车的车轮，不息的在工友方面转，好像指导我们后死者要不断地前进"，"列宁同志与'二七'工友皆已死去，然他们精神尚引导吾人向前革命，以打倒军阀并国际帝国主义！"①

1925年2月7日，李大钊在《"二七"二周年纪念册》中发表《吴佩孚压迫京汉劳工运动的原因》一文，表达出昂扬的革命热情和不怕牺牲的斗争精神，特别指出革命所依靠的群体应当是广大劳工阶层："在一段工人流血的历史中，已经显出了工人阶级在国民革命中的力量和位置。现在吴佩孚的势力虽然烟消火灭了，那些凶残的帝国主义者，仍旧在制造军阀来摧残我们的民众。京汉路工热烈奋勇战斗的精神既已开了国民革命和阶级革命的第一幕，我们工人阶级和那些献身于无产阶级革命的战士们，更要奋勇万倍的高扬着鲜红的旗帜，踏着先烈的血路，向帝国主义者和军阀进攻！"②

1925年8月，李大钊在河南开封第一师范作《大英帝国主义者侵略中国史》的演讲时，号召青年积极参加国民革命运动，指出："吾人之运动口号为尊重民权，打倒军阀，打倒帝国主义三条。再进一步言之，即非仅中国之问题，乃世界之问题也。帝国主义已至一定程度，将来中国革命成功之一日，即世界问题解决之一日，即世界革

---

① 《李大钊文集》第四卷，人民出版社1999年版，第374页。
② 《李大钊文集》第五卷，人民出版社1999年版，第34页。

命成功之一日。所以我希望中国的青年诸位，全都起来，参加现在之国民革命运动，使之早日实现。"①

可以说，作为中国最早的马克思主义传播者、中国共产党的主要创始人之一，李大钊围绕着中西方文明、传统与现代、民族与世界、革命与未来、社会主义与共产主义等核心问题，以自己的方式提出了在危难下的中国该如何摆脱落后追赶世界，进而达至现代化的方案，勾画了社会主义现代化的蓝图，特别是为中国现代化确立起马克思主义的指导作出了重要的贡献。正如毛泽东在《唯心历史观的破产》一文中所说的："自从中国人学会了马克思列宁主义以后，中国人在精神上就由被动转入主动。从这时起，近代世界历史上那种看不起中国人，看不起中国文化的时代应当完结了。"②

三、毛泽东的现代化思想

在新民主主义革命时期，毛泽东对中国的现代化进行了不懈探索。他曾指出："我国从十九世纪四十年代起，到二十世纪四十年代中期，共计一百零五年时间，全世界几乎一切大中小帝国主义国家都侵略过我国，都打过我们，除了最后一次，即抗日战争，由于国内外各种原因以日本帝国主义投降告终以外，没有一次战争不是以我国失败、签订丧权辱国条约而告终。其原因：一是社会制度腐败，二是经济技术落后。"③ 回顾历史，自 1840 年鸦片战争到 1949 年新中国成立

---

① 《李大钊文集》第五卷，人民出版社 1999 年版，第 48 页。
② 《毛泽东选集》第四卷，人民出版社 1991 年版，第 1516 页。
③ 中共中央文献研究室编：《毛泽东文集》第八卷，人民出版社 1999 年版，第 340 页。

第二章　民主革命时期共产党人对现代化的探寻

的一百多年间，中国因社会制度腐败和经济技术落后而任人宰割，饱受帝国主义列强欺凌，完成民主革命的任务和实现国家的工业化，是几代中国仁人志士的不懈追求。

以现代化为线索回顾中国近代史，在最初因鸦片战争被迫卷入西方体系之后，中国先进分子认为中国落后的原因在于器物不如人，于是提出"师夷长技以制夷"，掀起以"自强"和"求富"为口号的洋务运动，力图在维护腐朽封建制度的条件下引进西方先进技术，但以清政府在中日甲午战争中的惨败而告终。而后，又认为中国衰弱的真正原因在于制度落后、政教不如人，仅靠舍本逐末地从技术设备着手，不触动制度层面，根本无法实现救亡图存，于是兴起学习西方君主立宪制度的戊戌变法，搞资产阶级改良，但由于力量弱小加之内外打压，仅维持百天。随后，以孙中山为代表的资产阶级革命派，以实现中国现代化为己任，投身于救国救民新的探索之中，他们看清了改良的道路走不通，认识到欲使中国摆脱落后走向现代化，唯有革命，别无他径。辛亥革命结束了在中国延续了两千多年的君主专制制度，沉重打击了外国侵略者和中国封建势力，建立了共和政体，但共和国有名无实，只在中国存在了几个月的时间即告夭折，中国继而陷入了封建军阀的专制统治。

近代以来，中国人对于实现现代化进行了许多探索，付出了诸多的努力，但在中国共产党成立前，这些努力都以失败而告终。正如毛泽东1939年5月4日在延安青年群众举行的五四运动二十周年纪念会上的讲演中所指出的："从孙先生开始的革命，五十年来，有它胜利的地方，也有它失败的地方。你们看，辛亥革命把皇帝赶跑，这不是胜利了吗？说它失败，是说辛亥革命只把一个皇帝赶跑，中国仍旧在帝国主义和封建主义的压迫之下，反帝反封建的革命任务并没有完成。"①

面对这一情形，以陈独秀为代表的一批先进的知识分子掀起新文化运动，批判封建传统文化，提倡民主和科学，最初仍寄希望于资产阶级的民主制度，但1919年由一战中取胜的帝国主义列强操纵的巴黎和会，从反面再次教育了中国人，在中国建立资产阶级共和国的迷梦也随之破灭。归根结底，一批又一批仁人志士的尝试之所以未能成功，就在于外部帝国主义与内部封建势力相互勾结，阻碍中国的发展进步。1917年十月革命一声炮响，给中国送来了马克思列宁主义。在马克思列宁主义同中国工人运动的紧密结合中，1921年7月中国共产党应运而生，从此中国现代化就有了最可靠的领导力量和正确的实现道路。在马克思列宁主义的指导下，中国共产党深刻认识到，近代中国社会主要矛盾是帝国主义和中华民族的矛盾、封建主义和人民大众的矛盾，要想在中国实现现代化，必须扫除帝国主义和封建主义这两大障碍。

完成民主革命的任务，是一个既充满艰难险阻又漫长曲折的历史过程，必须有坚定的信念才能够取得成功。在这一历程中，以毛泽东同志为主要代表的中国共产党人，把马克思列宁主义基本原理同中国具体实际相结合，坚守理想，百折不挠，开辟农村包围城市、武装夺取政权的正确革命道路，致力于争取民主革命的彻底胜利，为中国的

---

① 《毛泽东选集》第二卷，人民出版社1991年版，第564页。

第二章 民主革命时期共产党人对现代化的探寻

现代化创造前提条件。1944年8月31日，毛泽东在给时任解放日报社社长秦邦宪的信中指出："民主革命的中心目的就是从侵略者、地主、买办手下解放农民，建立近代工业社会。"①

针对蒋介石于1943年3月出版的、由陶希圣代笔撰写的《中国之命运》一书中提出的"建国方略"，以及一些人认为可以在国民党统治下实现国家工业化的幻想，1945年4月23日，毛泽东在中国共产党第七次全国代表大会上致开幕词时指出："中国之命运有两种：一种是有人已经写了书的；我们这个大会是代表另一种中国之命运，我们也要写一本书出来。"② 这里说的"有人已经写了书的"指的就是1943年出版的蒋介石《中国之命运》一书；这里说的"我们也要写一本书出来"，指的是毛泽东在党的七大上作的《论联合政府》的政治报告。

在《论联合政府》中，毛泽东专门谈到了实现国家工业化实际也是现代化的问题。他认为，"政治不改革，一切生产力都遭到破坏的命运，农业如此，工业也是如此。就整个来说，没有一个独立、自由、民主和统一的中国，不可能发展工业。消灭日本侵略者，这是谋独立。废止国民党一党专政，成立民主的统一的联合政府，使全国军队成为人民的武力，实现土地改革，解放农民，这是谋自由、民主和统一。没有独立、自由、民主和统一，不可能建设真正大规模的工业。没有工业，便没有巩固的国防，便没有人民的福利，便没有国家的富强。一八四〇年鸦片战争以来的一百零五年的历史，特别是国民

---

① 中共中央文献研究室编：《毛泽东文集》第三卷，人民出版社1996年版，第206页。
② 《毛泽东选集》第三卷，人民出版社1991年版，第1025页。

党当政以来的十八年的历史,清楚地把这个要点告诉了中国人民。一个不是贫弱的而是富强的中国,是和一个不是殖民地半殖民地的而是独立的,不是半封建的而是自由的、民主的,不是分裂的而是统一的中国,相联结的。在一个半殖民地的、半封建的、分裂的中国里,要想发展工业,建设国防,福利人民,求得国家的富强,多少年来多少人做过这种梦,但是一概幻灭了"①,"解放中国人民的生产力,使之获得充分发展的可能性,有待于新民主主义的政治条件在全中国境内的实现"②。

解放战争时期,随着人民解放军的胜利进军,1948年12月30日,毛泽东在为新华社写的1949年新年献词中发出"将革命进行到底"的伟大号召,强调"用革命的方法,坚决彻底干净全部地消灭一切反动势力,不动摇地坚持打倒帝国主义,打倒封建主义,打倒官僚资本主义,在全国范围内推翻国民党的反动统治,在全国范围内建立无产阶级领导的以工农联盟为主体的人民民主专政的共和国",从而实现民族的独立,人民的解放,"造成由农业国变为工业国的先决条件"。③

对于先改变旧的生产关系之后才能实现生产力的大发展这一观点,毛泽东在新中国成立后作过更为系统的分析和论述。1959年12月,毛泽东在读苏联《政治经济学教科书》时指出,"从世界的历史来看,资产阶级工业革命,不是在资产阶级建立自己的国家以前,而是在这以后;资本主义的生产关系的大发展,也不是在上层建筑革

---

① 《毛泽东选集》第三卷,人民出版社1991年版,第1080页。
② 《毛泽东选集》第三卷,人民出版社1991年版,第1081页。
③ 《毛泽东选集》第四卷,人民出版社1991年版,第1375页。

第二章　民主革命时期共产党人对现代化的探寻

命以前,而是在这以后。都是先把上层建筑改变了,生产关系搞好了,上了轨道了,才为生产力的大发展开辟了道路,为物质基础的增强准备了条件。当然,生产关系的革命,是生产力的一定发展所引起的。但是,生产力的大发展,总是在生产关系改变以后。拿资本主义发展的历史来说,正如马克思所说的,简单的协作就创造了一种生产力。手工工场就是这样一种简单协作,在这种协作的基础上,就产生了资本主义发展第一阶段的生产关系。手工工场是非机器生产的资本主义。这种资本主义生产关系产生了一种改进技术的需要,为采用机器开辟了道路。在英国,是资产阶级革命（十七世纪）以后,才进行工业革命（十八世纪末到十九世纪初）。法国、德国、美国、日本,都是经过不同的形式,改变了上层建筑、生产关系之后,资本主义工业才大大发展起来","一切革命的历史都证明,并不是先有充分发展的新生产力,然后才改造落后的生产关系,而是要首先造成舆论,进行革命,夺取政权,才有可能消灭旧的生产关系。消灭了旧的生产关系,确立了新的生产关系,这样就为新的生产力的发展开辟了道路"。[1]

毛泽东同时认为,实现国家的工业化是现代化的核心内容和基础。实际上,早在少年时期,毛泽东就对将西方先进技术引入中国的书籍内容很感兴趣,并留下了深刻的印象。1936年10月间,毛泽东同美国记者斯诺谈起自己的革命经历时回忆道,"我十三岁时,终于离开了小学,开始在地里进行长时间的劳动,给雇工们当助手,白天

---

[1] 中共中央文献研究室编:《毛泽东文集》第八卷,人民出版社1999年版,第131—132页。

中国式现代化之路

干一个整劳力的活,晚上替我父亲记帐。尽管这样,我还是能够继续学习,贪婪地阅读我能够找到的除了经书以外的一切书籍","我读了一本叫做《盛世危言》的书,我当时非常喜欢这本书。作者是老的改良主义学者,认为中国之所以弱,在于缺乏西洋的装备——铁路、电话、电报、轮船,所以想把这些东西引进中国","《盛世危言》激起我恢复学业的愿望"。①

在新民主主义革命时期,毛泽东对实现国家工业化的重要性,以及如何实现国家的工业化,进行了初步探索。1944年5月22日,中共中央办公厅为陕甘宁边区工厂厂长及职工代表会议举行招待会,毛泽东出席会议并作了讲话。他指出:"要打倒日本帝国主义,必需有工业;要中国的民族独立有巩固的保障,就必需工业化。我们共产党是要努力于中国的工业化的。""中国落后的原因,主要的是没有新式工业。日本帝国主义为什么敢于这样地欺负中国,就是因为中国没有强大的工业,它欺侮我们的落后。因此,消灭这种落后,是我们全民族的任务"②。为此,毛泽东号召广大党员学习经济工作,特别是学习工业技术,强调"如果我们共产党员不关心工业,不关心经济,也不懂得别的什么有益的工作,对于这些一无所知,一无所能,只会做一种抽象的'革命工作',这种'革命家'是毫无价值的。我们应该反对这种空头'革命家',学习使中国工业化的各种技术知识"③。

1944年7月14日,毛泽东在延安同英国记者斯坦因进行谈话。针对斯坦因提出的"新民主主义社会的主要内容是什么"的问题,

---

① 《毛泽东一九三六年同斯诺的谈话》,人民出版社1979年版,第9、11页。
② 中共中央文献研究室编:《毛泽东文集》第三卷,人民出版社1996年版,第146—147页。
③ 中共中央文献研究室编:《毛泽东文集》第三卷,人民出版社1996年版,第147页。

毛泽东指出:"在没有进行土地改革的中国其他地区,仍然是封建土地所有制下的分散的个体小农经济,农民被土地束缚着,没有自由,彼此很少往来,过着愚昧落后的生活。这种经济是中国古代封建主义和独裁专制的基础。未来的新民主主义社会不可能建立在这样的基础上,中国社会的进步将主要依靠工业的发展。""因此,工业必须是新民主主义社会的主要经济基础。只有工业社会才能是充分民主的社会。"[1]随后,在1945年4月召开的党的七大上,毛泽东再次强调实现国家工业化的重要作用,指出"没有工业,便没有巩固的国防,便没有人民的福利,便没有国家的富强"[2]。

1949年3月5日,新民主主义革命胜利前夕,中国共产党第七届中央委员会第二次全体会议在河北省平山县西柏坡村举行,全会重点讨论了党的工作重心转移问题。毛泽东在此次会议的报告中指出:"从一九二七年到现在,我们的工作重点是在乡村,在乡村聚集力量,用乡村包围城市,然后取得城市。采取这样一种工作方式的时期现在已经完结。从现在起,开始了由城市到乡村并由城市领导乡村的时期。党的工作重心由乡村移到了城市。"[3]毛泽东认为,完成民主革命的任务,推翻压在中国人民头上的帝国主义、封建主义、官僚资本主义三座大山,只是万里长征走完了第一步,"还没有解决建立独立的完整的工业体系问题,只有待经济上获得了广大的发展,由落后的农业国变成了先进的工业国,才算最后地解决了这个问题"[4],国家的现

---

[1] 中共中央文献研究室编:《毛泽东文集》第三卷,人民出版社1996年版,第183—184页。
[2] 《毛泽东选集》第三卷,人民出版社1991年版,第1080页。
[3] 《毛泽东选集》第四卷,人民出版社1991年版,第1426—1427页。
[4] 《毛泽东选集》第四卷,人民出版社1991年版,第1433页。

代化建设任重而道远。因此，在党的七届二中全会上，毛泽东明确提出了革命胜利以后的目标，即"在革命胜利以后，迅速地恢复和发展生产，对付国外的帝国主义，使中国稳步地由农业国转变为工业国，把中国建设成一个伟大的社会主义国家"[1]。

为庆祝中国共产党成立28周年，毛泽东于1949年6月30日撰写《论人民民主专政》一文。在文章中，毛泽东号召广大党员干部不要满足于革命的胜利，要充分认识到未来建设工作的艰巨性，必须克服困难，学习如何做好经济工作，指出"我们必须向一切内行的人们（不管什么人）学经济工作。拜他们做老师，恭恭敬敬地学，老老实实地学。不懂就是不懂，不要装懂。不要摆官僚架子。钻进去，几个月，一年两年，三年五年，总可以学会的"[2]。

工业化最基本的特征就是使用机器进行生产活动。关于什么是"新式工业"，1944年8月31日，毛泽东在给秦邦宪的信中作了详细说明，即"新民主主义社会的基础是工厂（社会生产，公营的与私营的）与合作社（变工队在内），不是分散的个体经济。分散的个体经济——家庭农业与家庭手工业是封建社会的基础，不是民主社会（旧民主、新民主、社会主义，一概在内）的基础，这是马克思主义区别于民粹主义的地方。简单言之，新民主主义社会的基础是机器，不是手工。我们现在还没有获得机器，所以我们还没有胜利。如果我们永远不能获得机器，我们就永远不能胜利，我们就要灭亡。现在的农村是暂时的根据地，不是也不能是整个中国民主社会的主要基础。

---

[1] 《毛泽东选集》第四卷，人民出版社1991年版，第1437页。
[2] 《毛泽东选集》第四卷，人民出版社1991年版，第1481页。

第二章　民主革命时期共产党人对现代化的探寻

由农业基础到工业基础，正是我们革命的任务"①。

关于如何实现国家的工业化，1945年3月13日，毛泽东在延安同时任美国驻华使馆二等秘书谢伟思谈话时，表达了对如何实现国家工业化的简要构想。毛泽东在谈话中指出，由于"中国的生活水平这么低，不能采用进一步降低生活水平的办法来筹措所需要的资金"，因而"中国不具备建设大规模重工业的必要条件"，"中国必须建立轻工业以满足本国市场的需要，并提高本国人民的生活水平"。此外，毛泽东还讲道，"中国人民实际上是农村人口，是农民。4.5亿中国人当中，农民至少3.6亿。知识分子、高级职员、商人和资本家只占上面薄薄的一层。农民就是中国"，"因此，中国的农民问题是中国将来的基本问题。中国除非把解决土地问题作为基础，否则是不能成功地实现工业化的，因为农民必须要为这种工业化的产品提供真正的市场"。② 由此可见，毛泽东当时对中国实现工业化的构想比较偏向于先发展农业，而后轻工业、重工业。后来，随着美国在抗战胜利后采取大力支持国民党的反共方针，特别是新中国成立后以美国为首的帝国主义国家对新中国实行政治孤立、军事威胁和经济封锁，再加上苏联工业化道路及其成就的示范作用，以及对我国现实国情的进一步认识，毛泽东又对如何实现国家工业化这一构想进行了很大调整，作出了优先发展重工业的战略抉择。

总体而言，在新民主主义革命时期，毛泽东明确认识到，实现中国的现代化，必须以改变帝国主义、封建主义联合统治的半殖民地半

---

① 中共中央文献研究室编：《毛泽东文集》第三卷，人民出版社1996年版，第207页。
② 中共陕西省委党史研究室编：《中外记者团和美军观察组在延安》，陕西人民出版社1995年版，第166页。

封建的社会制度，建立独立、自由、民主、统一和富强的新中国，争得民族独立和人民解放为前提条件，不首先完成民主革命的任务，寄希望在半殖民地半封建的旧中国实现国家的现代化只能是一种空想。在领导中国人民推翻帝国主义、封建主义、官僚资本主义三座大山，为中国现代化扫清障碍的过程中，毛泽东也对怎样发展工业，如何实现国家的工业化进行了思考，正如毛泽东在党的七大上所说的，"在新民主主义的政治条件获得之后，中国人民及其政府必须采取切实的步骤，在若干年内逐步地建立重工业和轻工业，使中国由农业国变为工业国。新民主主义的国家，如无巩固的经济做它的基础，如无进步的比较现时发达得多的农业，如无大规模的在全国经济比重上占极大优势的工业以及与此相适应的交通、贸易、金融等事业做它的基础，是不能巩固的"，同时强调中国工人阶级在实现国家工业化的任务中将起伟大的作用，"中国工人阶级的任务，不但是为着建立新民主主义的国家而斗争，而且是为着中国的工业化和农业近代化而斗争"。[①]

在新民主主义革命时期，中国共产党团结带领人民，浴血奋战、百折不挠，经过北伐战争、土地革命战争、抗日战争、解放战争，推翻帝国主义、封建主义、官僚资本主义三座大山，建立了人民当家作主的中华人民共和国，实现了民族独立、人民解放，为实现现代化创造了根本社会条件。

[①] 《毛泽东选集》第三卷，人民出版社1991年版，第1081页。

第三章

四个现代化宏伟目标的提出

1949年10月1日，中华人民共和国宣告成立，开启了中华民族伟大复兴的新纪元。随着民主革命任务的完成，民族独立和人民解放的实现，中国的现代化进程也迈入了实质性发展阶段。随着国民经济恢复任务的完成，以"一五"计划的编制与实施为标志，新中国开始大规模的以工业化为中心的经济建设，并且针对苏联在现代化建设中暴露出来的弊端，毛泽东明确提出要"以苏为戒"，走中国自己的工业化即现代化建设道路。但是，由于经验不足，对社会主义建设的规律还缺乏深刻的把握，1958年发动了以"多快好省"为特征的"大跃进"运动，结果欲速则不达，导致国民经济一度遭遇严重困难，因而不得不对国民经济进行调整。经过调整，国民经济得到恢复并发展，为此，毛泽东等领导人提出了分两步建成社会主义现代化强国的目标。

一、新中国成立时一穷二白的基本国情

　　由于长期处在半殖民地半封建社会状态，其间又经历了一次又一次的战争，新中国成立的时候，我国依然是一个落后的农业国，处于一穷二白的状态，百废待兴。毛泽东曾于1956年4月在《论十大关系》的讲话中，对当时中国一穷二白的状态作了形象的说明："'穷'，就是没有多少工业，农业也不发达。'白'，就是一张白纸，文化水平、科学水平都不高。"[①] 抗日战争以前，在国民经济中，

[①] 中共中央文献研究室编：《毛泽东文集》第七卷，人民出版社1999年版，第44页。

第三章　四个现代化宏伟目标的提出

旧式的农业和手工业占 90% 左右，现代的工业只占 10% 左右；到 1949 年，使用机器的工业也只占 17% 左右。而这为数不多的现代工业，技术基础又非常薄弱，部门行业残缺不全，并且偏集于少数沿海大城市，带有明显的半殖民地经济的烙印。

工业化是现代化的基础，新中国成立初期，工业基础十分薄弱，几乎没有多少现代工业。1949 年，我国工农业总产值为 466 亿元，其中农业总产值为 326 亿元，占绝对优势；工业总产值为 140 亿元，其中轻工业占据很大比重，为 103 亿元，而以大机器生产为特征的机器制造、能源、原材料等重工业所占比重很小，仅为 37 亿元[①]。

在我国 1949 年主要工业产品产量中，钢产量为 15.8 万吨，仅居世界第 26 位，不到世界钢产量的千分之一，生铁产量为 25 万吨，发电量为 43 亿度，成品钢材产量为 13 万吨，木材产量为 567 万立方米，硫酸产量为 4 万吨，水泥产量为 66 万吨，原油产量为 12 万吨，原煤产量为 0.32 亿吨，天然气产量为 0.07 亿立方米，纱产量为 32.7 万吨，布产量为 18.9 亿米，毛线产量为 0.18 万吨，呢绒产量为 544 万米，麻袋产量为 0.1 亿条，丝产量为 0.18 万吨，原盐产量为 299 万吨，糖产量为 20 万吨。[②] 中国的工业技术水平十分低下，技术装备陈旧落后，亟须更新换代，如机械工业不能制造汽车、拖拉机、飞机等，只能造自行车、灯泡、收音机等。1949 年我国生产自行车 1.4 万辆，生产灯泡 0.13 亿只，生产收音机 0.4 万部，许多小机械厂多半从事修理和装配业务。当时，与现代化关系密切的交通运输也十分落

---

① 国家统计局编：《中国统计年鉴1986》，中国统计出版社 1986 年版，第 43 页。
② 国家统计局编：《中国统计年鉴1986》，中国统计出版社 1986 年版，第 295—296 页。

后，我国铁路营业里程仅为 2.18 万公里，公路里程仅为 8.07 万公里，内河航道里程仅为 7.36 万公里[1]，比西方发达国家落后将近一个世纪。

与此同时，当时我国的农业也不发达，基本处于手工劳动状态，根本没有现代农业，也几乎没有农业机械，各种农产品的人口平均产量很低。1949 年，中国粮食总产量仅为 11318 万吨，其中稻谷产量为 4365 万吨，小麦产量为 1381 万吨，大豆产量为 509 万吨，薯类产量为 985 万吨。此外，棉花产量为 44.4 万吨，油料产量为 256.4 万吨，水果产量为 120 万吨。[2] 当时我国的总人口为 54167 万人[3]，基于中国人口基数大的特点，以及农业生产落后的情况，美国人就断言，人民的吃饭问题是每个中国政府必然碰到的第一个问题，中国共产党人也不见得能解决中国人吃饭的问题。在半殖民地半封建经济下，人民生活和收入水平很低，据联合国地区组织的统计，1949 年中国的人均国民收入仅为 27 美元，还不及同为人口大国的印度的 57 美元的一半。

现代化离不开教育和科学技术，当时，中国的教育和科技同样非常落后。1949 年，平均每万人口中仅有大学生 2.2 人、中学生 23 人、小学生 450 人。[4] 至 1952 年，我国学龄儿童共有 6642.4 万人，已入学学龄儿童为 3268.1 万人，小学学龄儿童入学率仅为 49.2%。[5] 1952 年，全国仅有 201 所普通高等学校、在校生 19.1 万人，1710 所中等专业学校、在校生 63.6 万人，794 所中等技术学校、在校生 29.1 万人，916 所中等师范学校、在校生 34.5 万人，4298 所普通中学、在校生 249 万

---

[1] 国家统计局编：《中国统计年鉴 1986》，中国统计出版社 1986 年版，第 362 页。
[2] 国家统计局编：《中国统计年鉴 1986》，中国统计出版社 1986 年版，第 180—181 页。
[3] 国家统计局编：《中国统计年鉴 1986》，中国统计出版社 1986 年版，第 91 页。
[4] 国家统计局编：《中国统计年鉴 1986》，中国统计出版社 1986 年版，第 739 页。
[5] 国家统计局编：《中国统计年鉴 1986》，中国统计出版社 1986 年版，第 738 页。

第三章　四个现代化宏伟目标的提出

人，526964所小学、在校生5110万人，6531所幼儿园、在校生42.4万人。① 与此同时，当时我国的科技事业也十分落后，1952年我国科技人员仅有42.5万人，其中工程技术人员16.4万人、占38.6%，农业技术人员1.5万人、占3.5%，卫生技术人员12.6万人、占29.6%，科学研究人员0.8万人、占1.9%，教学人员11.2万人、占26.4%。②

国家的文化、卫生事业以及人民的文化生活与医疗卫生条件也亟须提升。1952年，我国图书出版数量共计13692种，其中新出版7940种，总印数为7.9亿册；杂志出版数量354种，总印数为2亿册；报纸出版数量296种，总印数为16.1亿份。电影片产量为204部，其中故事片4部，美术片2部，科学教育片41部，纪录片157部。全国共有文化馆2430个，公共图书馆83个，博物馆35个。③ 1949年，全国医疗卫生机构数仅为3670个，其中医院2600个，疗养院所30个，门诊部所769个，专科防治所11个，妇幼保健所9个，药品检验所1个，医学科学研究机构3个，其他卫生机构247个，全国卫生机构的人员数仅为54.1万人，卫生机构床位数仅为8.5万张。④

可以说，一穷二白就是当时我国的基本国情。如何在一个一穷二白、人口众多、经济文化相当落后的东方大国进行社会主义建设，将落后的中国建设成一个先进的、现代化的国家，是当时摆在中国共产党人面前的一个既崭新又十分严峻的课题。

---

① 国家统计局编：《中国统计年鉴1986》，中国统计出版社1986年版，第723、726页。
② 国家统计局编：《中国统计年鉴1986》，中国统计出版社1986年版，第765页。
③ 国家统计局编：《中国统计年鉴1986》，中国统计出版社1986年版，第778—782页。
④ 国家统计局编：《中国统计年鉴1986》，中国统计出版社1986年版，第791—792页。

新中国成立之时，摆在中国共产党和中国人民面前的首要任务，就是恢复因长期的战争而百孔千疮的国民经济。从1949年10月到1952年底，经过全国人民三年多的艰苦奋斗，完成了国民经济恢复的任务。1952年，我国工农业总产值为810亿元，比1949年增长73.8%，比新中国成立前最高水平的1936年增长23%，其中农业总产值为461亿元，比1949年增长41.4%，工业总产值为349亿元，比1949年增长149.3%[①]。到1952年底，钢产量为135万吨、生铁产量为193万吨、原煤产量为0.66亿吨、原油产量为44万吨、水泥产量为286万吨、发电量为73亿度、纱产量为65.6万吨、布产量为38.3亿米、原盐产量为495万吨、糖产量为45万吨[②]，均超过历史最高水平。

但是，现代工业产值在全国工农业总产值中的比重仍然只占43.1%，而重工业在工业总产值中只占35.5%。许多重要工业产品的人均产量，不仅远远落后于工业发达国家，甚至低于印度这样的新兴独立国家。1954年6月14日，在新中国成立快5年之际，毛泽东在中央人民政府委员会第三十次会议上作《关于中华人民共和国宪法草案》讲话时，曾不无忧虑地说："我们的总目标，是为建设一个伟大的社会主义国家而奋斗。我们是一个六亿人口的大国，要实现社会主义工业化，要实现农业的社会主义化、机械化，要建成一个伟大的社会主义国家，究竟需要多少时间？现在不讲死，大概是三个五年计划，即十五年左右，可以打下一个基础。到那时，是不是就很伟大了呢？不一定。我看，我们要建成一个伟大的社会主义国家，大概经过

---

① 国家统计局编：《中国统计年鉴1986》，中国统计出版社1986年版，第25页。
② 国家统计局编：《中国统计年鉴1986》，中国统计出版社1986年版，第295—296页。

五十年即十个五年计划，就差不多了，就像个样子了，就同现在大不一样了。现在我们能造什么？能造桌子椅子，能造茶碗茶壶，能种粮食，还能磨成面粉，还能造纸，但是，一辆汽车、一架飞机、一辆坦克、一辆拖拉机都不能造。"[1]同年10月18日，毛泽东在国防委员会第一次会议上谈到了当时中国工业落后的情况，指出"中国是一个庞然大国，但工业不如荷兰、比利时，汽车制造不如丹麦"，"我们现在坦克、汽车、大口径的大炮、拖拉机都不能造"。[2]

二、"一五"计划与新中国工业化起步

实现国家的工业化，是近代以来中国人民梦寐以求的理想，也是实现国家独立和富强的必由之路。1949年9月29日，中国人民政治协商会议第一届全体会议通过的《中国人民政治协商会议共同纲领》，就提出了"稳步地变农业国为工业国"[3]的历史任务，同时强调"关于工业：应以有计划有步骤地恢复和发展重工业为重点，例如矿业、钢铁业、动力工业、机器制造业、电器工业和主要化学工业等，以创立国家工业化的基础。同时，应恢复和增加纺织业及其他有利于国计民生的轻工业的生产，以供应人民日常消费的需要"[4]。

在当时，实现国家的工业化，有两条不同的道路可供选择：一是

---

[1] 中共中央文献研究室编：《毛泽东文集》第六卷，人民出版社1999年版，第329页。
[2] 中共中央文献研究室编：《毛泽东文集》第六卷，人民出版社1999年版，第358页。
[3] 中共中央文献研究室、中央档案馆编：《建党以来重要文献选编（1921—1949）》第二十六册，中央文献出版社2011年版，第759页。
[4] 中共中央文献研究室、中央档案馆编：《建党以来重要文献选编（1921—1949）》第二十六册，中央文献出版社2011年版，第765页。

英、美等老牌资本主义国家走过的工业化道路,即先发展轻工业,再发展重工业,经历了漫长的过程才实现工业化;二是苏联走过的工业化道路,即优先快速发展重工业,而后再发展轻工业,在短期内建成了独立完整的工业体系,从一个落后的农业国变为世界工业强国,为在第二次世界大战中战胜德国法西斯,维护国家主权和独立奠定了必要的物质基础。苏联是世界上第一个社会主义国家,其在实现工业化的理论和实践上都取得了许多重要成就。苏联的成功经验对于后发展国家,尤其对工业基础十分薄弱的中国有着十分重要的示范作用。

新中国成立初期,我国几乎没有重工业,交通运输业极不发达,轻工业因能源、原材料的制约而一时开工不足,而且得不到新装备的补充和技术改造。另外,1950年6月朝鲜战争爆发,美国立即进行武装干涉,无视中国政府的一再警告,悍然越过三八线,直逼中朝边境的鸭绿江和图们江,直接威胁新中国的国家安全,中共中央随即在同年10月作出抗美援朝、保家卫国的决策,同世界头号强国美国进行较量。这是一场工业基础、武器装备极不对等的战争,美国拥有当时世界上最先进、最发达的工业体系,美军拥有世界上最先进的武器装备和后勤保障,虽然决定战争胜负的主要因素是人而不是武器,但决不能轻视武器装备在现代化战争中的作用。为了保障国家安全,必须建立强大国防,实现国防现代化,而要实现国防现代化就必须改变我国工业落后的状况,特别是要优先发展与国防现代化密切相关的重工业。

为准备进行有计划的经济建设,我国从1951年就着手编制第一个五年计划。1951年1月,毛泽东在中南海颐年堂主持召开中共中央政治局会议,讨论工会工作。毛泽东在会议上指出:"今后大计,

第三章　四个现代化宏伟目标的提出

应该是三年准备、十年建设。所谓三年准备，应当是从一九五〇年算起。各级领导同志都应该心中有数，有一个计划，有步骤地去进行工作。诸如政治、经济、文化、工、青、妇等，均应包括在内，否则时间很快过去，到那时毫无预先布置，将推迟我们的建设。如有十年建设，一切均会改观，各种气象均会为之一新。"[1]同年2月，毛泽东主持召开有各中共中央局负责人参加的中央政治局扩大会议，提出"三年准备、十年计划经济建设"的思想，指出"希望在三年内（包括一九五〇年）把工作做好些，创立条件，以备由一九五三年之后即走入计划经济（五年计划），争取这三年内完成这些准备工作，是可能的。已过了十四个月，还有二十二个月，要在这二十二个月中为此奋斗，应使全党主要干部都了解"。[2]

随后，根据"三年准备、十年计划经济建设"的思想，具体负责经济工作和计划工作的中央人民政府政务院财政经济委员会（简称中财委），开始试编第一个五年计划。五年计划编制工作领导小组成员为周恩来、陈云、薄一波、李富春、聂荣臻、宋劭文，具体工作由中财委计划局负责。在当时的背景下，由于对国家的基本经济情况还没有充分了解，对我国经济恢复的速度还没有充足的把握，而且朝鲜战争的局势尚不明朗，因而，此次五年计划的编制工作带有准备的性质，只是提出了一个粗线条的设想。在1951年12月召开的全国财经会议上，中财委计划局报告了对第一个五年计划

---

[1] 中共中央文献研究室编：《毛泽东年谱（1949—1976）》第一卷，中央文献出版社2013年版，第295页。
[2] 中共中央文献研究室编：《毛泽东年谱（1949—1976）》第一卷，中央文献出版社2013年版，第303、302页。

的初步设想，即"五年投资二千亿斤小米，一九五七年工业总产值比一九五二年增长百分之一百五十，年均增长百分之二十，农业年均增长百分之七"①。

为了更好地支援抗美援朝，中共中央于 1951 年 12 月下发《关于实行精兵简政、增产节约、反对贪污、反对浪费和反对官僚主义的决定》（以下简称《决定》）。《决定》强调了精兵简政、增产节约的重要性，并且指出："一九五二年是我们三年准备工作的最后一年。从一九五三年起，我们就要进入大规模经济建设了，准备以二十年时间完成中国的工业化。完成工业化当然不只是重工业和国防工业，一切必要的轻工业都应建设起来。为了完成国家工业化，必须发展农业，并逐步完成农业社会化。但是首先重要并能带动轻工业和农业向前发展的是建设重工业和国防工业"②。

1952 年下半年，在国民经济恢复任务基本完成、国家大规模经济建设即将开始的背景下，中财委加快了第一个五年计划的编制工作进度。1952 年 3 月，中财委发出《关于加强计划工作大纲》，并要求各大区财委于 6 月底前分别作出本区五年计划，十年远景的方针任务、主要指标及轮廓计划，提出对全国长远计划的建议。同年 7 月，陈云就第一个五年计划草案准备工作情况致信毛泽东，提出"根据一年多的准备，现已印出或正在付印的分行业草案共二十五册。这次编写是在李富春主持的编制工作基础上进行的，要点是今后五年要办些什么新的工厂，以便在七八月间可以向苏联提出五年内需供设备的清单。第一次搞计划，没有

---

① 中共中央文献研究室编：《陈云年谱》中卷，中央文献出版社 2000 年版，第 120 页。
② 中央档案馆、中共中央文献研究室编：《中共中央文件选集（1949 年 10 月—1966 年 5 月）》第七册，人民出版社 2013 年版，第 297 页。

经验，已经搞出的也很粗。准备一边把草案陆续送中央，一边由中财委党组再对草案逐项加以讨论"①。为接下来出访苏联作准备，由陈云、李富春组织编写了二十多本小册子，再由周恩来主持起草出《中国经济状况和五年建设的任务》，对第一个五年计划的方针、各项主要指标和主要项目、长期建设的准备等作了系统的阐述。

1952年8月，中财委颁发《关于编制五年计划轮廓的方针》《中国经济状况和五年建设的任务及附表》，其中规定"今后五年建设的基本任务是：为国家工业化打下基础，以巩固国防，提高人民的物质与文化生活，并保证国家经济向社会主义前进。建设方针是：工业建设以重工业为主、轻工业为辅，工业的发展速度应在可能的条件下力求迅速，工业的地区分布应有利于国防和长期建设"②。

与此同时，受毛泽东委托，周恩来率中国政府代表团带着试编出来的《五年计划轮廓草案》前往苏联，征询苏共中央和苏联政府的意见。对于中国第一个五年计划，斯大林在同中国政府代表团会谈时指出，苏联愿意对中国的五年计划建设，尽力在资源勘探、企业设计、设备供应、提供技术资料、派遣专家及提供贷款方面给予帮助，同时表示："中国三年恢复时期的工作给我们的印象很好，但五年计划规定的工业总产值年递增速度是勉强的，应由百分之二十降为百分之十五或百分之十四；要按照一定可以办到的原则来作计划，不能打得太满，要留有后备力量，以应付意外的困难和事变；对中国第一个五年计划所需的设备、贷款和专家，一定给予援助，但具体给什么不给什么，

---

① 中共中央文献研究室编：《陈云年谱》中卷，中央文献出版社2000年版，第145页。
② 中共中央文献研究室编：《陈云年谱》中卷，中央文献出版社2000年版，第148页。

现在还不能说，还需要经过工作人员用两个月时间加以计算之后才能说。"[①] 同年9月24日，周恩来等中国政府代表团成员回国。李富春和代表团的部分工作人员留在苏联，继续同苏方有关部门广泛接触，征询对中国第一个五年计划的意见，商谈苏联援助的具体项目。

在周恩来回国的当天晚上，毛泽东主持召开中共中央书记处会议，会议听取周恩来关于"一五"计划轮廓问题同苏联商谈情况的汇报，并讨论"一五"计划的方针和任务。在此次会议上，毛泽东第一次提出过渡时期总路线的初步构想，指出"我们现在就要开始用十年到十五年的时间基本上完成到社会主义的过渡，而不是十年或者以后才开始过渡"[②]，为五年计划的制订确定了根本指导思想。五年计划纳入过渡时期总路线的轨道，成为实现过渡时期总路线的一个重大步骤。[③]

同年12月，毛泽东审阅中共中央关于编制一九五三年计划及长期计划纲要若干问题的指示稿，并作出批示："此件以电报发中央局、分局、省市区党委。"指示指出编制计划中应注意的几个问题：（一）我国大规模建设是在抗美援朝环境下进行的，必须按照"边打、边稳、边建"的方针进行国家建设；（二）必须以发展重工业为大规模建设的重点；（三）编制计划时，必须充分发挥现有企业的潜在力量，反对保守主义；（四）我们的计划必须正确地反映客观经济发展的法则；（五）编制计划时必须吸收群众特别是部门的先进人物参加讨论；（六）编制计划的工作必须首长负责，亲自动手，掌握国家的建设方

[①] 中共中央文献研究室编：《陈云年谱》中卷，中央文献出版社2000年版，第148页。
[②] 中共中央文献研究室编：《毛泽东年谱（1949—1976）》第一卷，中央文献出版社2013年版，第603页。
[③] 中共中央文献研究室编：《毛泽东传（1949—1976）》（上），中央文献出版社2003年版，第272页。

针，采取科学的工作态度。①

紧接着，中共中央于 12 月 22 日发出《关于编制一九五三年计划及五年建设计划纲要的指示》，就编制计划中若干应注意的问题作出重要指示，指出"国家大规模的经济建设业已开始。这一建设规模之大，投资之巨，在中国历史上都是空前的"。"为了加速国家建设，除应动员全国力量、集中全国人力和财力以赴外，必须加强国家建设的计划工作，使大规模建设能在正确的计划指导下进行，避免可能发生的盲目性。为此，中央各经济、文教部门的党组及各中央局、省（市）委以及大行政区行政委员会和各省（市）政府的党组应即根据中央财政经济委员会所发一九五三年的控制数字和五年计划轮廓草案，由首长负责，组织足够力量，编制一九五三年的计划和五年计划纲要"。② 同时指出，"工业化的速度首先决定于重工业的发展，因此我们必须以发展重工业为大规模建设的重点。在'边打、边稳、边建'的方针下，就要求我们集中力量而不是分散力量去进行基本建设，要求我们以有限的资金和建设力量（特别是地质勘察、设计和施工的力量），首先保证重工业和国防工业的基本建设，特别是确保那些对国家起决定作用的，能迅速增强国家工业基础与国防力量的主要工程的完成"③。可以说，优先发展重工业的重大决策，是同当时我国的实际情况和国际环境分不开的。

---

① 中共中央文献研究室编：《毛泽东年谱（1949—1976）》第一卷，中央文献出版社 2013 年版，第 642 页。
② 中央档案馆、中共中央文献研究室编：《中共中央文件选集（1949 年 10 月—1966 年 5 月）》第十册，人民出版社 2013 年版，第 428 页。
③ 中央档案馆、中共中央文献研究室编：《中共中央文件选集（1949 年 10 月—1966 年 5 月）》第十册，人民出版社 2013 年版，第 429 页。

1953年初,根据中共中央的上述指示,以及中国政府代表团在苏联的商谈情况,中财委对第一个五年计划轮廓草案重新计算了一次,作了进一步的充实修改。可以说,第一个五年计划的编制比较充分地借鉴了苏联经验。1953年2月,毛泽东在全国政协一届四次会议闭幕会上的讲话中谈到了学习苏联的问题,指出"我们要进行伟大的五年计划建设,工作很艰苦,经验又不够,因此要学习苏联的先进经验","我们现在学习苏联,广泛地学习他们各个部门的先进经验,请他们的顾问来,派我们的留学生去,应该采取什么态度呢?应该采取真心真意的态度,把他们所有的长处都学来,不但学习马克思列宁主义的理论,而且学习他们先进的科学技术,一切我们用得着的,统统应该虚心地学习。对于那些在这个问题上因不了解而产生抵触情绪的人,应该说服他们。就是说,应该在全国掀起一个学习苏联的高潮,来建设我们的国家"[①]。

同年5月,中苏正式签订《关于苏维埃社会主义共和国联盟政府援助中华人民共和国中央人民政府发展国民经济的协定》,其中规定:苏联政府援助中国建设与改建91个企业,连同以前已定援建的50个企业一同进行。上述141项建设将在1953年至1959年期间分别开工。这些项目包括2个钢铁联合企业、8个有色冶金企业、9个煤矿、3个洗煤厂、1个石油炼油厂、5个重型机器制造厂、1个汽车制造厂、1个拖拉机制造厂、1个滚珠轴承厂、16个动力机器及电力机器制造厂、7个化工厂、10个火力电站、2个医药工业公司等。为

---

① 中共中央文献研究室编:《毛泽东文集》第六卷,人民出版社1999年版,第263—264页。

第三章 四个现代化宏伟目标的提出

了使中国能掌握新建和改建的企业，苏联政府还决定每年接受1000名中国留学实习生，并派出5个专家组、200名设计专家、50名地质专家来中国。[1] 随后，国家计划委员会（以下简称"国家计委"）结合苏联方面的意见和他们援助的具体情况，再次对第一个五年计划轮廓草案中规定的各项具体任务以及存在的主要问题进行了初步总结和修改。

1954年初，鉴于此时中共中央已经明确提出了过渡时期总路线，朝鲜战争已经结束，可以集中财力、物力、人力进行第一个五年计划的建设，而且苏联援助我国的建设项目也已经确定，以及在1953年的大规模经济建设中积累了一些经验教训，因而编制详细具体的第一个五年计划纲要的条件基本具备。同年2月，中共中央政治局召开扩大会议，决定成立由陈云主持，高岗、李富春、邓小平、邓子恢、习仲勋、陈伯达、贾拓夫组成的编制五年计划纲要八人工作小组。

1954年8月，编制五年计划纲要八人工作小组审议国家计委提出的《中华人民共和国发展国民经济的第一个五年计划草案（初稿）》，接连举行17次会议，逐章逐节对草案进行认真讨论和修改。11月3日至24日，毛泽东在广州同刘少奇、周恩来、李富春等用将近一个月的时间讨论修改这个文件。与此同时，中共中央发出《关于请各省市制订地方经济五年计划的指示》，要求各地对五年计划草案提出意见，并根据草案的精神和主要指标结合当地的特点和具体情况，"订出各省、市地方经济的五年计划纲要于十二月十日送中央"。

---

[1] 中共中央文献研究室编：《陈云年谱》中卷，中央文献出版社2000年版，第167—168页。

中国式现代化之路

12月3日，中共中央又下发《关于进一步作好编制地方经济五年计划纲要的工作的指示》，再次强调各省市委在编制当地的五年计划时，应当结合国家计划，"认真地研究当地的经济特点和具体情况"，以便"充分发挥地方的积极性和创造性"。[①]

1955年3月21日至31日，中国共产党全国代表会议在北京举行，陈云在开幕会上作了《关于发展国民经济的第一个五年计划的报告》。会议通过《关于中华人民共和国发展国民经济的第一个五年计划草案的决议》，指出"这个计划是实现党在过渡时期总路线的一个重大步骤"[②]，建议中央委员会根据这次会议讨论的意见，对五年计划草案进行必要的修正，并在修正以后提交第一届全国人民代表大会第二次会议予以审议和通过。随后，中共中央根据会议讨论中提出的意见，并再次征求苏联方面的意见，对第一个五年计划草案作出适当修改，并于6月10日将修改后的草案提交国务院。

1955年6月18日，国务院全体会议第十二次会议讨论通过第一个五年计划草案，决定将这一草案提请第一届全国人民代表大会第二次会议审议决定。1955年7月5日至30日，一届全国人大二次会议在北京举行，会议听取和讨论李富春《关于发展国民经济的第一个五年计划的报告》，通过了《中华人民共和国发展国民经济的第一个五年计划（1953—1957）》。

经过反复酝酿，前后数易其稿，从开始试编至正式通过费时4年的第一个五年计划包括绪言部分和11个章节，共计11万余字，各章

[①] 中共中央文献研究室编：《陈云传》（下），中央文献出版社2005年版，第913页。
[②] 中央档案馆、中共中央文献研究室编：《中共中央文件选集（1949年10月—1966年5月）》第十八册，人民出版社2013年版，第327页。

的标题分别为：（1）第一个五年计划的任务；（2）第一个五年计划的投资分配和生产指标；（3）工业；（4）农业；（5）运输和邮电；（6）商业；（7）提高劳动生产率和降低成本的计划指标；（8）培养建设干部，加强科学研究工作；（9）提高人民的物质生活和文化生活的水平；（10）地方计划问题；（11）厉行节约，反对浪费。

第一个五年计划的基本任务是根据党在过渡时期的总任务提出的，基本任务是："集中主要力量进行以苏联帮助我国设计的一五六个建设单位为中心的、由限额以上的六九四个建设单位组成的工业建设，建立我国的社会主义工业化的初步基础；发展部分集体所有制的农业生产合作社，并发展手工业生产合作社，建立对于农业和手工业的社会主义改造的初步基础；基本上把资本主义工商业分别地纳入各种形式的国家资本主义的轨道，建立对于私营工商业的社会主义改造的基础。这是中国共产党和中华人民共和国国家机关领导全国人民为实现过渡时期总任务而奋斗的带有决定意义的纲领"[①]。这是一个旨在以重工业为中心、加快我国工业化进程进而推进我国现代化的发展计划。从制定与实施第一个五年计划开始，"一以贯之的主题是把我国建设成为社会主义现代化国家。我们走过弯路，也遭遇过一些意想不到的困难和挫折，但建设社会主义现代化国家的意志和决心始终没有动摇"[②]。

随着"一五"计划的制定与实施，新中国开启了大规模的工业化建设，中国的现代化也从此逐步具有实际意义。5 年施工的工业建设

[①] 中共中央文献研究室编：《建国以来重要文献选编》第六册，中央文献出版社 1993 年版，第 410—411 页。
[②] 中共中央党史和文献研究院编：《习近平关于中国式现代化论述摘编》，中央文献出版社 2023 年版，第 13 页。

项目有一万多个，其中大中型项目921个，比计划规定的项目数增加227个。5年间，有595个大中型项目全部建成并投入生产。我国过去所没有的一些工业部门，包括飞机、汽车制造业，重型和精密机器制造业，发电设备制造业，冶金和矿山设备制造业，以及高级合金钢和有色金属冶炼业等，从无到有地建设起来，从而增强了基础工业的实力。从地区来看，以鞍钢为中心的东北工业基地已经基本上形成，上海和其他沿海城市的工业基础大为加强，华北、西北地区以及河南、湖北等省，也开始建成一批新的工业企业。为我国建立起独立的比较完整的工业体系和国民经济体系奠定了初步的物质技术基础。

工业技术基础得到加强，生产水平有了较大提高。5年内，工业总产值平均每年增长18%。其中生产资料生产平均每年增长25.4%，消费品生产平均每年增长12.8%。计划规定的46种主要产品中，生铁、钢、水泥、发电机、机床、棉纱、棉布等27种的产量提前一年达到原定1957年达到的水平。到1957年底，钢产量为535万吨，超过原定计划的412万吨；生铁产量为594万吨，超过原定计划的467.4万吨；原煤产量为1.31亿吨，超过原定计划的1.129亿吨；发电量为193亿度，超过原定计划的159亿度；水泥产量为686万吨，超过原定计划的600万吨；纯碱产量为50.6万吨，超过原定计划的47.6万吨；烧碱产量为19.8万吨，超过原定计划的15.4万吨；盐产量为828万吨，超过原定计划的593.2万吨；糖产量为86万吨，超过原定计划的68.6万吨。

以铁路为中心的交通建设取得新的进展，运输能力有了较大提高。5年内，新建铁路33条，恢复铁路3条，1957年全国铁路通车里程达到 2.99 万公里，比 1952 年增长 22%。修建在"世界屋脊"青藏高原上的康藏、青藏、新藏公路相继通车。1957 年全国公路通车里程达到 25 万多公里，比 1952 年增加一倍。内河航道里程为 14.41 万公里，民用航空航线里程为 2.64 万公里。

同时，全国物价基本稳定，国家财政收支平衡。1957 年，中国粮食总产量达 19505 万吨，其中稻谷产量为 8678 万吨，小麦产量为 2364 万吨，大豆产量为 1005 万吨，薯类产量为 2192 万吨；全国居民的平均消费水平达到 102 元，较 1952 年的 76 元增长 34.2%，农民消费水平为 79 元，较 1952 年的 62 元增长 27.4%，非农业居民消费水平为 205 元，较 1952 年的 148 元增长 38.5%。

此外，在教育方面，1957 年普通高等学校在校学生 44.1 万人，是 1952 年的 2.3 倍；中等学校在校生 708.1 万人，是 1952 年的 2.25 倍；普通中学在校生 628.1 万人，是 1952 年的 2.5 倍；小学在校生 6428.3 万人，是 1952 年的 1.25 倍。

随着工农业生产的发展，人民生活得到了较大改善。5 年内，全民所有制部门职工的平均实际工资增长了 30.3%；农民的收入增长了近 30%；城乡居民的消费水平提高了 22.9%；人均的粮食、肉类、食油、食糖、棉布等主要消费品的消费量，都有不同程度的提高。国家投资新建了 9454 万平方米职工住宅。

总体而言，第一个五年计划时期经济建设取得的成就，为我国的社会主义工业化奠定了初步的基础，对新中国工业化的起步具有决定作用，也为社会主义建设积累了宝贵经验。

中国式现代化之路

三、四个现代化目标的提出与现代化建设的曲折

把中国建设成为一个社会主义现代化强国，是中国共产党在全国执政之初就确立的奋斗目标。1954年9月的第一届全国人民代表大会第一次会议上，周恩来在《政府工作报告》中就提出："我国的经济原来是很落后的。如果我们不建设起强大的现代化的工业、现代化的农业、现代化的交通运输业和现代化的国防，我们就不能摆脱落后和贫困，我们的革命就不能达到目的。"① 第一次提出了"四个现代化"这个概念。

1955年3月31日，毛泽东在中国共产党全国代表会议上的讲话中指出，"我们进入了这样一个时期，就是我们现在所从事的、所思考的、所钻研的，是钻社会主义工业化，钻社会主义改造，钻现代化的国防，并且开始要钻原子能这样的历史的新时期"②。1956年9月，党的八大召开，大会通过的《中国共产党章程》在总纲中强调："中国共产党的任务，就是有计划地发展国民经济，尽可能迅速地实现国家工业化，有系统、有步骤地进行国民经济的技术改造，使中国具有强大的现代化的工业、现代化的农业、现代化的交通运输业和现代化的国防。"③

在这之后，现代化的内涵有所变化。1957年2月27日，毛泽东在其著名的《关于正确处理人民内部矛盾的问题》的讲话中，明确

---

① 中共中央文献研究室编：《周恩来年谱（1949—1976）》上卷，中央文献出版社1997年版，第413页。
② 中共中央文献研究室编：《毛泽东文集》第六卷，人民出版社1999年版，第395页。
③ 中央档案馆、中共中央文献研究室编：《中共中央文件选集（1949年10月—1966年5月）》第二十四册，人民出版社2013年版，第224页。

第三章　四个现代化宏伟目标的提出

提出要"将我国建设成为一个具有现代工业、现代农业和现代科学文化的社会主义国家"[①]。1959年12月到1960年2月，毛泽东在读苏联《政治经济学教科书》时对现代化的内容有所调整，增加了国防现代化，他说："建设社会主义，原来要求是工业现代化，农业现代化，科学文化现代化，现在要加上国防现代化。"[②]1960年2月中旬，周恩来在读苏联《政治经济学教科书》时，将"科学文化现代化"改称为"科学技术现代化"。

新中国成立初期，随着国民经济从战争创伤中不断恢复，社会主义改造基本完成，如何在中国更快更好地建设社会主义、加速实现国家工业化的问题开始凸显。一方面，中国共产党决不允许中国走西方资本主义国家依靠对外扩张和掠夺的工业化道路；另一方面，苏联工业化道路的问题和弊端逐渐显现，特别是1956年2月召开的苏联共产党第二十次代表大会暴露了苏联国内政治、经济方面的许多问题，如何处理好学习借鉴苏联模式与结合本国实际的关系，以及如何探索符合本国国情的社会主义建设道路等问题亟须得到解决。在大量调查研究的基础上，毛泽东于1956年4月25日在中共中央政治局扩大会议上作《论十大关系》的报告，以苏联的经验教训为借鉴，总结我国社会主义建设的初步经验，对适合中国国情的社会主义建设道路进行了初步探索，这里内在地包含着对中国工业化道路的探索。毛泽东在报告的开头就强调，"特别值得注意的是，最近苏联方面暴露了他们在建设社会主义过程中的一些缺点和错误，他们走过的弯路，你还想

[①] 中共中央文献研究室编：《毛泽东文集》第七卷，人民出版社1999年版，第207页。
[②] 中共中央文献研究室编：《毛泽东文集》第八卷，人民出版社1999年版，第116页。

走？过去我们就是鉴于他们的经验教训，少走了一些弯路，现在当然更要引以为戒"①。

1956年9月，中国共产党第八次全国代表大会召开，大会制定了全面建设社会主义的正确路线，指出"由于资产阶级民主革命和社会主义革命的胜利，生产力发展的障碍基本上已经扫除了"，国内的主要矛盾"已经是人民对于建立先进的工业国的要求同落后的农业国的现实之间的矛盾，已经是人民对于经济文化迅速发展的需要同当前经济文化不能满足人民需要的状况之间的矛盾。这一矛盾的实质，在我国社会主义制度已经建立的情况下，也就是先进的社会主义制度同落后的社会生产力之间的矛盾。党和全国人民的当前的主要任务，就是要集中力量来解决这个矛盾，把我国尽快地从落后的农业国变为先进的工业国。这个任务是很艰巨的，我们必须在经济、政治、文化等方面采取正确的政策，团结国内外一切可能团结的力量，利用一切有利的条件，来完成这个伟大的任务"。② 此外，大会还提出了"在三个五年计划或者再多一点的时间内，建成一个基本上完整的工业体系，使工业生产在社会生产中占主要地位，使重工业生产在整个工业生产中占显著的优势，使机器制造工业和冶金工业能够保证社会主义扩大再生产的需要，使国民经济的技术改造获得必要的物质基础"③的战略目标，以及关于实现社会主义工业化的一系列经济政策。

1957年2月27日，毛泽东在最高国务会议第十一次（扩大）会

---

① 中共中央文献研究室编：《毛泽东文集》第七卷，人民出版社1999年版，第23页。
② 中央档案馆、中共中央文献研究室编：《中共中央文件选集（1949年10月—1966年5月）》第二十四册，人民出版社2013年版，第248—249页。
③ 中央档案馆、中共中央文献研究室编：《中共中央文件选集（1949年10月—1966年5月）》第二十四册，人民出版社2013年版，第249页。

第三章　四个现代化宏伟目标的提出

议上作《关于正确处理人民内部矛盾的问题》的讲话，明确提出了中国工业化道路的问题，指出"为了使我国变为工业国，我们必须认真学习苏联的先进经验。苏联建设社会主义已经有四十年了，它的经验对于我们是十分宝贵的。大家看吧，谁给我们设计和装备了这么多的重要工厂呢？美国给我们没有？英国给我们没有？他们都不给。只有苏联肯这样做，因为它是社会主义国家，是我们的同盟国家。除了苏联以外，东欧一些兄弟国家也给了我们一些帮助。完全不错，一切国家的好经验我们都要学，不管是社会主义国家的，还是资本主义国家的，这一点是肯定的。但是主要的还是要学苏联。学习有两种态度。一种是教条主义的态度，不管我国情况，适用的和不适用的，一起搬来。这种态度不好。另一种态度，学习的时候用脑筋想一下，学那些和我国情况相适合的东西，即吸取对我们有益的经验，我们需要的是这样一种态度"[1]。

然而，1957年反右派斗争的严重扩大化，使党探索社会主义建设道路的良好开端遭受挫折。反右派斗争后，党内普遍认为"这场斗争大大提高了人民群众建设社会主义的积极性，经济建设应该搞得更快一些"[2]，逐渐改变了党的八大坚持的既反保守又反冒进，即在综合平衡中稳步前进的经济建设方针。

在1958年1月南宁会议上，毛泽东批评了1956年的"反冒进"，把那时一些中央领导同志实事求是地纠正经济工作中的急躁冒进偏向，说成是所谓"右倾""促退"。由反对"反冒进"进而提出"大跃进"。

---

[1] 中共中央文献研究室编：《毛泽东文集》第七卷，人民出版社1999年版，第242页。
[2] 中共中央党史和文献研究院：《中国共产党的一百年（社会主义革命和建设时期）》，中共党史出版社2022年版，第486页。

中国式现代化之路

《人民日报》在这年 2 月 2 日社论中号召："我们国家现在正面临着一个全国大跃进的新形势，工业建设和工业生产要大跃进，农业生产要大跃进，文教、卫生事业也要大跃进。"从南宁会议到同年 3 月成都会议的两三个月的时间里，在批判"反冒进"的气氛下，提出了一些不切实际的动员口号。例如，要求苦战三年，使大部分地区的面貌基本改观；在五年到七年内，使各省和自治区的地方工业总产值赶上或者超过当地的农业总产值，使农业基本实现机械化和半机械化。

在 1958 年 2 月召开的第一届全国人民代表大会第五次会议上，"'奋发向前，把我国建成一个社会主义现代化强国''鼓足干劲，掀起生产建设的大跃进'，已经成了所有发言者的共同语言"[①]。同时，还制定了 1958 年国民经济计划的第二本账，主要计划指标比 2 月间全国人民代表大会通过的第一本账都有大幅度提高。例如，农业总产值的增长速度由 6.1% 提高到 16.2%，工业总产值的增长速度由 10% 提高到 33%。这标志着经济工作中急躁冒进的"左"倾错误开始发展起来。

1958 年 5 月 5 日至 23 日，党的八大二次会议在北京举行。会议通过了鼓足干劲、力争上游、多快好省地建设社会主义的总路线，指出这条总路线的基本点是"调动一切积极因素，正确处理人民内部矛盾；巩固和发展社会主义的全民所有制和集体所有制，巩固无产阶级专政和无产阶级的国际团结；在继续完成经济战线、政治战线和思想战线上的社会主义革命的同时，逐步实现技术革命和文化革命；在重

---

① 《政治思想工作是一切工作的统帅》，《人民日报》1958 年 2 月 7 日。

第三章　四个现代化宏伟目标的提出

工业优先发展的条件下，工业和农业同时并举；在集中领导、全面规划、分工协作的条件下，中央工业和地方工业同时并举，大型企业和中小型企业同时并举；通过这些，尽快地把我国建成为一个具有现代工业、现代农业和现代科学文化的伟大的社会主义国家"[1]。八大二次会议后，声势浩大的"大跃进"运动在全国范围内从各方面开展起来。

"大跃进"提出的奋斗目标是"超英赶美"。早在1955年3月21日，毛泽东在中国共产党全国代表大会的开幕词中就讲道，"一个六万万人口的东方国家举行社会主义革命，要在这个国家里改变历史方向和国家面貌，要在大约三个五年计划期间内使国家基本上工业化，并且要对农业、手工业和资本主义工商业完成社会主义改造，要在大约几十年内追上或赶过世界上最强大的资本主义国家，这是决不会不遇到困难的，如同我们在民主革命时期所曾经遇到过的许多困难那样，也许还会要遇到比过去更大的困难。但是，同志们，我们共产党人是以不怕困难著名的。我们在战术上必须重视一切困难。对于每一个具体的困难，我们都要采取认真对待的态度，创造必要的条件，讲究对付的方法，一个一个地、一批一批地将它们克服下去"[2]。其中，"追上或赶过世界上最强大的资本主义国家"指的就是追上或赶过美国。

1955年10月29日，毛泽东在资本主义工商业社会主义改造问题座谈会上，继续谈到了赶超美国的问题，指出"我们的目标是要赶上美国，并且要超过美国。美国只有一亿多人口，我国有六亿多人口，我们应该赶上美国"，"究竟要几十年，看大家努力，至少是

---
[1] 中央档案馆、中共中央文献研究室编：《中共中央文件选集（1949年10月—1966年5月）》第二十八册，人民出版社2013年版，第20页。
[2] 中共中央文献研究室编：《毛泽东文集》第六卷，人民出版社1999年版，第392—393页。

中国式现代化之路

五十年吧,也许七十五年,七十五年就是十五个五年计划。哪一天赶上美国,超过美国,我们才吐一口气。现在我们不像样子嘛,要受人欺负。我们这么大一个国家,吹起来牛皮很大,历史有几千年,地大物博,人口众多,但是一年才生产二百几十万吨钢,现在才开始造汽车,产量还很少,实在不像样子。所以,全国各界,包括工商界、各民主党派在内,都要努力,把我国建设成为一个富强的国家。我们在整个世界上应该有这个职责。世界上四个人中间就有我们一个人,这么不争气,那不行,我们一定要争这一口气"。[①]

随后,在1956年8月30日召开的中国共产党第八次全国代表大会预备会议第一次会议上,毛泽东作题为《增强党的团结,继承党的传统》的讲话。在讲话中,毛泽东号召要团结党内外、国内外一切可以团结的力量来进行社会主义建设,强调"我们这个国家建设起来,是一个伟大的社会主义国家,将完全改变过去一百多年落后的那种情况,被人家看不起的那种情况,倒霉的那种情况,而且会赶上世界上最强大的资本主义国家,就是美国。美国只有一亿七千万人口,我国人口比它多几倍,资源也丰富,气候条件跟它差不多,赶上是可能的。应不应该赶上呢?完全应该。你六亿人口干什么呢?在睡觉呀?是睡觉应该,还是做工作应该?如果说做工作应该,人家一亿七千万人口有一万万吨钢,你六亿人口不能搞它两万万吨、三万万吨钢呀?你赶不上,那你就没有理由,那你就不那么光荣,也就不那么十分伟大。美国建国只有一百八十年,它的钢在六十年前也只有四百万吨,我们

---

① 中共中央文献研究室编:《毛泽东文集》第六卷,人民出版社1999年版,第500页。

第三章 四个现代化宏伟目标的提出

比它落后六十年。假如我们再有五十年、六十年，就完全应该赶过它。这是一种责任。你有那么多人，你有那么一块大地方，资源那么丰富，又听说搞了社会主义，据说是有优越性，结果你搞了五六十年还不能超过美国，你像个什么样子呢？那就要从地球上开除你的球籍！所以，超过美国，不仅有可能，而且完全有必要，完全应该。如果不是这样，那我们中华民族就对不起全世界各民族，我们对人类的贡献就不大"①。

1957年11月2日，毛泽东率以宋庆龄为副团长的中国代表团前往莫斯科，参加十月社会主义革命四十周年的庆祝典礼，并出席随后举行的社会主义国家共产党和工人党代表会议，以及各国共产党和工人党代表会议。11月6日，庆祝十月社会主义革命四十周年大会召开，苏共中央第一书记赫鲁晓夫在大会上作《伟大的十月社会主义革命四十周年》的报告。赫鲁晓夫在报告中通过对比苏联和美国的工农业生产水平指出，"据估计，在各种最重要的产品产量上，苏维埃国家在最近的十五年内不仅可以赶上、而且可以超过美国目前的各种最重要的产品的总产量。自然，在这个时期内，美国的经济也可能有所发展。但是，只要考虑到苏联工业发展速度比美国快得多这一点，那末就可以认为，在最短的历史时期内在和平竞赛中超过美国这一任务是完全可以实现的"②。

如前所述，毛泽东从1955年起就有了赶超美国的设想。在赫鲁晓夫明确提出苏联将在15年内在各种最重要的产品产量上赶超美国之后，毛泽东随即考虑中国是否可以在15年后赶超英国的问题，以

---

① 中共中央文献研究室编：《毛泽东文集》第七卷，人民出版社1999年版，第89页。
② 《苏联最高苏维埃举行庆祝大会》，《人民日报》1957年11月7日。

中国式现代化之路

振奋社会主义阵营的信心。就在赫鲁晓夫作《伟大的十月社会主义革命四十周年》报告的当天中午和晚上,毛泽东同波兰统一工人党中央第一书记哥穆尔卡举行了会谈。在会谈中,针对哥穆尔卡对社会主义国家共产党和工人党代表会议宣言草案的一些措辞可能会刺激美国等西方大国,使国际局势朝着更加尖锐化的方向发展的担忧,毛泽东指出,"现在是国际形势的转折点,我们要占上风。可能争取十年到十五年的和平。帝国主义和社会主义两方面互相都怕,但总的来说,他们怕我们怕得多一些。第二次世界大战以后,有些时候美国占上风,有时又是势均力敌,现在是我们占上风,是东风压倒西风。每个国家都有其困难。我们现在的手是受约束的,再过十五年我们就能自由了。再过十五年,苏联能超过美国,中国有可能超过英国"[①]。

在有了中国15年后赶超英国的设想之后,毛泽东于1957年11月9日同英国共产党中央主席波立特、中央总书记高兰的会谈中详细了解了英国的国内情况。在会谈中,毛泽东指出"苏联在十五年后,将会在总产量方面和按人口平均的产量方面超过美国。中国在十五年后将超过英国。我们今年的钢产量是五百二十万吨,第二个五年计划之后将是一千二百万吨,第三个五年计划之后将是两千万到两千五百万吨,第四个五年计划之后,也就是十五年之后,将是四千万到四千五百万吨",同时询问:"英国现在的钢产量是二千万吨,你们看十五年后能增加到多少?顶多三千五百万吨吧!"在得到高兰认

---

① 中共中央文献研究室编:《毛泽东年谱(1949—1976)》第三卷,中央文献出版社2013年版,第237页。

第三章　四个现代化宏伟目标的提出

为英国"十五年后，顶多增加到三千万吨"①的回答后，毛泽东认为中国15年后钢产量超过英国是能够做到的。

在11月18日的各国共产党和工人党代表会议上，毛泽东公开提出了中国15年后赶超英国的目标，指出"同志们，我讲讲我们国家的事情吧。我国今年有了五百二十万吨钢，再过五年，可以有一千万到一千五百万吨钢；再过五年，可以有二千万到二千五百万吨钢；再过五年，可以有三千五百万到四千万吨钢。当然，也许我在这里说了大话，将来国际会议再开会的时候，你们可能批评我是主观主义。但是我是有相当根据的。我们有很多苏联专家帮助我们。中国人是想努力的。中国从政治上、人口上说是个大国，从经济上说现在还是个小国。他们想努力，他们非常热心工作，要把中国变成一个真正的大国。赫鲁晓夫同志告诉我们，十五年后，苏联可以超过美国。我也可以讲，十五年后我们可能赶上或者超过英国。因为我和波立特、高兰同志谈过两次话，我问过他们国家的情况，他们说现在英国年产两千万吨钢，再过十五年，可能爬到年产三千万吨钢。中国呢，再过十五年可能是四千万吨，岂不超过了英国吗？那末，在十五年后，在我们阵营中间，苏联超过美国，中国超过英国"②。

1957年11月22日，毛泽东在回国后的第二天，就找人谈起草关于各国共产党和工人党代表会议的社论问题。11月25日，《人民日报》发表题为《伟大的革命宣言》的社论，将"超英赶美"的具体时间安排在国内公布出来，指出"赫鲁晓夫同志在庆祝十月革命四十

---

① 中共中央文献研究室编：《毛泽东年谱（1949—1976）》第三卷，中央文献出版社2013年版，第241页。
② 中共中央文献研究室编：《毛泽东文集》第七卷，人民出版社1999年版，第325—326页。

周年的演说中说,在十五年以后,苏联将在按人口计算的产量方面超过美国。可以预期,在同一期间,或者稍多一点时间,中国可能在钢铁和其他重要工业产品的产量方面赶上或者超过英国。到那个时候,社会主义阵营将在和平竞赛中把帝国主义阵营更远地抛在后面"[1]。

1957年12月8日,毛泽东在同各民主党派负责人和无党派民主人士谈话时,再次对15年后赶上英国的问题进行了分析,认为"以十五年或稍多一些时间,在钢铁和其他重要工业产品的产量方面赶上或超过英国,是可能的。电力:英国现有九百多亿度,二千四百万千瓦;我们只有一百九十亿度,四百多万千瓦。我们如有年增百分之十八点二的速度,就能在十五年后赶上英国。我国有丰富的水力资源可用来发电,英国则很少水力资源。煤:英国一九五六年产煤两亿二千万吨,但挖得差不多了;我们一九五六年产煤一亿二千万吨,今后可发展。我国地下资源丰富。钢:英国一九五六年已达两千一百万吨;我们一九五七年五百二十万吨,第二个五年计划(到一九六二年)可达一千二百万至一千五百万吨,到一九七二年可能超过四千万吨,英国是不能达到这个水平的"[2]。

1958年元旦,《人民日报》根据毛泽东此前在莫斯科会议上多次讲话的精神,发表题为《乘风破浪》的社论,指出"第一个五年计划的完成仅仅是把我国建设成为社会主义强国的万里长征中的第一步。在我国建立一个现代化的工业基础和现代化的农业基础,从现在算起,还要十年到十五年的时间。只有经过十年到十五年的社会生产

---

[1] 《胡乔木文集》第一卷,人民出版社2012年版,第603页。
[2] 中共中央文献研究室编:《毛泽东年谱(1949—1976)》第三卷,中央文献出版社2013年版,第261页。

第三章 四个现代化宏伟目标的提出

力的比较充分的发展，我们的社会主义经济制度和政治制度，才算有了自己的比较充分的物质基础（这个基础现在还很不充分），我们的国家（上层建筑）才算充分巩固；社会主义社会才算从根本上建成。我们要在十五年左右的时间内，在钢铁和其他重要工业产品产量方面赶上和超过英国；在这以后，还要进一步发展生产力，准备再用二十年到三十年的时间在经济上赶上并且超过美国，以便逐步地由社会主义社会过渡到共产主义社会。这是我国人民光荣的伟大的和艰巨的历史任务。我国人民既然能够推翻了压在我们头上的三座大山——帝国主义、封建主义和官僚资本主义，既然又能够在不太长的时间内使我国的经济建设和文化建设有了飞跃的发展，那么我们就完全有理由相信，我国人民一定能够把我国建设成为现代工业和现代农业的强国，建设成为社会主义社会和共产主义社会"[1]。从此，"超英赶美"成为"大跃进"的奋斗目标和标志性口号。很显然，英国和美国当时代表着资本主义国家现代化的水平，实现"超英赶美"的目标就是使中国的现代化程度超过英、美。

1958年5月23日，中共八大二次会议闭幕，会议通过了鼓足干劲、力争上游、多快好省地建设社会主义的总路线，在全国正式掀起"大跃进"运动。关于如何实现国家工业化，会议制定了"在重工业优先发展的条件下，工业和农业同时并举；在集中领导、全面规划、分工协作的条件下，中央工业和地方工业同时并举，大型企业和中小型企业同时并举"[2]的基本方针。

---

[1] 《胡乔木文集》第一卷，人民出版社2012年版，第622页。
[2] 中共中央文献研究室编：《建国以来重要文献选编》第十一册，中央文献出版社1995年版，第303—304页。

中国式现代化之路

在此背景下,1958年对工业化道路的探索具体可以分为三个方面:

一是发展地方工业,即在全国财力、物力有限的情况下,试图通过调动全党、全民的力量,大力发展地方工业,由量变达到质变,依靠地方工业企业的数量增长和广泛普及实现国家的工业化。这种探索的原因有两点:一是加速实现工业化的主观要求和单靠中央的财力、物力不足以支撑这种高速工业化的客观条件之间的矛盾;二是以苏为鉴,消除工业领域中央集权过多、管得过死的弊病,发挥地方办工业积极性的必然要求。

1958年3月,毛泽东在成都主持召开有中共中央领导人、中央有关部门的负责人和大部分省、市、自治区党委第一书记参加的工作会议。在发展工业问题上,成都会议通过的《关于发展地方工业问题的意见》明确指出,发展中央工业和发展地方工业同时并举,"就可以更有成效地使发展工业和发展农业同时并举和相互支援,就可以把地方办工业的积极性、人民群众办工业的积极性更广泛、更充分地调动起来,从而必然会加快我国工业化的速度和农业技术改造的速度",规定地方工业的任务是"为农业服务(这是基本的);为国家大工业服务;为城乡人民生活服务;为出口服务"[①]。1958年5月,中共八大二次会议正式提出了"全党办工业、全民办工业"的方针,指出在较短时期内,实现中小型工厂在全国各地的广泛分布,"前途必然是:一、加速国家工业化的进程;二、加速农业机械化的进程;

[①] 中央档案馆、中共中央文献研究室编:《中共中央文件选集(1949年10月—1966年5月)》第二十七册,人民出版社2013年版,第275页。

第三章　四个现代化宏伟目标的提出

三、加速缩小城乡差别的进程"①。

1958年对如何发展地方工业的探索，尽管在一定程度上促进了地方的工业化以及地方工业体系的初步建立，但也带来了严重的问题。一方面，全国各地中小型工业企业的快速发展，导致地方基本建设投资、职工队伍、社会购买力迅速膨胀。另一方面，新建的小型工业企业盲目发展，高消耗、高成本、低效率、亏损大，逐渐成为地方财政的一大负担。实践证明，地方工业的数量增长和广泛普及，不仅无法达到快速实现国家工业化的目的，而且还会给地方经济乃至整个国民经济造成不必要的混乱和损失。

二是强调要破除人们思想上对工业的迷信，提倡"小"（小规模）、"土"（低标准）、"群"（群众路线）的办工业方法。新中国成立初期，由于缺乏办工业的经验，所以借鉴了工业发达国家，尤其是同属社会主义阵营的苏联办工业的方法。然而，在我国的工业生产建设不断取得成就的同时，党内却出现了将苏联办工业的方法神圣化、教条化的现象。1958年3月，毛泽东在成都会议上批评党内硬搬苏联经验的做法，指出"搬，要有分析，不要硬搬，硬搬就是不独立思考，忘记了历史上教条主义的教训。教训就是理论和实践相脱离。理论从实践中来，又到实践中去，这个道理没有运用到经济建设上。马列主义的普遍真理与中国革命具体实际相结合，这是唯物论；二者是对立的统一，也就是辩证法。为什么硬搬，就是不讲辩证法。苏联有苏联的一套办法。苏联经验是一个侧面，中国实践又是一个侧面，这

---

① 中共中央文献研究室编：《建国以来重要文献选编》第十一册，中央文献出版社1995年版，第311页。

是对立的统一。苏联的经验只能择其善者而从之，其不善者不从之。把苏联的经验孤立起来，不看中国实际，就不是择其善者而从之"，强调在经济建设中应"坚持原则和独创精神"，"学习苏联及其他外国的长处，这是一个原则。但是学习有两种方法：一种是专门模仿；一种是有独创精神，学习与独创结合。硬搬苏联的规章制度，就是缺乏独创精神"。[①]

为了打破一些人迷信苏联以及西方工业发达国家的办工业方法，从思想上改变人们对办工业的认识误区，破除人们思想上的工业迷信，调动一切力量实现国家工业化，在1958年不断宣传推广"小""土""群"的办工业方法。不可否认，"小""土""群"的办工业方法是对当时我国办工业方法的有利补充，这种方法在1958年下半年开展的全民大炼钢铁运动中得到了广泛运用。但由于急于求成、急躁冒进思想的存在，采取"小""土""群"的办工业方法始终无法处理好数量和质量的关系，一味地强调数量和速度，使工业产品的质量下滑、合格率下降、效率降低，浪费了大量的人力、物力、财力，进而影响了整个国民经济的健康发展。此外，这种高耗能、低效率的办工业方法，导致过量开采矿石，大量砍伐树木，严重破坏当地的矿产资源和森林资源，对生态环境也造成了巨大压力。

三是开展大炼钢铁群众运动。在当时，钢铁是工业生产和基本建设中重要的原材料，钢产量也是衡量一个国家经济实力和工业化程度的重要标志。然而，直到1957年，我国的钢铁工业仍十分薄弱，远

[①] 中共中央文献研究室编：《毛泽东文集》第七卷，人民出版社1999年版，第366页。

第三章　四个现代化宏伟目标的提出

远满足不了国家工业化对钢铁的需求。因此，人们希望以钢铁为突破口，加速实现国家的工业化。此外，如前所述，在1957年11月召开的各国共产党和工人党代表会议上，受赫鲁晓夫提出苏联钢产量在15年后可以超过美国的影响，毛泽东提出了15年后中国钢产量赶上或者超过英国的目标。1958年上半年随着"大跃进"的酝酿和发动，1958年全年钢产量指标从2月制定的624.8万吨[①]攀升至6月制定的1000万吨[②]，赶超时间也从原先设想的15年缩短至2年。

然而，从1958年7月开始，由于钢产量指标不切合实际，指标的完成情况很不理想，1958年1至7月，累计生产钢380多万吨，与1958年全年计划指标相比，差了约690万吨。为了督促钢铁生产，完成原定指标，1958年8月，毛泽东在北戴河召开的中共中央政治局扩大会议全体会议上，提出全党全民大炼钢铁，实行书记挂帅，搞群众运动，强调要有铁的纪律，完不成生产计划的，分情况予以处分。北戴河会议通过了《中共中央政治局扩大会议号召全党全民为生产1070万吨钢而奋斗》的决定，这次会议后，全民大炼钢铁运动在全国迅速展开，通过政治挂帅、群众运动的方式快速实现国家工业化，成了1958年对工业化道路探索的主要内容之一。经过几个月以政治挂帅、群众运动为主要方式的全民大炼钢铁运动，再加上各地钢产量一定程度的虚报浮夸，1958年底，我国钢产量共计1108万吨，生铁产量为1369万吨，超额完成了1958年钢产量在1957年基础上"翻一番"的任务。然而，在1958年大炼钢铁运动中，由于忽视经济

[①] 中共中央文献研究室编：《建国以来重要文献选编》第十一册，中央文献出版社1995年版，第118页。
[②] 薄一波：《若干重大决策与事件的回顾》（下），中央党校出版社1993年版，第699—700页。

中国式现代化之路

规律，不顾经济效益，尽管各省在短时间内办起了几万个小高炉，农村也有几千万劳动力投入到钢铁生产中来，但以这种方式生产的钢铁质量普遍不高，全年合格、可用的钢产量只有 800 万吨，耗费了大量人力和资源。此外，在发动全民大炼钢铁的同时，国民经济比例严重失调，农业、轻工业生产遭到很大破坏，严重影响了人民生活。

1958 年我国工业和手工业总产值达到 1170 亿元，比 1957 年的 704 亿元增长 66%；钢产量由 1957 年的 535 万吨增长到 1108 万吨；生铁、煤炭、发电设备、动力机械等产品的产量，比 1957 年增长 1 倍以上；全部建成和部分建成投入生产的限额以上的工矿企业约 700 个，比 "一五" 计划期间全部投入生产和部分投入生产的工矿企业的总和 537 个还要多，限额以下的中小型企业和人民公社举办的小型企业，遍地开花，不计其数。[①] 然而，在取得成就的同时，人们开始注意到工业化实践中出现的失误和问题。1958 年 11 月 28 日，党的八届六中全会召开，全会在充分肯定 "大跃进" 的基础上，初步指出了 1958 年国民经济发展的两点教训：

一是要遵守客观规律，"国民经济发展的速度必须建立在客观可能性的基础上，超过这个可能性的计划就不能变为现实"，强调 "应当使广大干部由此认识到：为了实现一定的经济发展指标，不仅需要充分的革命干劲，而且需要一定的物质技术条件。缺少和忽视革命干劲，忽视人的主观能动性，把物质技术条件绝对化，就会犯保守主义的错误；我们一定要继续坚决地反对保守主义，但是我们决不应当因

[①] 中共中央文献研究室编：《建国以来重要文献选编》第十二册，中央文献出版社 1996 年版，第 189—194 页。

此而否认或者忽视物质技术条件的重要意义。只有把两者正确地结合起来，我们才有取得胜利的充分保证"。[1]

二是要全面安排、均衡发展，强调社会主义的国民经济必须遵守有计划按比例发展的法则，有纲就要有目，"因此，在整个工业建设中以钢为纲，既要求突出重点，也要求全面安排。产钢必先产铁，产铁必先采矿采煤，有了铁矿石和煤还必须运输，而无论炼钢炼铁采矿采煤运输，都需要相当的动力。同时有了钢，必须制成钢材，要制成钢材，又需要有足够的轧钢设备。这就是说，为了保证钢铁生产的正常进行和迅速发展，必须有全面的安排。不仅钢铁生产本身如此，为了保证整个工业和全部国民经济的迅速发展，在重工业各个部门之间，重工业和轻工业之间，工业和农业之间，工农业和交通运输业之间，生产和基本建设之间，生产和流通之间，生产和消费之间，也都要有全面的安排。只有注意到国民经济各部门的按比例的发展，才能最充分地、最合理地和最有效地利用人力、物力和财力"[2]。

这次全会在制定1959年国民经济计划的问题上，要求"既反对太冷又反对太热"，既要有"冲天干劲"，也要有"科学分析"。[3] 因此，1959年上半年党对工业化道路的探索也呈现出"冷""热"结合的特点：一方面，探索继续在"大跃进""总路线"的轨道内进行；另一方面，探索中出现的失误和问题在不断地被发现，并得到一定程

---

[1] 中共中央文献研究室编：《建国以来重要文献选编》第十一册，中央文献出版社1995年版，第627页。
[2] 中共中央文献研究室编：《建国以来重要文献选编》第十一册，中央文献出版社1995年版，第627—628页。
[3] 中共中央文献研究室编：《建国以来重要文献选编》第十一册，中央文献出版社1995年版，第643页。

度的纠正。

具体而言，1959年上半年对工业化道路的探索可以分为四个方面：

一是强调实事求是、尊重客观规律，纠正主观主义倾向和浮夸倾向。解放思想、破除迷信是"大跃进"时期对工业化道路探索的重要内容，也是当时推进我国工业化的重要思想武器。然而，在1958年的工业化实践中，各地普遍出现了否定客观规律，谎报虚报成绩的浮夸现象。在1958年11月召开的中央政治局扩大会议即郑州会议上，毛泽东多次提到实事求是和尊重客观规律的问题，指出"所谓速度，所谓多快好省，是个客观的东西。客观上能速则速，不能速就还是不速"[1]，强调"破除迷信。不要把科学当迷信破除了。破除迷信以来，效力极大，敢想敢说敢做，但有一小部分破得过分了，把科学真理也破了。凡迷信一定要破除，凡真理一定要保护"[2]。党的八届六中全会在坚持"继续反对保守，破除迷信，提倡敢想敢说敢做，鼓足干劲，力争上游，一定要在战略上藐视当前的任何困难"的基础上，提出"要在战术上重视困难，认真提倡实干苦干巧干，提倡'十分指标、十二分措施'的精神，提倡切实的计算、安排和检查，反对浮夸，反对借口破除迷信而否认科学，反对谎报成绩、隐瞒缺点"[3]。

在1959年上半年纠"左"的过程中，对工业建设中出现的单凭

---

[1] 中共中央文献研究室编：《毛泽东年谱（1949—1976）》第三卷，中央文献出版社2013年版，第520页。
[2] 中共中央文献研究室编：《毛泽东年谱（1949—1976）》第三卷，中央文献出版社2013年版，第527页。
[3] 中共中央文献研究室编：《建国以来重要文献选编》第十一册，中央文献出版社1995年版，第643、644页。

第三章　四个现代化宏伟目标的提出

主观想象、忽视客观规律、铺张浪费的主观主义倾向和浮夸倾向，进行了一定程度的纠正，并取得了实际成效。然而，这一时期的纠"左"是建立在充分肯定"大跃进"基础上的，是迫于客观生产状况而实行的一种不彻底的、局部性的纠正，而不是从指导思想上进行纠"左"。因此，1959年下半年庐山会议上开展反右倾斗争，导致工业建设中主观主义作风和浮夸作风再次兴起，并愈演愈烈，最终造成极大破坏，严重影响和阻碍了我国的工业化和现代化进程。

二是提倡"全国一盘棋"[①]精神，树立全局观念。新中国成立初期，由于我国工业底子薄、基础差，工业生产所需的原材料较为紧张。1958年下半年，随着"大跃进"的发动，全国各地开始大力兴办工业企业，出现了各种工业企业"乱上马"，不分轻重缓急、齐头并进的局面，致使原本就紧张的工业原材料进一步分散。不少国家重点工业企业由于缺乏钢材、煤炭、电力、石油、化工原料，在生产上出现困难，严重影响了1958年下半年的工业生产。

为了改善工业原材料供应紧张的局面，保证1959年工业生产计划的顺利实施，1959年1月27日，国家经济委员会党组在《关于当前工业生产中几个主要问题的报告》中提出了"全国一盘棋"的精神，指出："鉴于当前原材料供应和运输能力不足，要保证工业跃进计划的实现，必须贯彻全国'一盘棋'的精神，集中力量，保证重点。只有首先保证重点指标，才能使其他各项指标得到相应的保证。如果不分轻重缓急，齐头并进，势必分散力量，既不能保证重点，又

[①] 中共中央文献研究室编：《建国以来重要文献选编》第十二册，中央文献出版社1996年版，第53页。

中国式现代化之路

不能照顾一般,就将影响整个计划的完成。为此,各部门和各地方在布置生产任务和调拨生产物资的时候,必须根据全国'一盘棋'的精神,一律实行先国家、后地方的原则。各地必须保证完成国家所规定的物资调出计划,保证完成给外区、外省、外市所承担的协作配套任务。特别是对于国家分配的原材料,必须确保国家计划产品及其配套设备的需要,不能移作他用。对于分配给建设部门自己制造非标准设备的原材料,和分配给商业部门为了供应市场的零星设备所需要的材料,也不能挪用。"[①]

1959年上半年,通过宣传"全国一盘棋"精神,批判本位主义,倡导全面规划、分工协作,对国家宏观调控和地方工业活力的关系问题进行了初步探索,并取得了一定进展。一方面,有效地缓解了当时工业生产中出现的资金、原材料、设备等紧缺状况,使国家能够进一步集中人力、物力、财力,完成1959年的国家工业发展规划;另一方面,纠正了1958年下半年各地在大力发展地方工业的过程中,出现的地方主义、本位主义的倾向。

三是纠正忽视经济效果、生产效率和工业生产建设质量等错误倾向。在1958年"大跃进"中,由于片面追求数量和速度,不计经济效果,导致工业生产建设质量和劳动生产率大幅下降。例如1958年钢产量的公布数字为1108万吨,其中包含着大量的土钢,有些明明是废品也拿来凑数,这些土钢的质量都很差,根本无法使用,经国家计划委员会和国家统计局核实的1958年好钢(即所谓洋钢)产量,

---

[①] 中共中央文献研究室编:《建国以来重要文献选编》第十二册,中央文献出版社1996年版,第57页。

实际完成数字只有 800 万吨。此外，在群众运动中快速建成并投入生产的大量小型工厂，普遍呈现出消耗大、成本高的特点，并且事故频发。小高炉炼的生铁，成本每吨一般是 250—300 元，比生铁调拨价每吨 150 元还要高出 66%—100%，焦炭的消耗量也比大高炉多出 1—2 倍[①]。大型企业由于受到"大搞群众运动"的冲击，劳动生产率和产品合格率也普遍降低。

针对上述问题，1959 年上半年对 1958 年"大跃进"中不计经济效率、忽视工业生产建设质量和劳动生产率的现象，给予了充分重视，并对这一现象进行了研究，提出了"正确处理速度、数量和质量的关系""不断提高劳动生产率""充分发挥经济效果"等改进措施，对当时我国工业化产生了积极的影响。这有利于纠正当时工业化只求"多、快、省"，而忽略"好"的发展趋势，提高了工业产品和工程项目的质量；同时也有利于缓解工业和农业间劳动力的紧张关系，通过提高劳动生产率，避免了工业建设大量从农村招工，进一步挤占农业劳动力的现象。

四是下调工业生产指标。"高指标"是"大跃进"的主要特征之一，尤其是 1958 年下半年开展的以生产 1070 万吨钢为目标的全民大炼钢铁运动，造成国民经济比例的严重失调。为了完成 1070 万吨钢的指标，国家向钢铁战线投入了大量劳动力，使农业的劳动力出现严重不足，农作物丰产不能丰收，大批粮食和棉花因无人收割烂在地里，许多地方矿产资源和森林资源遭到破坏，生产设备由于长时间超

---

① 国家经济贸易委员会编：《中国工业五十年——新中国工业通鉴》第三部，中国经济出版社 2000 年版，第 73 页。

负荷运转而损毁。

由于全民大炼钢铁运动并不如人所愿，人们对过高的钢指标起了怀疑，认为"1070万吨钢的指标可能闹得天下大乱"[①]。经过多方的调查、核算、研究，1958年12月，党的八届六中全会通过了《关于一九五九年国民经济计划的决议》，将1959年的钢（一类钢）产量由北戴河会议的2700—3000万吨下调为1800—2000万吨[②]。

随着1959年工业生产工作的开展，中共中央发现1800—2000万吨钢的指标仍然很高，必须继续降低指标，以适应工业生产的实际状况。随后，1959年4月在上海召开的党的八届七中全会重点讨论钢、煤、粮、棉四大指标，将钢指标进一步降为1650万吨[③]。对于这个数字，毛泽东仍不放心，委托陈云（时任中共中央副主席、中央财经小组组长、国务院副总理兼国家基本建设委员会主任）进一步落实钢铁生产指标。中共中央书记处也要求中央财经小组进行研究，将钢铁指标分为可靠的指标和争取的指标。1959年5月11日，陈云在中央政治局会议上主张将1959年钢的生产指标初步定为1300万吨。陈云的意见，随后被毛泽东和中央政治局所接受。[④]

在庐山会议前的纠"左"过程中，初步纠正了"大跃进"初期的"高指标"现象，大部分企业对原来不切合实际的生产指标作出了调

[①] 中共中央党史研究室：《中国共产党历史》第二卷（1949—1978）下册，中共党史出版社2011年版，第509页。
[②] 中共中央文献研究室编：《建国以来重要文献选编》第十一册，中央文献出版社1995年版，第629页。
[③] 中共中央文献研究室编：《毛泽东年谱（1949—1976）》第四卷，中央文献出版社2013年版，第2页。
[④] 中共中央文献研究室编：《毛泽东年谱（1949—1976）》第四卷，中央文献出版社2013年版，第69页。

第三章 四个现代化宏伟目标的提出

整,产品质量提高、品种增多,生产仪器和设备也得到了合理利用。总体而言,1959年上半年对工业化道路的探索,以及对"大跃进"问题一定程度的纠正,是朝着正确的方向发展的,并取得了良好的成效。然而,这一时期的探索是在肯定"大跃进"的基础上进行的,没有也不可能对于工业化进程中出现的问题,形成一个真正清醒的认识,纠"左"工作也没有完全做到位。

1959年7月2日到8月16日,中共中央政治局扩大会议和中共八届八中全会先后在庐山召开,通称庐山会议。在7月2日召开的政治局扩大会议上,毛泽东已经为这次会议定下了基调,指出"国内大形势还好,有点坏,但还不至于坏到'报老爷,大事不好'的程度。八大二次会议的方针要坚持。总的说来,像湖南省一个同志所说的,是两句话:'有伟大的成绩,有丰富的经验。'实际上是:有伟大的成绩,有不少的问题,前途是光明的","今年钢的产量是否定一千三百万吨?能超过就超过,不能超过就算了。十五年内主要工业产品的数量赶上和超过英国的口号还要坚持。总之,要量力而行,留有余地,让下面超过。过去安排是重、轻、农,这个次序要反一下,现在是否提农、轻、重?过去是重、轻、农、商、交,现在强调把农业搞好,次序改为农、轻、重、交、商。这样提还是优先发展生产资料,并不违反马克思主义。重工业我们是不会放松的,农业中也有生产资料。重工业要为轻工业、农业服务"[①]。从毛泽东在会议开始当天的讲话中可以看出,这次会议的初

---

① 中共中央文献研究室编:《毛泽东年谱(1949—1976)》第四卷,中央文献出版社2013年版,第84—85页。

衷是在肯定"大跃进"的前提下,进一步纠正"左"倾错误,以便更好地实现1959年的跃进。

从7月3日开始,会议按照原定安排顺利进行,毛泽东也多次谈到"大跃进"的错误,认为"不论谁批评,都要承认当时有一部分缺点错误。简单来说,就是三千万吨钢,基本建设一千九百项,粮食增产一倍,办公社中刮'共产风'。这四件事搞得很被动。特别是公布了四大指标,自己设个菩萨自己拜。对农业生产的确估计过高,并且据此安排生活,有浪费。工业基本建设是搞多了,金木水火土分散了,工业生产指标过高,缺乏综合平衡。为了三千万吨钢,引起了各方的不满"[1]。总体而言,毛泽东认为"大跃进"的成就和错误,"从局部来讲,从一个问题说,可能是十个指头、九个指头、七个指头,或者三个指头、两个指头。但从全局来说,还是九个指头和一个指头的问题"[2],"成绩是伟大的,问题是不少的,前途是光明的"[3],现在已经纠正了"左"的错误,应当抓紧工作,取得主动,实现1959年的跃进。

7月14日,彭德怀写信给毛泽东,认为会议对"大跃进"错误的认识不够充分,必须进一步纠正"左"倾错误,但这封信却引起了毛泽东的不满。在毛泽东看来,彭德怀的信是对"总路线"的攻击,是对"大跃进"的否定,会议的方向开始转变。8月2日,在毛泽东

---

[1] 中共中央文献研究室编:《毛泽东年谱(1949—1976)》第四卷,中央文献出版社2013年版,第96页。
[2] 中共中央文献研究室编:《毛泽东年谱(1949—1976)》第四卷,中央文献出版社2013年版,第97页。
[3] 中共中央文献研究室编:《毛泽东年谱(1949—1976)》第四卷,中央文献出版社2013年版,第98页。

第三章　四个现代化宏伟目标的提出

的提议下,党的八届八中全会在庐山召开。会议讨论了两个中心问题,一是指标调整问题,二是路线问题。毛泽东在会上指出,右倾机会主义正在攻击党,想要破坏总路线,"我们反了九个月'左'倾了,现在基本上不是这一方面的问题了,现在庐山会议不是反'左'的问题了,而是反右的问题了"[①]。8月7日,中共中央发出《关于反对右倾思想的指示》,强调右倾思想已经成为目前工作中的主要危险,"如果不彻底加以批判和克服,党的总路线的贯彻执行是不可能的,各项建设事业的继续跃进是不可能的,今年调整后的生产指标和基本建设计划的完成,也是不可能的"[②]。8月16日,党的八届八中全会闭幕,全会要求各级党委坚决批判和克服右倾机会主义思想。庐山会议后,在"反右倾"的声浪中,掀起了新一轮的"大跃进"。

庐山会议后一段时期,对工业化道路的探索可以分为三个方面:一是开展以增产节约为目标的大规模群众运动,以实现新的跃进。党的八届八中全会通过的《关于开展增产节约运动的决议》,指出全党和全国人民的中心任务,"就是要深入展开轰轰烈烈的厉行增产节约的群众运动,为完成和超额完成一九五九年的生产和建设计划而斗争","掀起新的生产大高潮"[③]。为了掀起新的生产高潮,实现工业的继续跃进,首先把注意力转向了大规模群众运动。在这一过程中,工业企业强调走群众路线,发扬共产主义风格,破除不合理的规章制

[①] 中共中央文献研究室编:《毛泽东年谱(1949—1976)》第四卷,中央文献出版社2013年版,第131页。
[②] 中央档案馆、中共中央文献研究室编:《中共中央文件选集(1949年10月—1966年5月)》第三十二册,人民出版社2013年版,第20页。
[③] 中央档案馆、中共中央文献研究室编:《中共中央文件选集(1949年10月—1966年5月)》第三十二册,人民出版社2013年版,第29页。

度等，对工业企业中群众运动的开展起着重要的作用。然而，由于忽视尊重科学规律、遵守规章制度的重要性，在群众运动中，大多数工业企业只是一味追求产量，盲目拼设备，不计经济效益，使企业生产效率下降，生产设备严重损坏，造成很大损失。

二是平衡工农业发展关系，提出工业支援农业。1958年"大跃进"的开展，使我国的工业化进度超过了农业所能承受的正常限度：一方面，工厂企业从农村大量招工，城镇人口对粮食的需求迅速增加；另一方面，全民大炼钢铁等大规模群众运动的开展，占用了大量的农村劳动力，出现了农业丰产不丰收的现象。1959年上半年，由于全国不少地区都遭受了大面积的水旱灾害，农业生产遇到了很大困难。针对这一情况，党的八届八中全会通过的《关于开展增产节约运动的决议》指出，在工业建设方面，"全国劳动力必须进一步地合理安排，把工业生产和建设中的多余的劳动力继续尽可能地调回农村，或者调到其他迫切需要劳动力的方面，并且继续努力提高劳动生产率"[1]。1959年10月5日，中共中央发出《关于召开工业生产会议的通知》，将"工业支援农业的问题"[2]列为工业建设的重点研究问题之一。然而，在"大跃进"和"反右倾"的大背景下，工业支援农业这种技术层面的政策调整，已经无力扭转农业生产的下降趋势，再加上自然灾害的影响，直接引发了1959—1961年间的全国性粮食危机，即"三年困难时期"。

---

[1] 中央档案馆、中共中央文献研究室编：《中共中央文件选集（1949年10月—1966年5月）》第三十二册，人民出版社2013年版，第33页。
[2] 中央档案馆、中共中央文献研究室编：《中共中央文件选集（1949年10月—1966年5月）》第三十二册，人民出版社2013年版，第153页。

三是开展以机械化和半机械化为中心的技术革新和技术革命运动。从某种意义上讲，技术革命几乎贯穿了"大跃进"的始终，但庐山会议前，技术革命虽然作为"大跃进"的重要组成部分，在工厂企业中不断开展，但还没有形成一场大规模的群众运动。在庐山会议后，把技术革命当作了掀起新的生产大高潮、推进国家工业化的重要手段。1960年1月，中共中央批转《太原市委关于开展以机械化和半机械化为中心的技术革新和技术革命运动的决议》，指出："在我们的工业和交通企业中，手工劳动所占的比重还是很大的，积极推行半机械化、机械化，进一步提高劳动生产率，改善劳动条件，是一项具有重大政治和经济意义的工作"，"在进行规划的时候，应当从各类企业的具体情况出发，根据可能的条件，实事求是地进行。对于大跃进以来新建的以手工劳动为主的中、小型企业，要积极地实现半机械化以至机械化。对于老企业，要继续有计划地改进设备，消除薄弱环节，使费力的手工劳动实行半机械化和机械化。对于新建或者改建的现代化大型企业，也要在改善工艺、改进设备、改进生产线、改善劳动组织、提高设备利用率等方面进行技术革新和技术革命"。[1] 实际上，这场全民性的技术革新和技术革命运动的成效远没有达到预期，运动中出现的很多"发明创造"，要么不符合科学规律，难以持久提高产量；要么没有多少实用价值，难以推广。

历时三年的"大跃进"运动，反映了全党和全国人民迅速改变我国贫穷落后面貌，把我国建设成为一个社会主义现代化国家的迫切心

---

[1] 中央档案馆、中共中央文献研究室编：《中共中央文件选集（1949年10月—1966年5月）》第三十三册，人民出版社2013年版，第47—48页。

情和强烈愿望；同时动员了规模空前的人力、物力、财力投入到工业生产建设，促使工业主要是重工业生产建设有了迅速的发展和变化。

"大跃进"期间，从中央到地方，各个工业部门在工业建设上投入了大量的资金，建成了一批重要的工业项目。这一时期，施工中的大中型工业项目达到 2200 个左右，其中完工和部分完工而投入生产的有 1000 个左右，施工的小型工业项目约有 9 万多个，投产的大型项目包括洛阳第一拖拉机制造厂、保定化学纤维联合厂、新安江水电站等。与此相比较，第一个五年计划期间施工的大中型项目只有 921 个，其中完工和部分完工的项目为 537 个，施工的小型工业项目只有 9000 多个。1960 年与 1957 年相比较，工业总产值由 704 亿元增加到 1637 亿元，增长了 1.3 倍。其中重工业产值由 317 亿元增加到 1090 亿元，增长了 2.4 倍。[①]

除此之外，主要工业品的生产能力也有较大提升，例如炼钢，第一个五年计划期间新增生产能力 281.6 万吨，而"大跃进"期间为 1254 万吨，增长了 3.45 倍；炼铁，第一个五年计划期间新增生产能力为 338.6 万吨，而"大跃进"期间为 1339 万吨，增长了 2.95 倍；铁矿开采，第一个五年计划期间新增生产能力为 1643.4 万吨，而"大跃进"期间为 2177 万吨，增长了 0.32 倍；发电机组容量，第一个五年计划期间为 246.9 万千瓦，而"大跃进"期间为 750.3 万千瓦，增长了 2.04 倍；石油开采，第一个五年计划期间新增生产能力 131.2 万吨，而"大跃进"期间为 501.3 万吨，增长了 2.82 倍；合成

---

① 国家统计局编：《中国统计年鉴 1986》，中国统计出版社 1986 年版，第 43 页。

氨，第一个五年计划期间新增生产能力13.7万吨，而"大跃进"期间为36.5万吨，增长了1.66倍；化学肥料，第一个五年计划期间新增生产能力9.24万吨，而"大跃进"期间为60.13万吨，增长了5.51倍；水泥，第一个五年计划期间新增生产能力261.3万吨，而"大跃进"期间为1141.2万吨，增长了3.37倍；棉纺纱锭，第一个五年计划期间新增生产能力210万锭，而"大跃进"期间为591.9万锭，增长了1.82倍。[①]

由于"大跃进"违背客观规律，凭主观愿望和意志办事，提出了许多违背科学的高指标，结果事与愿违，一度导致国民经济出现严重困难。"大跃进"造成的最严重的问题是工农业发展比例严重失调，工业生产建设的经济效益下降，工业生产建设的进度大大超过了当时农业所能提供的产品和人力的正常限度。

1958—1960年这三年间，粮食征购量都在1000亿斤以上，分年的征购量占总量的比重为：1958年1175亿斤，占26.4%；1959年1348亿斤，占30.3%；1960年1921亿斤，占43.3%。另外，"大跃进"期间，由于工矿企业大量从农村招工，加之发动全民大炼钢铁运动，导致大批农村劳动力被占用，破坏了农村正常的生产秩序，甚至出现了粮食等主要农作物丰产不丰收的局面。这种对农业的高估产高征购，以及过多挤占农村劳动力和生产工具的做法，使农业生产遭到严重影响。从农业总产值来看，1958年农业总产值是566亿元，由于这个粮食年度是从1957年开始的，因此农业总产值比1957

[①] 国家经济贸易委员会编：《中国工业五十年——新中国工业通鉴》第三部，中国经济出版社2000年版，第66—67页。

年的537亿元尚有一定增长，增长率为5.4%，这一年的工业总产值为1083亿元，比1957年的704亿元增长了53.8%。1959年和1960年两年，工业总产值分别为1483亿元和1637亿元，较上一年分别增长36.9%和10.4%，但农业总产值则开始下降，1959年农业总产值为497亿元，1960年农业总产值为457亿元[①]，较上一年分别下降了12.2%和8%。从粮食和棉花的播种面积和产量来看，1960年粮食播种面积为183696万亩，比1957年的200450万亩减少了16754万亩；粮食产量为2800亿斤，比1957年的3901亿斤下降了28.2%。1960年棉花播种面积为7841万亩，比1957年的8663万亩减少了822万亩；棉花产量为2125亿斤[②]，比1957年的3280亿斤下降了35.2%，粮食和棉花的产量基本退回到了1951年的水平。

四、国民经济的调整与再提四个现代化目标

针对庐山会议后新一轮"大跃进"出现的国民经济比例严重失调，经济运行遭到严重困难的情况，调整国民经济成为当务之急。1960年9月30日，中共中央批转国家计委党组《关于一九六一年国民经济计划控制数字的报告》，这个报告首次提出了"使各项生产、建设事业在发展中得到调整、巩固、充实和提高"[③]的"八字方针"，发出了调整国民经济的讯号。

[①] 国家统计局编：《中国统计年鉴1986》，中国统计出版社1986年版，第43页。
[②] 中国社会科学院、中央档案馆编：《1958—1965中华人民共和国经济档案资料选编（农业卷）》，中国财政经济出版社2011年版，第945页。
[③] 中央档案馆、中共中央文献研究室编：《中共中央文件选集（1949年10月—1966年5月）》第三十五册，人民出版社2013年版，第157页。

第三章　四个现代化宏伟目标的提出

1961年1月14日，党的八届九中全会召开，李富春向全会作《关于安排一九六一年国民经济计划的意见》的报告，提出"根据当前的经济情况和存在的问题，一九六一年国民经济计划的安排，必须更好地贯彻执行以农业为基础、把农业放在首要地位的方针，争取农业丰收，特别是争取粮食的丰收。同时，对各个部门和各个方面实行调整、巩固、充实、提高的方针，争取国民经济在三年大跃进的基础上，各部门之间的比例关系得到进一步的协调，生产和建设的质量得到显著的进步"①。

在这次全会上，毛泽东指出，这几年调查研究比较少，对情况不甚明了，"中间又夹了一个庐山会议反右，打乱了反'左'"②，"二五"计划的剩余两年要"搞质量搞规格，在这方面跃一下，在数量上不要跃。我们来搞质量，搞品种规格，搞管理制度、技术措施，提高劳动生产率、降低成本，搞配套成龙、填平补齐"③。"搞经济我们是没有经验，虽然十一年了，还是经验不足。对于经济建设就是不行，我没有研究，没有亲身看，看也看得不多。凡是规律要经过几次反复才能找到。从一九二一年建党到一九四九年花了二十八年，革命才搞成功。我们能不能二十年取得搞经济的经验，缩短八年。还是要鼓干劲。大家回去实事求是地干，不要老是搞计划、算账，要搞实际工

---

① 中央档案馆、中共中央文献研究室编：《中共中央文件选集（1949年10月—1966年5月）》第三十六册，人民出版社2013年版，第32—33页。
② 中共中央文献研究室编：《毛泽东年谱（1949—1976）》第四卷，中央文献出版社2013年版，第525页。
③ 中共中央文献研究室编：《毛泽东年谱（1949—1976）》第四卷，中央文献出版社2013年版，第526页。

作,调查研究,去督促,去实践"①,对"八字方针"表示支持。党的八届九中全会正式通过了"八字方针",标志着"大跃进"运动结束,我国进入国民经济调整时期。

"八字方针"的核心是"调整"。因此,国民经济调整时期对工业化道路的探索以"调整"为主线,具体可以分为三个方面:

其一,解决轻工业原料供应不足和生产安排不合理的问题,以轻工业为突破口进行工业调整。轻工业与人民的生活息息相关。"大跃进"时期,由于片面强调"以钢为纲",轻工业和重工业比例严重失调,轻工业市场供应十分紧张,人民的生活水平不断下降,甚至连锅、盆、碗、筷、火柴、食盐、雨伞、缝衣针、鞋钉、卫生纸等基本的日常用品都经常供应不足。在国民经济调整初期,对如何解决轻工业品的短缺问题进行了一些探索,采取加强原料供应、合理安排生产等措施,对一些日用工业品和手工业品的生产进行了充实,取得了显著的效果。一是轻工业品的较快增长改变了日用工业品供求紧张的局面,满足了人民吃、穿、用等基本生活需要,稳定了民心。二是由于消费品短缺,人民手里的钱买不到东西,货币流通受阻,国家财政出现大量赤字,而轻工业品的增产以及大量投入市场,有效地回笼了货币,实现了国家财政的收支平衡。三是轻工业以传统产区、传统产品为重点的生产安排,以传统合理、兼顾数量、以质量为核心的生产方法,恢复和发展了一批物美价廉的传统手工业品,带动了轻工业品出口的发展。

---

① 中共中央文献研究室编:《毛泽东年谱(1949—1976)》第四卷,中央文献出版社 2013 年版,第 526 页。

第三章 四个现代化宏伟目标的提出

其二，加强工业企业的经济核算和成本管理。经济核算和成本管理是了解企业经济活动和改进企业经营管理的重要手段。在"大跃进"期间，许多工业企业不计成本、不计盈亏，没有认真实行或者几乎不会经济核算和成本管理，使工业企业的财产和人力都遭受了很大损失。1961年6月至9月，中共中央为了大力整顿工业企业，全面加强和改进企业管理，组织起草了《国营工业企业工作条例（草案）》，简称"工业七十条"。条例草案的第五章专门论述了工业企业的经济核算和财务管理，明确规定每一个工业企业"都必须实行全面的经济核算。凡是产品方案和生产规模的确定，技术措施和生产方法的制订，综合利用和多种经营的安排，以及一切生产、技术、财务活动，都要保证质量，讲究经济效果，都要真正地体现多快好省的根本要求"[1]。在国民经济调整时期，通过加强企业的经济核算和成本管理，对国营工业企业进行了全面整顿，取得了两个方面的积极效果。一是摸清了国营企业的"家底"，消除了企业由于盲目生产和采购而产生的库存积压以及物资丢失、乱堆乱放、以劣充优的现象，减少了大量企业占用的多余流动资金，提高了经济效益。二是逐步实现了国营企业的扭亏转盈，严厉打击了在企业中长期存在的偷工减料、降低质量、变相涨价等转嫁亏损的行为，使国营企业的生产经营恢复正常。

其三，提出以农业为基础发展工业，提高工业支援农业水平。尽管在1959年庐山会议后，中共中央曾提出过工业支援农业的方针政

---

[1] 中央档案馆、中共中央文献研究室编：《中共中央文件选集（1949年10月—1966年5月）》第三十八册，人民出版社2013年版，第92页。

策,但在"大跃进"和"反右倾"的大背景下,这一方针政策没有发挥出应有的作用,工业过度挤占了农业的发展空间。在国民经济调整时期,中共中央把恢复和发展农业摆在首要位置。1962年9月,党的八届十中全会重点讨论了农业发展问题,并通过了《关于进一步巩固人民公社集体经济、发展农业生产的决定》,强调"我国的统一国民经济计划,必须以发展农业为出发点。安排经济计划的次序,是农业、轻工业、重工业。就是说,我们要从发展农业着手,来开展我国的社会主义建设事业。忽视农业在社会主义建设事业中的特别重要的地位,是错误的。国家必须拟定关于国民经济各部门全面支援农业的长期规划"[1]。关于工业发展的方向,《决定》指出:"在我国,不论轻工业或者重工业,都要以五亿几千万农民的农村为主要市场。""我们的各个工业部门,都必须坚决地把自己的工作转移到以农业为基础的轨道上来。我们必须逐步建立起为农业生产服务的完备的工业体系。"[2]在国民经济调整时期,把"以农业为基础,以工业为主导"的发展国民经济总方针和"八字方针"紧密结合,明确提出了以农业为基础发展工业、把工业转移到以农业为基础的轨道上来的目标,并紧紧围绕这一目标展开了相关探索,取得了很大成就。经过调整,我国建立起了较为完整的为农业生产服务的工业体系,工业支援农业的能力进一步提高,农业生产得以恢复和发展,工农业比例关系趋于协调。

---

[1] 中央档案馆、中共中央文献研究室编:《中共中央文件选集(1949年10月—1966年5月)》第四十一册,人民出版社2013年版,第58—59页。
[2] 中央档案馆、中共中央文献研究室编:《中共中央文件选集(1949年10月—1966年5月)》第四十一册,人民出版社2013年版,第60页。

由于国民经济调整时期对工业化道路的探索朝着正确的方向发展，工业生产和建设得以恢复，走上了正确的轨道，国民经济又一次呈现出欣欣向荣的势头，取得了巨大的成绩。

第一，我国工业化的物质技术基础进一步加强。这一时期的工业化以配套成龙、填平补齐为重点，使以前建设起来的工业企业逐步发挥作用，并且新建、改建、扩建了一批企业，企业劳动生产率和经济效益显著提高，工业产品品种增加、质量提高。

第二，工农业比例关系渐趋平衡，压缩重工业的建设规模，把有限的资金用于农业和轻工业的发展。据统计，农业总产值和工业总产值在社会总产值中所占的比重，1960 年分别为 17.1% 和 61.1%，1965 年分别为 30.9% 和 52%[①]；轻工业总产值和重工业总产值在工业总产值中所占的比重，1960 年分别为 33.4% 和 66.6%，1965 年分别为 51.6% 和 48.4%[②]；全国粮食总产量从 1960 年的 1.44 亿吨提升至 1965 年的 1.95 亿吨，接近"一五"时期粮食年产的最好水平；五年间化学纤维、纱、布等与人民生活密切相关的轻工业产品产量，年平均增长 75.3%、18.1%、19.2%[③]，人民生活水平有了很大提高。

第三，在工业部门内部，初步扭转了以钢铁为中心的投资结构。在工业部门总投资中，机械、冶金等重工业部门的投资比重不断减少，农机制造、化肥等支援农业部门和纺织、食品等轻工业部门的投资比重不断增加。重工业部门投资占工业部门投资总额的比重，国民

---

① 国家统计局编：《中国统计年鉴 1986》，中国统计出版社 1986 年版，第 39 页。
② 国家统计局编：《中国统计年鉴 1986》，中国统计出版社 1986 年版，第 46 页。
③ 国家经济贸易委员会编：《中国工业五十年——新中国工业通鉴》第四部，中国经济出版社 2000 年版，第 67 页。

经济调整时期为 8.4%，比"大跃进"时期的 42.8% 下降了 34.4 个百分点[①]。

第四，工业地区布局得到很大改善。这一时期我国在缺少工业的广大内地和边疆地区建立了不同规模的现代工业，并自 1964 年提出加强"三线"建设起，开始大力建设攀枝花钢铁公司，并新建和扩建了成都无缝钢管厂、西宁钢厂和陕西钢厂等企业，建设了湘潭、开封、洛阳、郑州、兰州等十多个新工业基地，为我国的工业化奠定了重要的物质技术基础。

"大跃进"和国民经济调整时期，对工业化和现代化道路的探索，积累了正反两方面的丰富经验与启示。

第一，实现国家工业化必须遵循实事求是的思想路线，正确地认识经济发展规律和中国经济基本情况，正确处理解放思想和实事求是的关系。解放思想主要指的是避免盲目地照抄照搬别国工业化的做法，走自己的工业化和现代化道路；实事求是主要指的是遵循经济的客观规律，各种指标的制定要符合本国的实际情况，不能单凭主观愿望来确定本国的工业化和现代化道路。"大跃进"没有成功的根本原因，正是由于缺乏调查研究而导致的主观脱离客观实际，没有做到实事求是。1960 年 6 月，毛泽东在中共中央政治局扩大会议期间写的《十年总结》中谈道："对于我国的社会主义革命和建设，我们已经有了十年的经验了，已经懂得了不少的东西了。但是我们对于社会主义时期的革命和建设，还有一个很大的盲目性，还有一个很大的未被认

---

① 国家经济贸易委员会编：《中国工业五十年——新中国工业通鉴》第四部，中国经济出版社 2000 年版，第 68 页。

第三章 四个现代化宏伟目标的提出

识的必然王国,我们还不深刻地认识它。我们要以第二个十年时间去调查它,去研究它,从其中找出它的固有的规律,以便利用这些规律为社会主义的革命和建设服务。"① 同年 12 月,毛泽东在中央工作会议上着重提出了调查研究的问题,提议全党把 1961 年变为一个调查年、实事求是年。在国民经济调整过程中,全党大兴调查研究之风,在调查研究的基础上,制定了"农业六十条""工业七十条""手工业三十五条"等指导性文件,扭转了忽视经济规律、急躁冒进的现象,有力推动了国民经济调整工作的顺利开展。

第二,实现工业化必须坚持综合平衡,做到建设规模与国力相适应,保持国民经济各部门按比例发展,正确处理重工业和农业、轻工业的关系。从产业结构的角度看,作为现代化基础的工业化,是一个国家或地区产业结构实现动态调整的过程。这一过程的基本特征是重工业产值在国民收入中占的比例逐步提高,其劳动人口在总劳动人口中的比例逐步增加。在"大跃进"期间,建设规模远远超出了国家所能承受的限度,再加上单打一发展钢铁工业,忽视农业和轻工业的发展,导致出现了"拆东墙补西墙"的发展模式,这种发展模式只能暂时避免经济发展的"马鞍形",但最终不得不因为国民经济比例严重失调而进行被动调整,造成更大的损失。在国民经济调整时期,压缩建设规模,实行配套成龙、填平补齐,提出了"以农业为基础,以工业为主导"的方针,坚持以农轻重为序安排国民经济的发展。正是由于指导思想的转变,经过五年的调整,工业经济全面好转,国民经济

---

① 中共中央文献研究室编:《毛泽东文集》第八卷,人民出版社 1999 年版,第 198 页。

各部门之间的比例关系得到了初步改善,农轻重比例基本达到新的平衡。

第三,实现工业化和现代化必须坚持稳步前进,制定合理的生产指标,防止"高指标"和浮夸风的出现,正确处理发展速度和经济效益的关系。为了尽快实现国家的工业化,改变我国一穷二白的面貌,提高人民的生活水平和我国的国际地位,发展目标应当定得高一些。但是,在"大跃进"期间,完全不切合实际的赶超目标,直接导致了片面追求工业产量和发展速度、不计经济效益和生产成本,甚至瞒报、虚报产量的现象。在这种条件下,我国的工业化不仅无法保持较高的发展速度,而且给整个国民经济都带来了巨大的浪费和损失。在国民经济调整时期,曾花大力气纠正工业生产中的"左"倾错误,坚决把生产指标降下来,对企业的瞒报、虚报现象进行整顿,使工业化朝着正确的方向不断发展。

第四,正确处理国家宏观调控和地方工业活力的关系。中央和地方的关系始终是关乎中国发展的最重要关系之一。1958年为了充分调动地方发展工业的积极性,加快我国的工业化速度,提出"地方应该想办法建立独立的工业体系"①,鼓励发展地方工业,使"乡社工业遍地开花"。然而,地方工业的盲目发展打乱了国家原有的计划安排,导致原本就紧张的工业原材料进一步分散,不少国家重点工业由于缺乏钢材、煤炭、电力、石油、化工原料,在生产上发生严重困难。为此,1959年上半年提出"全国一盘棋",强调集中力量,克

---

① 中共中央文献研究室编:《毛泽东年谱(1949—1976)》第三卷,中央文献出版社2013年版,第406页。

第三章 四个现代化宏伟目标的提出

服只顾小局不顾大局的地方本位主义观念，压缩地方工业的数量和规模，保证国家重点工业的生产。可是，庐山会议后为了重新鼓起全国各地的干劲，掀起新一轮的"大跃进"，再次要求地方兴办各种县、社工业，认为县、社工业是"工业战线上一支新兴的生力军"，"将继续在国民经济中发挥重要的作用"①。地方工业尽管在一定程度上促进了当地工业体系的建立，但其分散性、盲目性、无序性等特点导致各种工业"乱上马"，给整个国民经济带来混乱，国家工业化基本处于无计划或半计划状态。在国民经济调整时期，严格控制地方工业的建设规模，强调"把公社工业和国家计划适当结合起来"②，对地方工业实行必要的关、停、并、转，使我国的工业化逐步转入正轨。

经过努力，到1962年国民经济情况得以好转，党的领导人开始重提实现四个现代化的问题。1963年1月26日，刘少奇在接见部分著名科学家时，明确表示："我们国家的进步，我们国家的农业现代化、工业现代化、国防现代化、科学技术现代化，都要依靠全国人民的努力，依靠科学家的努力，尤其需要老科学家的带头。只要大家努力，我们的国家一定会进步得很快。"③

3天后，周恩来在上海市科学技术工作会议上也说，"我国过去的科学基础很差。我们要实现农业现代化、工业现代化、国防现代化和科学技术现代化，把我们祖国建设成为一个社会主义强国，关键在于实现科学技术的现代化"，并提出了实现科学技术现代化的主要要

---

① 王雨洛：《大跃进中的县、社工业》，《红旗》1960年第6期。
② 李成瑞、左春台：《人民公社工业的创建、巩固和发展》，《红旗》1961年第8期。
③ 中共中央文献研究室编：《刘少奇年谱（1898—1969）》下卷，中央文献出版社1996年版，第570页。

求,即"实事求是,循序前进,相互促进,迎头赶上",强调:"我们的四个现代化,要同时并进,相互促进,不能等工业现代化以后再来进行农业现代化、国防现代化和科学技术现代化。我们落后于世界先进水平,但是我们有先进经验可以学习,有最新科学技术成果可以利用,这样可以扩大我们的眼界,所以我们前进的步伐可以加快。当然不会一点弯路不走,但总可以少走弯路。我们应该迎头赶上,也可以赶上。我们不应该跟在别人后面把所有的程序都走一遍,那样,我们将永远落在后面。"[1] 同年8月23日,周恩来在中共中央《关于工业发展问题》起草委员会会议上进一步指出,"国民经济体系不仅包括工业,而且包括农业、商业、科学技术、文化教育、国防各个方面。工业国的提法不完全,提建立独立的国民经济体系比只提建立独立的工业体系更完整"[2]。

1964年12月21日,根据毛泽东的提议,周恩来在第三届全国人民代表大会第一次会议上所做的《政府工作报告》中宣布,调整国民经济的任务已经基本完成,今后发展国民经济的主要任务,"就是要在不太长的历史时期内,把我国建设成为一个具有现代农业、现代工业、现代国防和现代科学技术的社会主义强国,赶上和超过世界先进水平"。"为了实现这个伟大的历史任务,从第三个五年计划开始,我国的国民经济发展,可以按两步来考虑:第一步,建立一个独立的比较完整的工业体系和国民经济体系;第二步,全面实现农业、

---

[1] 《周恩来选集》下卷,人民出版社1984版,第412—413页。
[2] 中共中央文献研究室编:《周恩来年谱(1949—1976)》中卷,中央文献出版社1997年版,第575页。

第三章　四个现代化宏伟目标的提出

工业、国防和科学技术的现代化,使我国经济走在世界的前列。"① 在这里,周恩来并没有提出实现农业、工业、国防和科学技术这四个现代化的具体时间,但他同时又说,"我们不能走世界各国技术发展的老路,跟在别人后面一步一步地爬行。我们必须打破常规,尽量采用先进技术,在一个不太长的历史时期内,把我国建设成为一个社会主义的现代化的强国","中国大革命家、我们的先辈孙中山先生在本世纪初期就说过,中国将要出现一个大跃进。他的这种预见,必将在几十年的时间内实现"。② 这段话是毛泽东在修改报告稿时特地加上去的。可见,尽管他们没有明确提出实现这四个现代化的时间进度,但其意思还是很清楚的,也就是要用几十年的时间把中国建成一个现代化强国。

从1956年社会主义基本制度建立到1966年"文化大革命"发动前夕,我国的社会主义建设尽管遭受过严重挫折,但仍然取得了很大的成就,使中国的面貌发生了巨大的变化。1965年,我国工农业总产值为2235亿元,比1957年的1241亿元增长了80.1%,其中农业总产值为833亿元,比1957年的537亿元增长了55.1%,工业总产值为1402亿元,比1957年的704亿元增长了99.1%。主要工业产品的产量也都有很大增长。1965年我国钢产量为1223万吨,比1957年的535万吨增长了128.5%,生铁产量为1077万吨,比1957年的594万吨增长了81.3%,成品钢材产量为881亿吨,比1957年的415亿吨增长了112.2%;发电量676亿度,比1957年的193亿

---

① 《周恩来选集》下卷,人民出版社1984年版,第439页。
② 《周恩来选集》下卷,人民出版社1984年版,第441页。

度增长了 250.2%；木材产量为 3978 万立方米，比 1957 年的 2787 万立方米增长了 42.7%；硫酸产量为 234 万吨，比 1957 年的 63.2 万吨增长了 270.2%；纯碱产量为 88.2 万吨，比 1957 年的 50.6 万吨增长了 74.3%，烧碱产量为 55.6 万吨，比 1957 年的 19.8 万吨增长了 180.8%；水泥产量为 1634 万吨，比 1957 年的 686 万吨增长了 138.1%；原油产量为 1131 万吨，比 1957 年的 146 万吨增长了 674.6%；原煤产量为 2.32 亿吨，比 1957 年的 1.31 亿吨增长了 77.1%；天然气产量为 11 亿立方米，比 1957 年的 0.7 亿立方米增长了 1471.4%；化学纤维产量为 5.01 万吨，是 1957 年 0.02 万吨的 250.5 倍；纱产量为 130 万吨，比 1957 年的 84.4 万吨增长了 54%，布产量为 62.8 亿米，比 1957 年的 50.5 亿米增长了 24.3%，毛线产量为 1.1 万吨，比 1957 年的 0.57 万吨增长了 92.9%，呢绒产量为 4240 万米，比 1957 年的 1817 万米增长了 133.3%；原盐产量为 1147 万吨，比 1957 年的 828 万吨增长了 38.5%；糖产量为 146 万吨，比 1957 年的 86 万吨增长了 69.7%。[1]

在十年社会主义建设中，我国还建设起来了电子工业、石油化工等一批新兴的工业部门。从 1956 年到 1965 年，我国电子工业由小到大，由修配到制造，由仿制到自行设计，逐步地发展起来。在这一时期，国家先后建成投产 66 项电子工业工程，其中大中型项目有 43 个，同时还建立了雷达研究所、电子计算机研究所等一系列研究机构。1963 年至 1965 年，国家共计投资 5.29 亿元用于电子工业新

---

[1] 国家统计局编：《中国统计年鉴 1986》，中国统计出版社 1986 年版，第 295—297 页。

第三章　四个现代化宏伟目标的提出

开项目的建造。1965年，电子工业完成新产品定型项目762项。我国的电子工业具备了初步的规模，已经能够生产各种雷达、广播电视发射设备、电视中心设备、无线电通信设备、原子射线仪器、各种气象仪器、水声设备、电话交换机、电子计算机、收音机、电视机等。除此之外，20世纪50年代末，我国开始兴建以石油、石油产品或天然气为原料的石油化学工业。1958年，兰州化学工业公司开始建造我国第一套石油裂解制乙烯设备，并于1962年底建设完成。1964年后，该公司采用西欧技术，以闪蒸原油为原料的砂子炉裂解和高压聚乙烯、聚丙烯、丙烯腈等，扩大生产规模，形成我国第一个石油化工基地。1959年，上海高桥化工厂使用国内技术，建造以炼厂气为原料制取乙烯以及苯乙烯、聚苯乙烯、苯酚丙酮等设备。四川泸州天然气化工厂，开始建造以天然气为原料生产合成氨和尿素的设备。随着石油产量的增长，我国以石油、天然气为原料的石油化工发展迅速。到1965年底，全国已建成的石油化工主要产品的生产能力为：乙烯5000吨，合成橡胶1.5万吨，塑料3000吨。建设中的生产能力为：乙烯3.6万吨，高压聚乙烯3.4万吨，聚丙烯5000吨，合成纤维1万吨，合成酒精2.5万吨，合成氨10万吨和尿素16万吨等。在此基础上，国家还通过向西方引进成套设备和技术，建成了自己的石油化工工业体系。同1957年相比较，我国化纤生产能力增长250倍，塑料生产能力增长7倍。[①]

在十年社会主义建设中，科学技术的发展进步十分显著。1962

[①] 中共中央党史研究室第一研究部、中共中央党史研究室第二研究部、中共中央党史研究室第三研究部：《两个历史问题的决议及十一届三中全会以来党对历史的回顾（简明注释本）》，中共党史出版社2013年版，第152—153页。

年，我国制定新的十年（1963年至1972年）科学技术发展规划。科学规划的实施有效地解决了一批我国经济建设和国防建设中的重大科学技术问题，大大缩小了我国科学技术水平同世界先进水平的差距。到1965年底，专门的科学研究机构达到1714个。各个产业部门都建成了具有相当规模的、装备条件较好的科学研究中心。与此同时，高等学校的科学研究工作普遍开展起来，中国科学院的研究机构也得到了很大加强，全国专门从事科学研究的人员达到12万人。到1966年，我国科学技术事业的面貌有了根本改观，开始走上现代化的轨道。工业技术不断成熟，一系列具有较高水平的电站设备、石油化工设备、黑色冶金联合企业设备、纺织设备、矿山开采设备相继研究、设计、制造和投入使用。无线电、半导体、电子计算机、原子能、航空航天等新兴工业得到迅速发展。1964年10月16日，原子弹的成功爆炸，集中标志着我国科学技术当时所达到的新水平。农业科学技术的研究和应用取得显著成果，在世界上最早育成矮秆水稻，粮食作物的复种指数大大提高。在医疗卫生方面，控制和消灭了多种恶性流行病，在显微外科、烧伤治疗、断肢再植等方面获得突出的成就。一系列现代科学的新分支，如生物物理、分子生物学等在这一时期先后开始展开研究。1965年，我国首次人工合成牛胰岛素结晶，这使我国在该领域处于世界领先地位。

在十年社会主义建设中，教育、卫生、文化等事业也获得了很大发展。在教育事业方面，1957年至1966年，全国高等学校毕业生累计达139.2万人，中等专业学校毕业生累计达211.1万人，分别为1950年至1956年的4.9倍和2.4倍。1965年，我国小学学龄儿童共有 11603.2 万人，已入学学龄儿童为 9829.1 万人；小学学龄儿童入学率达到 84.7%①，比 1957 年的 61.7% 上升了 23 个百分点。1965 年，平均每万人口中有大学生 9.3 人，比 1957 年的 6.8 人增长了 36.7%；中学生 197 人，比 1957 年的 110 人增长了 79%；小学生 1602 人，比 1957 年的 994 人②增长了 61.1%。

在医疗卫生事业方面，全国城乡的卫生医疗网基本形成，严重危害人民健康的天花、霍乱、血吸虫病、疟疾、鼠疫、麻风病等疾病，或被灭绝，或得到有效防治。1965 年，医疗卫生机构由 1957 年的 122954 个增加到 224266 个，增长了 0.8 倍，其中医院 42711 个，是 1957 年 4179 个的 10.2 倍；门诊部所 170430 个，是 1957 年 102262 个的 1.66 倍；专科防治所 822 个，是 1957 年 626 个的 1.3 倍；卫生防疫站 2499 个，是 1957 年 1626 个的 1.5 倍；药品检验所 131 个，是 1957 年 28 个的 4.6 倍；医学科学研究机构 94 个，是 1957 年 38 个的 2.47 倍；全国卫生机构的人员数达到 187.2 万人，是 1957 年 125.4 万人的 1.49 倍；卫生机构床位数达到 103.3 万张，是 1957 年 46.2 万张的 2.23 倍。③

在文化事业方面，1965 年，全国图书总印数为 21.7 亿册，比 1957 年的 12.8 亿册增长了 69.5%；杂志总印数 4.4 亿册，比 1957 年的 3.2 亿册增长了 37.5%；报纸总印数 47.4 亿份，比 1957 年的 24.4 亿份增长了 94.2%。电影片产量为 691 部，比 1957 年的 401 部增长了 72.3%，其中故事片 52 部，比 1957 年的 40 部增长了 30%；美术

---

① 国家统计局编：《中国统计年鉴 1986》，中国统计出版社 1986 年版，第 738 页。
② 国家统计局编：《中国统计年鉴 1986》，中国统计出版社 1986 年版，第 739 页。
③ 国家统计局编：《中国统计年鉴 1986》，中国统计出版社 1986 年版，第 791—792 页。

片 21 部，是 1957 年 5 部的 4.2 倍；科学教育片 240 部，是 1957 年 84 部的 2.8 倍；纪录片 378 部，比 1957 年的 272 部增长了 38.9%。全国共有文化馆 2598 个，公共图书馆 577 个，博物馆 214 个[①]，人民文化生活水平得到进一步提升。

总之，社会主义改造基本完成以后，中国共产党领导全国各族人民开始转入全面的、大规模的社会主义建设，直到"文化大革命"前夕的十年中，虽然遭到过严重挫折，仍然取得了很大的成就。1966 年同 1956 年相比，全国工业固定资产按原价计算，增长了 3 倍。棉纱、原煤、发电量、原油、钢和机械设备等主要工业产品的产量，都有巨大的增长。从 1965 年起实现了石油全部自给。电子工业、石油化工等一批新兴的工业部门建设了起来。工业布局有了改善。农业的基本建设和技术改造开始大规模地展开，并逐渐收到成效。全国农业用拖拉机和化肥施用量都增长了 6 倍以上，农村用电量增长了 70 倍。高等学校的毕业生人数为前七年的 4.9 倍。经过整顿，教育质量得到显著提高，科学技术工作也有了比较突出的成果。

然而，从 1966 年起，中国就陷入了"文化大革命"的动乱之中。在"文化大革命"中，虽然也提出要"抓革命、促生产"，但全党和全国人民的主要精力用在"抓革命"上，没有做到用"革命"去"促生产"，事实上这种所谓的革命也促进不了生产，只能影响生产，导致国民经济长期停滞不前。尽管如此，四个现代化的目标并没有放弃。1975 年 1 月的第四届全国人大一次会议上，周恩来在《政府工

---

① 国家统计局编：《中国统计年鉴 1986》，中国统计出版社 1986 年版，第 778—782 页。

第三章　四个现代化宏伟目标的提出

作报告》中重申了分两步走、全面实现四个现代化的战略目标。报告说："遵照毛主席的指示，三届人大的政府工作报告曾经提出，从第三个五年计划开始，我国国民经济的发展，可以按两步来设想：第一步，用十五年时间，即在一九八〇年以前，建成一个独立的比较完整的工业体系和国民经济体系；第二步，在本世纪内，全面实现农业、工业、国防和科学技术的现代化，使我国国民经济走在世界的前列。"[1]明确提出在20世纪内要实现四个现代化。

四届人大一次会议之后，由于周恩来病重，邓小平主持中共中央、国务院的日常工作，在周恩来的支持下，邓小平领导了1975年的全面整顿工作。其实，整顿在某种程度上也就是改革。邓小平希望通过整顿结束"文化大革命"形成的混乱局面，加快经济社会的发展，以使中国早日实现四个现代化的目标。1975年9月15日，他在全国农业学大寨会议开幕式上的讲话中指出："周总理在四届人大讲了毛主席提出的发展国民经济的任务，就是到本世纪末，全面实现农业、工业、国防和科学技术的现代化，使我国国民经济走在世界的前列。从明年起，二十五年，我们赌了咒，发了誓，要干这么一件伟大的工作，这真正够得上是雄心壮志。"[2]可是，当时的特殊环境使邓小平的雄心壮志无法施展。随后不久，他领导的整顿被指责为"右倾翻案"，不久再次被错误打倒，全面整顿也被迫中断。这时，"四个现代化"的口号还在提，但"反击右倾翻案风"的做法实际上与实现四个现代化是背道而驰的。

---

[1] 《周恩来选集》下卷，人民出版社1984年版，第479页。
[2] 中共中央文献研究室编：《邓小平年谱（1975—1997）》（上），中央文献出版社2004年版，第98页。

中国式现代化之路

　　新中国成立后,中国共产党提出了实现四个现代化的宏伟目标,为把我国建成一个强大的社会主义现代化国家作出了战略安排,并为此进行了艰苦的探索,其中取得了不少成绩,但也经历过比较严重的挫折。总的来说,在这一历史时期,党团结带领人民进行社会主义革命,消灭在中国延续几千年的封建制度,确立和巩固了社会主义基本制度,实现了中华民族有史以来最为广泛而深刻的社会变革,为现代化建设奠定了根本政治前提和制度基础。与此同时,为改变中国的贫穷落后状态,中国共产党领导人民艰辛探索,提出努力把我国建设成为一个具有现代农业、现代工业、现代国防和现代科学技术的社会主义强国,经过实施几个五年计划,建立起独立的比较完整的工业体系和国民经济体系。社会主义革命和建设取得了独创性理论成果和巨大成就,为现代化建设奠定了理论基础和物质基础,积累了宝贵经验。美国学者莫里斯·梅斯纳在《毛泽东的中国及其发展——中华人民共和国史》一书中写道,"中国 20 世纪 50 年代初期以小于比利时的工业规模开始,在毛泽东时代结束时,却以世界上六个最大工业国之一的姿态出现了"[1]。

---

[1] [美] 莫里斯·梅斯纳:《毛泽东的中国及其发展——中华人民共和国史》,张瑛等译,社会科学文献出版社 1992 年版,第 486 页。

第四章
"中国式的现代化"与小康社会建设

1976年粉碎"四人帮"、结束"文化大革命"后，人们痛定思痛，深切感受到中国的现代化建设耽误太久，必须急起直追加快现代化建设的进程，"向四个现代化进军"成为当时响亮的社会动员口号。而要加快中国的现代化建设，就必须实行对内改革、对外开放的方针。在实施改革开放的过程中，人们深切地感受到中国的现代化必须有自己的目标模式，于是"中国式的现代化"这一命题应运而生。随后，邓小平又将"中国式的现代化"的第一阶段目标具体化为小康，在小康的目标基本实现之后，中共中央又提出了全面建设小康社会的奋斗目标。在建设小康社会的过程中，中国共产党人不断深化对中国自己的现代化道路的认知。

一、对历史的反思促成探寻新路

　　众所周知，1957年至党的十一届三中全会召开前的二十年间，接连不断的运动成为中国政治生活常态，也成为国人日常生活的重要组成部分。仅全国性的运动来说，就先后有1957年的反右派运动，1958年的"大跃进"和人民公社化运动，1959年庐山会议的"反右倾"运动，1963年开始的全国城乡的社会主义教育即"四清"运动，至于1966年至1976年的"文化大革命"更是一场大运动，而且每个大运动中又套有各种小运动。可以说，除了1961年和1962年因为调整国民经济的同时进行政治关系调整，政治运动相对较少外，其余的年份几乎每年都有运动。其中，既有矛头对向党外的运动，也有矛头

第四章 "中国式的现代化"与小康社会建设

对向党内的运动。

每次政治运动总有一批人受到批判或者冲击。比如说，1957年的反右派运动，不但使一大批知识分子被错划为右派分子，使他们遭受不公正的待遇，而且对整个知识界作出了资产阶级知识分子的政治判断，严重地挫伤了广大知识分子的积极性。1959年庐山会议全党范围的"反右倾"，使党内数百万各级干部被当作右倾机会主义分子遭到错误批判甚至组织处理。在1963年至1965年的社会主义教育运动中，不但许多已经得到改造的地主富农分子重新成为批判与斗争对象，而且作出"三分之一的政权不掌握在我们手里"的判断，使一大批基层干部受到不公正待遇。至于在十年"文化大革命"中，没有受到运动波及的人很少，过去斗争批判对象（如地主、富农、反革命分子、坏分子所谓"四类分子"，如果加上右派就被称为"五类分子"）再度被批斗，就是过去作为各类运动领导者的大批干部，也被当作"走社会主义道路的当权派"被打倒或"靠边站"。即使是普通的工人、农民和机关干部，也把大量的时间精力用以参加运动，甚至要么被卷入造反的一方成为造反派，要么因为不赞成造反而成为"保皇派"。其结果，最初因提倡"造反有理"，"保皇派"成为造反派冲击的对象；后来在清理阶级队伍时，又有相当多的造反派被冷落甚至成为所谓"五一六分子"。可以说，在"文化大革命"那个特殊的年代，干部群众中没受运动冲击的人很少，很多批判斗争别人的人后来又成为别人批判斗争的对象。

这一连串的政治运动，至少出现了两个严重后果，一是伤人太多，没有多少人成为各类运动真正的幸运儿；二是这种反复折腾使人

中国式现代化之路

们把时间与精力用到政治斗争上，而生产和工作没有受到应有的重视，导致经济发展滞后，人民生活长期得不到改善。粉碎"四人帮"宣告"文化大革命"结束之后，社会逐渐走向安定，在经历多年的政治运动之后，人们对那些无休无止的政治运动不但非常厌倦，而且开始反思：这样的运动能真正解决资本主义与社会主义两条道路谁战胜谁的问题吗？能实现中国的繁荣富强吗？过去的老办法还行得通吗？过去的老路还能继续走吗？等等。这种反思的结果，人们意识到必须找到新办法，找到新道路。正因为如此，人们产生了迅速改变现状的强烈欲望，尤其是广大干部和知识分子对过去的做法进行反思，开始意识到中国的出路只能是改革。正如邓小平在十一届三中全会前的中央工作会议上所说："如果现在再不实行改革，我们的现代化事业和社会主义事业就会被葬送。"[1]

还应该看到的是，在"文化大革命"中，许多的老干部不是被打倒就是"靠边站"，后来又有相当多的人被下放至"五七干校"或被遣送至农村劳动改造，这客观上使他们对中国社会底层有了真切的了解，感受到中国社会底层的贫穷和普通老百姓的艰苦。他们当年带领群众搞革命本来就是为了老百姓过上好日子，但革命胜利后这么多年，老百姓却还没有过上他们希望的那种生活，这也使他们产生了必须改变中国社会现状的强烈的使命担当。

邓小平是人们公认的中国改革开放的总设计师。从党的八大开始，他就成为党的第一代中央领导集体的重要成员，几乎参与八大以

---

[1] 《邓小平文选》第二卷，人民出版社1994年版，第150页。

第四章 "中国式的现代化"与小康社会建设

来到"文化大革命"前所有重大决策。因为在一些问题上与毛泽东认识有所不同,在"文化大革命"中两次被打倒。第一次是"文化大革命"爆发之初,被诬称为"刘邓资产阶级司令部"的第二号人物;第二次是粉碎"四人帮"之前,被诬称为"党内那个不肯改悔的走资派"。从1966年至1977年第二次复出前的十多年里,除了1973年至1975年三年外,邓小平不是被监管监禁,就是被发配参加劳动,远离了权力中心,没有繁杂的日常事务,这也使他有足够的时间反思中国的过去,思考中国的未来。特别是他在被遣送到江西新建县的几年时间里,除了在县拖拉机修造厂劳动、看书,邓小平更多的是在思考。他女儿回忆说:"在江西的这一段时间里,父亲有一个习惯,每天黄昏落日之前,总是十分规律地围着我们那个小小的院子散步。他沉思不语,步伐很快,就这样一圈一圈地走着。日复一日、月复一月、年复一年,那红色的砂石地上,已然被他踏出了一条白色的小路。""我想,就在这一步一步之中,他的思想、他的信念、他的意志,随着前进的每一步而更加明确,更加坚定起来。这些思想的蕴育成熟,是否已为日后更加激烈的斗争做好了最充分的准备呢?"[①]

我们现在自然无法知晓邓小平当时想了些什么,但作为一个勇于担当的革命者,一个有强烈使命感的共产党人,他一定在思考中国应该有怎样的未来并如何去实现。他后来也说:"'文化大革命'中我被打倒两次。这种经历并不都是坏事,使我有机会冷静地总结经验。因为有了那段经历,我们才有可能提出现行的一系列政策,特别

---

① 毛毛:《在江西的日子里》,《人民日报》1984年8月22日。

中国式现代化之路

是提出怎样建设社会主义的问题。要解决这个问题,就要弄清楚什么是社会主义以及社会主义的主要任务是什么。社会主义一定要体现出优越于资本主义。如果还没有达到这一点,就要朝这个方向努力。努力的标志就是发展生产力和提高改善人民生活的速度。贫穷不是社会主义,更不是共产主义。"[1] 如何发展生产力和提高改善人民生活的速度?必须寻找新路,办法唯有改革。

"文化大革命"结束后,人心思变,许多人都觉得老路不能再走了,思想的禁锢逐渐被解除,思想闸门逐步被打开,这也为1978年关于"实践是检验真理的唯一标准"的大讨论能够开展奠定了社会基础。这场大讨论并不是在讨论一个哲学问题,而是如何看待我们的历史。质疑和反对"两个凡是"本身就是解放思想的表现,而真理标准问题讨论的结果,不但使更多的人认识到"两个凡是"的错误,而且进一步解放了人们的思想。没有思想的解放就不会有后来的改革开放。

对于这个问题,邓小平有着十分深刻的论述,认为"'文化大革命'是一场灾难,但也是一个很好的反面教员,教育了我们,也教育了全体中国人民"[2]。1986年9月2日,邓小平接受美国哥伦比亚广播公司"六十分钟"节目记者迈克·华莱士的电视采访,在谈到"文化大革命"时又说:"那件事,看起来是坏事,但归根到底也是好事,促使人们思考,促使人们认识我们的弊端在哪里。为什么我们能在

---

[1] 中共中央文献研究室编:《邓小平年谱(1975—1997)》(下),中央文献出版社2004年版,第1158页。
[2] 中共中央文献研究室编:《邓小平年谱(1975—1997)》(下),中央文献出版社2004年版,第1049页。

第四章 "中国式的现代化"与小康社会建设

七十年代末和八十年代提出了现行的一系列政策，就是总结了'文化大革命'的经验和教训。"[1]1987年4月26日，他在会见捷克斯洛伐克总理卢博米尔·什特劳加尔时，再次指出："我们现在的方针政策，就是对'文化大革命'进行总结的结果。最根本的一条经验教训，就是要弄清什么叫社会主义和共产主义，怎样搞社会主义。"[2]他还说："中国不仅领导层支持改革，而且全国人民上上下下都要求改革。这要归功于'文化大革命'。'文化大革命'变成了全国人民的大课堂。中国有'文化大革命'和没有'文化大革命'不同，所以我们不能只讲'文化大革命'的阴暗面，它也有些作用，这种作用就是教育我们要改革开放。"[3]因此，"文化大革命"作为一场旷日持久的政治运动，"不是也不可能是任何意义上的革命或社会进步"[4]，从这个角度必须加以否定，但"文化大革命"提供了反面教训，"没有'文化大革命'的教训，就不可能制定十一届三中全会以来的思想、政治、组织路线和一系列政策"[5]。

由于长期遭受帝国主义的侵略和封建主义的统治，加之接连不断的战争，新中国成立时中国经济可以说是百孔千疮。1949年中国的发电量只有43.1亿度，粗钢15.8万吨，生铁24.6万吨，煤炭3243万吨，原油12.1万吨，天然气0.07亿立方米，化肥0.6万吨，机床

---

[1] 中共中央文献研究室编：《邓小平年谱（1975—1997）》（下），中央文献出版社2004年版，第1133页。
[2] 中共中央文献研究室编：《邓小平年谱（1975—1997）》（下），中央文献出版社2004年版，第1182页。
[3] 中共中央文献研究室编：《邓小平年谱（1975—1997）》（下），中央文献出版社2004年版，第1242页。
[4] 《关于建国以来党的若干历史问题的决议》，《人民日报》1981年7月1日。
[5] 中共中央文献研究室编：《邓小平年谱（1975—1997）》（下），中央文献出版社2004年版，第1244—1245页。

0.16万台。那时的中国，虽然在国土面积、人口上是一个大国，但在经济上是一个小国、弱国。新中国成立后，迅速医治了长年战争的创伤，在苏联的援助下开始了工业化和现代化建设的进程，但是贫穷落后的面貌不是短时间内可以改变的。可以说，新中国是在一穷二白的基础上展开各项建设事业的。

1949年新中国成立之后，经过一段时间的发展，国家的面貌发生了巨大的变化，不但建立了全新的社会主义制度，而且形成了比较完整的工业体系和国民经济体系。到1978年，我国原煤产量6.18亿吨，水泥产量6524万吨，原油产量1.0405亿吨，天然气产量137.3亿立方米，发电量2031亿度，生铁产量3479万吨，成品钢材产量2208万吨，汽车产量12.54万辆，拖拉机产量11.35万辆，可以说主要工业产品的产量与新中国成立之时相比，是成倍甚至几十倍的增加，不少工业部门从无到有地建立起来。不但如此，中国的国防工业取得长足发展，已经能够生产各类常规武器，而且"两弹一星"研制成功，进一步提高了中国的大国地位。如果说1949年新中国成立使中国人从此站起来了，那么，完整的工业体系的建立、"两弹一星"的研制成功、国防实力的大幅度提升，使中国人不但进一步站起来了，而且站稳了。

但是，在当时特定的历史条件下，国家不得不确立优先发展重工业特别是国防工业的方针。新中国成立时，帝国主义国家对新中国采取敌视政策，在经济上封锁、在军事上遏制，美国先后挑起朝鲜战争、越南战争，战火烧到中国的国境线边上。20世纪60年代中苏关系破裂后，苏联又在中苏、中蒙边界陈兵百万，使中国面临非常严重的战争危险。如果不加快重工业特别是国防工业的发展，就难以

第四章 "中国式的现代化"与小康社会建设

确保国家安全。要发展工业特别是重工业，需要大量的资金投入，在国家经济基础十分薄弱的情况下，只能通过压缩消费开支来保证资金充足，因而在积累与消费的关系上只能重积累轻消费。按当年价格计算，1952年积累率为21.4%，1957年为27.9%，1978年为36.5%。在工农业关系方面，重工业轻农业，虽然也一再讲农业是国民经济的基础，但始终通过工农业产品价格的"剪刀差"为工业化积累资金。在工业内部重工业与轻工业的关系上，重重工业轻轻工业，重工业发展较快，而与人民生活密切相关的轻工业发展较缓慢。1949年的工农业总产值为466亿元，其中农业总产值为326亿元，工业总产值为140亿元。在工业总产值中，轻工业103亿元，重工业37亿元，是标准的农业国。到1978年，按照1952年的不变价格计算，工农业总产值为5690亿元，其中农业总产值为1459亿元，工业总产值为4231亿元。在工业总产值中，轻工业总产值为1806亿元，重工业总产值为2425亿元。因此，1949年以来，虽然工业有了很大的发展，甚至有不少工业产品的产量已经位居世界前列，但人民生活改善有限。

1978年全国农民年平均纯收入134元，职工平均工资614元，每人每年猪肉15.3斤，棉布化纤布24.1尺，平均每人储蓄存款余额22元，每百人拥有自行车7.7辆，城市每万人拥有公共车辆3.3辆，每百人拥有电视机0.3台，每百人拥有收音机7.8台。[1] 全国城乡人民生产水平普遍不高，在农村表现尤其明显。在安徽全省28万个生产

---

[1] 国家统计局编：《中国统计年鉴1981》，中国统计出版社1982年版，第421页。

队中，只有10%的生产队能维持温饱；67%的队人均年收入低于60元，25%的队在40元以下。1977年6月任中共安徽省委第一书记的万里后来回忆说："我这个长期在城市工作的干部，虽然不能说对农村的贫困毫无所闻，但是到农村一具体接触，还是非常受刺激。原来农民的生活水平这么低啊，吃不饱，穿不暖，住的房子不像个房子的样子。淮北、皖东有些穷村，门、窗都是泥土坯的，连桌子、凳子也是泥土坯的，找不到一件木器家具，真是家徒四壁呀。我真没料到，解放几十年了，不少农村还这么穷！我不能不问自己，这是什么原因？这能算是社会主义吗？人民公社到底有什么问题？为什么农民的积极性都没有啦？当然，人民公社是上了宪法的，我也不能乱说，但我心里已经认定，看来从安徽的实际情况出发，最重要的是怎么调动农民的积极性；否则连肚子也吃不饱，一切无从谈起。"[1]

这种情况自然不只存在于安徽一地。据1980年《人民日报》的公开报道，1978年吉林梨树县人均收入60元以下的生产队有300个，其中一部分生产队人均收入不足30元。[2]1977年末，辽宁凤城全县有20%生产队每人平均收入不到50元。[3]即便到了改革开放后的1980年，"全国农村中还有相当一部分地区，人均收入不到四十元，人民生活相当困苦"[4]。在1978年11月召开的中央工作会议上，来自西北地区的领导干部发言说，"西北黄土高原，人口2400万，粮食亩产平均只有170斤，有的地方只收三五十斤，口粮在300斤

---

[1] 《万里谈农村改革是怎么搞起来的》，《百年潮》1998年第3期。
[2] 《梨树县300个穷队初步改变面貌》，《人民日报》1980年9月23日。
[3] 《凤城县根据山区特点安排生产》，《人民日报》1979年4月20日。
[4] 《依靠集体致富大有希望》，《人民日报》1980年7月31日。

第四章 "中国式的现代化"与小康社会建设

以下的有 45 个县，人均年收入在 50 元以下的有 69 个县"，"宁夏西海固地区解放以来人口增长 2 倍，粮食增长不到 1 倍，连简单再生产也有问题"。[1]

城镇居民的生活情况与农民相比要好一些，所以当时农民都希望自己能农转非，即由农业人口转为非农业人口，俗称"吃国家粮"。农民之所以希望"吃国家粮"，是因为 1953 年建立粮食统购统销制度之后，对城镇居民的口粮及主要的副食品实行定量供应，而且有了城镇户口就意味着可以去当工人、当干部，也就是脱离十分辛苦而收益低下的农业生产而有了相对收入较高且稳定的工作，即端上了"铁饭碗"。实际上，当时城镇居民的生活水平也不高。由于物质短缺，城镇居民的主要生活用品基本上是凭证供应且供应量小，例如，四川城镇居民每人每月粮食供应量仅为 19—21 斤[2]，为全国最低，但其他地方也高不了多少。北京作为首都居民物资供应相对较好，1978 年，城镇居民人均消费植物油 3.6 公斤，猪肉 15.97 公斤，牛羊肉 2 公斤，禽类 1.01 公斤，蛋类 4.25 公斤，鱼虾 4.7 公斤。[3] 这在全国来说，已经是相当不错的了。当年，城镇居民不但收入低，而且住房极为紧张。1978 年，全国城镇居民人均住房建筑面积仅为 6.7 平方米，人均居住面积 4.4 平方米。据对 182 个城市的调查，有缺房户 689 万户，占 35.8%。131 万户长期住在仓库、走廊、车间、教室、办公室、地下室，甚至还有住厕所的。居住面积不足两平方米的，有 86 万户。

---

[1] 参见张湛彬：《大转折的日日夜夜》上卷，中国经济出版社 1998 年版，第 388—389 页。
[2] 中国经济体制改革研究会编：《与改革同行——体改战线亲历者回忆》，社会科学文献出版社 2013 年版，第 17 页。
[3] 北京市城市社会经济调查队：《北京市城市人民生活和物价史料》，北京市统计局 1989 年编印，第 34—35 页。

三代同堂、父母同成人子女同室、两户以上职工同屋的，有189万户。住在破烂危险、条件恶劣的简陋房子里的，还有上百万户。"要求解决住房问题的呼声极为强烈，不断发生群众结队上访，联名请愿，聚众抢房，甚至下跪求房的现象。"[1]

对于人民生活处于这样低水平的情况，邓小平、陈云等老一辈革命家可谓忧心忡忡。1978年9月16日，邓小平在长春听取中共吉林省委的汇报时说，如果在一个很长的历史时期内，社会主义国家"生产力发展的速度比资本主义慢，那就没有优越性，这是最大的政治，这是社会主义和资本主义谁战胜谁的问题。生产力总是需要发展的。外国人议论中国人究竟能够忍耐多久，我们要注意这个话。我们要想一想，我们给人民究竟做了多少事情呢？我们一定要根据现在的有利条件加速发展生产力，使人民的物质生活好一些，使人民的文化生活、精神面貌好一些"[2]。第二天，他在听取沈阳军区和中共辽宁省委负责人汇报时又说："马克思主义认为，归根到底要发展生产力。我们太穷了，太落后了，老实说对不起人民。我们现在必须发展生产力，改善人民生活条件。"[3] 在1978年11月的中央工作会议上，陈云也说："建国快三十年了，现在还有讨饭的。老是不解决这个问题，农民就会造反，支部书记会带队进城要饭。"[4] 那么，怎样才能对得起人民，如何不让农民造反？只能是改弦更张，思谋改革。

---

[1] 《关于城市住宅建设的意见》，《经济研究参考资料》1979年第76期。
[2] 中共中央文献研究室编：《邓小平年谱（1975—1997）》（上），中央文献出版社2004年版，第380页。
[3] 中共中央文献研究室编：《邓小平年谱（1975—1997）》（上），中央文献出版社2004年版，第381页。
[4] 中共中央文献研究室编：《陈云年谱》下卷，中央文献出版社2000年版，第229页。

第四章 "中国式的现代化"与小康社会建设

改革开放作为一项伟大决策，是党的十一届三中全会作出的，改革开放历史的书写也是以这次全会的召开为起点的。但是，改革开放绝不是突如其来的，是历史发展的必然结果。当时间的指针指向1978年的时候，"改革"与"开放"逐渐成为热词。

1978年3月24日，华国锋在全国科学大会上的讲话中就提出："对于我们来说，社会主义和四个现代化是不可分割的。只有坚持社会主义革命，在上层建筑和生产关系领域继续改革同生产力发展不相适应的那些部分，才能不断促进四个现代化的发展。"① 在这年7月7日的全国财贸学大庆大寨会议的讲话中，华国锋又说："我们的社会主义的政治制度和经济制度，从根本上说，比资本主义制度优越得多，这是毫无疑问的。但是，我们的上层建筑和生产关系的许多方面还不完善，我们的政治制度和经济制度的许多环节还有缺陷，这些同实现四个现代化的要求是不相适应的，是束缚生产力，阻碍生产力的发展的。管理水平低，归根到底就是一个这样性质的问题。我们坚持无产阶级专政下的继续革命，就要有勇气正视和揭露我们的具体政策、规章制度、工作方法、思想观念中那些同实现四个现代化的要求不相适应的东西，有魄力去坚决而又妥善地改革上层建筑和生产关系中同生产力发展不相适应的部分。"② 这年9月，华国锋在国庆29周年招待会的祝酒词中，更是明确提出："我们要思想再解放一点，胆子再大一点，办法再多一点，步子再快一点，充分发挥社会主义制度的优越性，坚持自力更生的方针，学习和利用国外先进经验，大大加

---

① 华国锋：《提高整个中华民族的科学文化水平》，《人民日报》1978年3月26日。
② 华国锋：《在全国财贸学大庆学大寨会议上的讲话》，《人民日报》1978年7月12日。

快我国社会主义建设的速度。"① 自然，华国锋所说的改革与十一届三中全会后实施的改革，并不完全相同，但至少说明，尽管华国锋曾一度接受过"两个凡是"的主张，但也意识到中国非改革不可。

对于1978年的中国高层来说，改革成为共同的话语。1978年7月6日至9月9日，李先念主持召开国务院务虚会。在会议最后的总结讲话中他指出，"实现四个现代化，是一场伟大革命。这场革命既要大幅度地改变目前落后的生产力，也就必然要多方面地改变生产关系，改变上层建筑，改变工农企业的管理方式和国家对工农业企业的管理方式，改变人们的活动方式和思想方式"。这场革命"不下于我们党领导过的任何革命。某些方面还要超过"。因此，"要勇敢地改革一切不适应生产力发展的生产关系、不适应经济基础的上层建筑"。② "过去二十多年中，我们已经不止一次改革经济体制，并取得了许多成效。但是在企业管理体制方面，往往从行政权力的转移着眼多，往往在放了收、收了放的老套中循环，因而难以符合经济发展的要求。"为了"适应四个现代化的需要，我们将改革计划体制、财政体制、物资体制、企业管理体制和内外贸易体制，建立起现代化的经济组织、科研组织、教育组织及有关管理制度。我们现在要进行的这次改革，一定要同时兼顾中央部门、地方和企业的积极性，一定要考虑大企业和大专业公司的经济利益和发展前途，努力用现代化的管理方法来管理现代化的经济，使我们的管理水平尽可能适应工农业高速度发展的需要""实现四个现代化，必须坚持独立自主、自力更生

---

① 《华主席在国庆二十九周年招待会上的祝酒词》，《人民日报》1978年10月1日。
② 《李先念传》编写组、鄂豫边区革命史编辑部：《李先念年谱》第五卷，中央文献出版社2011年版，第654、655页。

第四章 "中国式的现代化"与小康社会建设

的原则,但自力更生绝不是闭关自守。为了大大加快我们掌握世界先进技术的速度,必须积极从国外引进先进技术和设备。这比关起门来样样靠自己从头摸索,要快不知多少倍。"[1]李先念的这番话,把中国为什么必须改革开放说得十分清楚了。这年9月底,中共中央转发了李先念的这个总结讲话。

同年9月,国务院召开全国计划会议。这次会议明确提出,经济战线必须实行三个转变:从上到下,都要把注意力转到生产斗争和技术革命上来;从那种不计经济效果、不讲工作效率的官僚主义的管理制度和管理方法,转到按照经济规律办事,把民主和集中很好地结合起来的科学管理的轨道上来;从那种不同资本主义国家进行经济技术交流的闭关自守或半闭关自守状态,转到积极地引进国外先进技术,利用国外资金,大胆地进入国际市场。[2]实现这三个方面转变,实际上就是要进行经济体制的改革。

这时,媒体关于改革开放的声音也大起来了。1978年9月16日,《人民日报》刊发《切不可夜郎自大》一文,其中鲜明地指出:"夜郎自大式的盲目骄傲自满,执拗的一点论,同小生产的习惯势力的影响也是分不开的。有些同志至今还在用小生产的眼光、习惯和方法看待和组织社会主义的大生产。在这些同志头脑中,没有或者极少有现代化的观念,他们对已经沿用了几十年、成百年甚至上千年的'老一套'生产方法习以为常,对小生产的经营思想和经营方式习以

---

[1] 《李先念文选(1935—1988年)》,人民出版社1989年版,第331、332页。
[2] 参见《当代中国的经济管理》编辑部编:《中华人民共和国经济管理大事记》,中国经济出版社1986年版,第319、320页。

为常，不思改革。"①

10月6日，《人民日报》发表胡乔木在国务院务虚会发言的基础上整理出来的长文《按照经济规律办事，加快实现四个现代化》，对"为什么资本主义国家的经济管理方法有值得我们学习的地方"作了明确解答，强调"坚持自力更生不但不排斥学习外国先进事物"，"只有把社会主义制度的优越性同发达的资本主义国家的先进科学技术和先进管理经验结合起来，把外国经验中一切有用的东西和我们自己的具体情况、成功经验结合起来，我们才能够迅速提高按照客观经济规律办事的能力，才能够加快实现四个现代化的步伐"。文章同时提出："必须按经济规律办事，大大提高我们的经济管理水平。""为了扩大经济组织和经济手段的作用，需要进行一系列的经济改组和经济改革，解决一系列具体问题。"②

同年11月9日，《人民日报》发表《思想再解放一点》的特约评论，强调"正确地认识过去所学的'苏联经验'，也是解放思想的一个重要问题。建国之初，我们曾提出向苏联学习的口号，在社会主义建设的不少方面借鉴了苏联的做法。在我们还缺乏经验的情况下，这样做是必要的，曾起过积极的作用。但是，当时苏联关于经济建设、企业管理的那套东西，也不是没有弊病的。我们在学的过程中，也出现过盲目照搬的教条主义倾向。我们现在的管理体制，特别是工业的管理制度，不少就是五十年代从苏联搬过来的，实践证明其中很多做法是妨碍生产力发展的。而我们有不少同志却习以为常，看不到其中

---

① 雷克：《切不可夜郎自大》，《人民日报》1978年9月16日。
② 《胡乔木文集》第二卷，人民出版社2012年版，第421、427、428、443页。

第四章 "中国式的现代化"与小康社会建设

的问题,不懂得必须对苏联经验进行具体分析,根据我们的情况大胆实行改革"。

这一时期,对于必须实行对内改革对外开放说得最多最透彻的自然是邓小平。1978年2月1日,他在听取中共四川省委的汇报中就指出:"有些问题是共同的。农村和城市都有个政策问题。我在广东听说,有些地方养三只鸭子就是社会主义,养五只鸭子就是资本主义,怪得很!农民一点回旋余地没有,怎么能行?农村政策、城市政策,中央要清理,各地也要清理一下,零碎地解决不行,要统一考虑。"[1] 不是零碎地解决问题,而是"要统一考虑",实际上就要在体制机制上作大的调整。

同年10月11日,在中国工会第九次全国代表大会上的致词中,邓小平强调:"现在党中央、国务院要求加快实现四个现代化的步伐,并且为此而提出了一系列政策和组织措施。中央指出:这是一场根本改变我国经济和技术落后面貌,进一步巩固无产阶级专政的伟大革命。这场革命既要大幅度地改变目前落后的生产力,就必然要多方面地改变生产关系,改变上层建筑,改变工农业企业的管理方式和国家对工农业企业的管理方式,使之适应于现代化大经济的需要。为了提高经济发展速度,就必须大大加强企业的专业化,大大提高全体职工的技术水平并且认真实行培训和考核,大大加强企业的经济核算,大大提高劳动生产率和资金利润率。因此,各个经济战线不仅需要进行技术上的重大改革,而且需要进行制度上、组织上的重大改革。进行

---

[1] 中共中央文献研究室编:《邓小平年谱(1975—1997)》(上),中央文献出版社2004年版,第261页。

这些改革，是全国人民的长远利益所在，否则，我们不能摆脱目前生产技术和生产管理的落后状态。"①

邓小平在这年12月的中共中央工作会议闭幕会上的讲话更是对于改革的必要性和重大意义作了系统论述。他指出："不打破思想僵化，不大大解放干部和群众的思想，四个现代化就没有希望。"他着重讲到经济体制改革（即发挥经济民主）的问题，指出："现在我国的经济管理体制权力过于集中，应该有计划地大胆下放，否则不利于充分发挥国家、地方、企业和劳动者个人四个方面的积极性，也不利于实行现代化的经济管理和提高劳动生产率。应该让地方和企业、生产队有更多的经营管理的自主权。"而"当前最迫切的是扩大厂矿企业和生产队的自主权，使每一个工厂和生产队能够千方百计地发挥主动创造精神"。"现在，我们的经济管理工作，机构臃肿，层次重叠，手续繁杂，效率极低。政治的空谈往往淹没一切。这并不是哪一些同志的责任，责任在于我们过去没有及时提出改革。"在讲话中，邓小平还提出了一个极为重要的观点，即"要允许一部分地区、一部分企业、一部分工人农民，由于辛勤努力成绩大而收入先多一些，生活先好起来"。他认为，"一部分人生活先好起来，就必然产生极大的示范力量，影响左邻右舍，带动其他地区、其他单位的人们向他们学习。这样，就会使整个国民经济不断地波浪式地向前发展，使全国各族人民都能比较快地富裕起来"。②

随后召开的十一届三中全会作出了改革开放的重大决策，明确

---

① 《邓小平文选》第二卷，人民出版社1994年版，第135—136页。
② 《邓小平文选》第二卷，人民出版社1994年版，第143、145、146、150、152页。

第四章　"中国式的现代化"与小康社会建设

提出"正确改革同生产力迅速发展不相适应的生产关系和上层建筑"。全会通过的公报强调："现在，我们实现了安定团结的政治局面，恢复和坚持了长时期行之有效的各项经济政策，又根据新的历史条件和实践经验，采取一系列新的重大的经济措施，对经济管理体制和经营管理方法着手认真的改革，在自力更生的基础上积极发展同世界各国平等互利的经济合作，努力采用世界先进技术和先进设备，并大力加强实现现代化所必需的科学和教育工作。因此，我国经济建设必将重新高速度地、稳定地向前发展，这是毫无疑义的。"[1] 以这次全会的召开为标志，中国改革开放的大幕由此拉开。正是通过改革开放的伟大实践，中国共产党人对中国应当走什么样的现代化道路的认识日益清晰，最终找到了具有鲜明中国特色的现代化道路。可以说，没有改革开放就没有中国式现代化的成功，就难以实现中华民族的伟大复兴。

二、"中国式的现代化"命题的提出

1976年10月粉碎"四人帮"之后，经历"文化大革命"长达十年的内乱的人们，对那种劳而无益的政治斗争、政治运动已经很厌倦，人心思定，盼望国家能够早一点富强，人民的生活能够早一点改善，于是，实现四个现代化就成了当时社会最大的公约数，早日实现四个现代化就成为人们共同的呼声。

由于过去一连串的政治运动，我国的现代化建设耽误太久，因

---

[1] 《中国共产党第十一届中央委员会第三次全体会议公报》，《人民日报》1978年12月24日。

此，粉碎"四人帮"后上上下下都产生了要把浪费的时间夺回来的愿望，同时在实现四个现代化上也曾一度出现急于求成的倾向。1977年11月，全国计划会议提出，到20世纪末，我国主要工业产品产量分别接近、赶上和超过最发达的资本主义国家；工业生产的主要部分实现自动化，交通运输大量高速化，主要产品生产工艺现代化，各项经济技术指标分别接近、赶上和超过世界先进水平。1978年2月26日至3月5日，第五届全国人民代表大会第一次会议在北京召开，华国锋作了题为《团结起来，为建设社会主义的现代化强国而奋斗》的政府工作报告。这次会议不但重申"在本世纪内全面实现四个现代化，使我国国民经济走在世界前列"，而且明确提出到20世纪末，我国农业主要产品的单位面积产量要达到或者超过世界先进水平，工业主要产品产量要分别接近、赶上和超过最发达的资本主义国家。农业生产要最大限度地实现机械化、电气化、水利化，工业生产的主要部分自动化，交通运输大量高速化，大幅度提高劳动生产率。要广泛应用现代科学技术成果，大量采用新型材料和新能源，实现主要产品和生产工艺的现代化，各项经济技术指标分别接近、赶上和超过世界先进水平。

五届全国人大一次会议还提出：未来10年要建立稳固的农业基础，农业主要作业机械化水平达到85%以上，按农业人口达到一人一亩旱涝保收、高产稳产农田，农林牧副渔都达到较高水平。建立产品丰富多彩、物美价廉的轻工业，按人口平均的轻工业产品产量有较大增长。建立发达的重工业，冶金、燃料、动力、机械等原有工业在新的技术基础上进一步发展，钢铁、原煤、原油、发电量等产品产量进入世界前列，石油化工、电子等新兴工业发展成为比较发达的工业。建立适应工农业发展需要的交通运输网和邮电通讯网，基本实现机车的电气化、内燃化，公路和内河运输、远洋和航空运输都有较大发展。到 1985 年，粮食产量达到 8000 亿斤，钢产量 6000 万吨。今后 8 年，我国农业总产值每年要增长 4%—5%，工业总产值每年要增长 10% 以上；我国主要工业产品新增加的产量都将大大超过过去 28 年增加的产量；国家财政收入和基本建设投资，都相当于过去 28 年的总和。这次人大会后还提出，今后 8 年，国家计划新建和续建 120 个大型项目，其中有 10 大钢铁基地，9 大有色金属基地，8 大煤炭基地，10 大油气田，30 个大电站，6 条铁路新干线和 5 个重点港口。这 120 个项目建成后，加上原有的工业基础，全国可以形成 14 个实力比较雄厚、布局比较合理的工业基地。[①]

无须说，五届全国人大一次会议提出的这些目标让人们十分振奋，但在当时国力条件下，在如此短的时间里要实现这些目标显然是难以做到的，因而给我国的经济建设带来新的问题和困难。

一是加剧了国民经济比例失调的状况。1978 年，在全年基础建设投资中，生产性投资和非生产性投资所占的比例分别为 79.1% 和 20.9%，农业、轻工业、重工业所占的比例分别为 10.6%、5.8%、48.7%，由此导致在当年的工农业总产值中，农业仅占了 27.8%，轻工业占了 31.1%，重工业占了 41.1%[②]。农业方面所提供的粮食及其他农副产品满足不了工业迅速发展的需要，1978 年我国粮食净进口

---

① 华国锋：《团结起来，为建设社会主义的现代化强国而奋斗》，《人民日报》1978 年 3 月 7 日。
② 国家统计局编：《中国统计年鉴 1986》，中国统计出版社 1986 年版，第 32 页。

139.1亿斤，棉花净进口950.6万担，动植物油净进口5.81亿斤。轻工业方面所提供产品的数量和质量也无法满足市场以及人民日常生活的需要，出现消费品供应紧张的局面，市场商品可供量与购买力的差额，1978年竟高达100多亿元。即便是在工业内部，各种比例也明显失调，例如，由于高耗能的重工业迅速发展，我国的能源供应十分紧张，1977年和1978年两年，当时全国大约有四分之一的企业由于缺能而导致开工不足，无法发挥正常的工业生产能力。根据电力部门1978年对冶金、化工、轻纺、机械等几个主要用电行业以及东北、华东、中南等几个主要缺电地区的调查，全国缺装机约1000万千瓦，缺电量400亿度，因此一年约损失750亿元的工业产值[1]。

二是国民收入中消费和积累比例失调。1978年，国民收入使用额为2975亿元，其中消费额为1888亿元，积累额为1087亿元，消费率为63.5%，积累率高达36.5%，仅次于1959年43.8%和1960年39.6%的积累率[2]。在资金使用构成上，资金主要是用于工厂及其配套设备的建设方面，而用于与人民生活相关方面却很少，人民的生活水平仍旧无法得到提升。

三是提出的指标和计划，超出了国家财力、物力的可能。与1958年的"大跃进"相比较，1978年的"跃进"有一个新的特征，就是多了一个"洋"字，即过急过多地引进国外先进技术设备和资金，来加快我国的经济建设，力图用比原有设想更快的速度实现四个现代化。例如，仅1978年，我国就和国外签订了22个大型的引进项目，共需

---

[1] 国家经济贸易委员会编：《中国工业五十年——新中国工业通鉴》第六部，中国经济出版社2000年版，第11—12页。
[2] 国家统计局编：《中国统计年鉴1986》，中国统计出版社1986年版，第61页。

第四章 "中国式的现代化"与小康社会建设

外汇 130 亿美元，折合人民币 390 亿元，加上国内配套工程投资约 200 多亿元，总共需要 600 多亿元。在这些成套引进项目中，其中约占成交额一半的项目是在 1978 年 12 月 20 日至年底的 10 天中快速签订的。其中，不少项目属于计划外工程，既没有经过认真的调查研究，或是进行必要的技术经济论证，也没有经过计划部门综合平衡，甚至连最简单的计划任务书也没有，因此带有很大的随意性和盲目性。

"文化大革命"期间虽然对内开展接二连三的以阶级斗争为纲的政治运动，但在对外关系上果断地进行了国际战略的调整，改变了一段时间四面受敌的局面，这为党的十一届三中全会之后全方位的改革开放创造了一个有利的国际环境。

新中国成立之初，由于当时的冷战格局和以美国为首的西方国家对新中国加以敌视和封锁，因此，试图执行一条完全中立的外交路线，同时与苏美平行的发展关系显然是不可能的，我国只得采取"一边倒"的外交政策，即倒向以苏联为首的社会主义阵营，重点发展与苏联和东欧社会主义国家的外交关系和经济关系。如果不实行"一边倒"，那就只能完全自我封闭，回到闭关锁国状态。正是由于采取"一边倒"的政策，新中国获得了苏联的物资帮助和科学技术支持，也开始了"一五"计划时期一系列大型项目的开工建设。

苏共二十大赫鲁晓夫否定斯大林之后，中苏两党在如何评价斯大林的问题上出现了意见分歧，但随后由于波匈事件的发生，苏共有求于中共，两国关系一时走得较近。1958 年由于赫鲁晓夫在两国关系上搞大国沙文主义，要求在中国建长波电台和中苏建立共同舰队，这将严重影响中国的主权而遭到中国领导人的拒绝，尽管这两件事后来不了了之，但给中苏关系的发展留下了阴影。这时，苏联的对外战略发生调整，赫鲁晓夫竭力与美国拉关系，并且认为资本主义国家有和平过渡到社会主义的可能。因此，在如何看待战争与革命等重大问题上，中苏两党出现了严重的分歧，而这些分歧出现后，赫鲁晓夫竟然采取撤走苏联在华专家、撕毁两国已签订的科学技术合同等做法，企图以此胁迫中国就范。这一系列的事件进一步恶化了两国关系，随后，中苏两党在意识形态领域发生大论战，两党两国关系最终破裂，两国转向全面敌对，中国北部安全遭到严重威胁。

长期以来，由于意识形态等原因，中美之间处于对立状态，美国还支持中国台湾地区的蒋介石集团一直叫嚣"反攻大陆"。20世纪60年代初期，中苏交恶，中美对抗，与西面的印度关系又处于僵持状态，这就使得中国在一定程度上处于腹背受敌的境地。这种局面如果不加以改变，对于中国的和平与发展是不利的。面对这种局面，中国的对外政策有所调整，发展了同法国等资本主义国家的关系。到了20世纪60年代中后期，也就是"文化大革命"进入高潮的时候，苏联领导人的霸权主义严重影响到美国的国家利益，而美国又陷入了越南战争的泥潭，出于国家战略的考虑，美国认为有必要打中国牌，希望改善与中国的关系。毛泽东、周恩来等中国领导人敏锐地看到国际政治格局的变化，果断作出了与美国改善关系的重大战略决策，后来美国总统尼克松访华，中美关系得以缓和，并为十一届三中全会后两国正式建立外交关系奠定了基础。中美关系的改善带动中国与其他发达资本主义国家关系的发展，1972年中日实现邦交正常化。到"文化大革命"结束的时候，中国与除美国之外的主要发达国家都建立了

第四章 "中国式的现代化"与小康社会建设

外交关系。

粉碎"四人帮"后，人们纷纷感觉到中国发展被耽误的时间太久，有一种只争朝夕的心情，希望能够加快发展，而要发展自己就离不开对外部世界的了解和资金、设备的引进。因此，1977年和1978年，随着国内局势的稳定，一时形成一股出国潮。例如，1977年9月，冶金部副部长叶志强带一批专家到日本考察，催生了引进成套设备建设宝钢的重大项目。1977年12月底，国家经委主任袁宝华、对外贸易部部长李强率领代表团赴英、法进行企业管理的考察。此外，国家轻工部、地质部、农业部、兵器工业部、石油部等也都组团出国（出境）考察。1978年之后，出国考察的人更多，层级也更高。1978年上半年由中共中央直接派出的考察团，就有以李一氓为团长的赴南斯拉夫和罗马尼亚的中共党的工作者访问团、以上海市委书记林乎加为团长的赴日经济代表团、以国家计委副主任段云为团长的港澳经济贸易代表团、以国务院副总理谷牧为团长的赴西欧五国（法国、瑞士、比利时、丹麦、西德）代表团。仅1978年，就有12位副总理、副委员长以上领导人先后20次访问了51个国家。作为中共中央主要领导人，华国锋也于这一年访问了朝鲜、伊朗、南斯拉夫和罗马尼亚。

这些访问团考察团最初还是为引进西方国家的设备，后来逐渐认识到光引进设备不够，还必须学习发达国家的管理经验。更重要的是，通过对这些国家的访问考察，广大高中级干部意识到中国与发达资本主义国家甚至与东欧社会主义国家间经济上的差距，而如何缩小这种差距就成了他们不得不思考的重要问题。

这些代表团出国考察最为深刻的印象，一是发达资本主义国家现代化程度很高，经济发展很快。赴日经济代表团在写给中共中央的报告中说：日本高速增长主要在20世纪60年代，10年间国民生产总值增长了3.6倍，平均每年增长15.5%。日本成为一个经济大国，其"窍门"有三条：一是大胆引进新技术，把世界上的先进东西拿到自己手上；二是充分利用国外资金；三是大力发展教育和科学研究。该报告还指出：日本采取"拿来主义"实现后来居上，因此中国在技术上也应采取"拿来主义"[1]。访欧代表团报告说：西德一个年产5000万吨褐煤的露天煤矿只用2000工人，而中国生产相同数量的煤需要16万工人；法国马赛索尔梅尔钢厂年产350万吨钢只需7000工人，而中国武钢年产钢230万吨，却需要67000工人；法国农业人口仅占全国人口的10.6%，生产的粮食除了供国内消费外，还有40%的谷物供出口，丹麦农业劳动生产率更高，农业人口仅占总人口的6.7%，但生产的粮食、牛奶、猪肉、牛肉可供三个丹麦全国人口的需要。访欧代表团在报告中认为，中国与发达国家相比大体上落后二十年，从人口平均的生产水平讲，差距就更大。[2]

二是这些国家贫富悬殊并非过去想象的那么严重，普通劳动者的生活也有较大的改善。赴西欧五国代表团发现，西欧工人的工资都比较高，城市人均住房达20至30平方米，农民的生活水平同工人相差无几，公害也得到很好的治理，社会保持稳定。[3]1978年11月，时任

---

[1] 房维中：《在风浪中前进：中国发展与改革编年纪事（1977—1989）》1977—1978年卷（未刊稿），第107页。
[2] 房维中：《在风浪中前进：中国发展与改革编年纪事（1977—1989）》1977—1978年卷（未刊稿），第121—122页。
[3] 参见杨波：《开放前夕的一次重要出访》，《百年潮》2002年第2期。

第四章 "中国式的现代化"与小康社会建设

中国社会科学院副院长的邓力群以顾问的身份随国家经委代表团访问日本，回来之后他在社科院党组学习会上汇报访日情况时说，1955年至1976年间，日本工人实际收入增长2.1倍，扣除物价因素，年均实际收入增长6%。除工资外，企业每年分红两次，每次分红增发1至3个月的工资，还有其他福利补助。普通工人家庭一般有四五十平方米的住宅，全国平均每两户多有1辆汽车，95%以上的人家有电视机、电冰箱、洗衣机、电唱机、吸尘器、电器炊具等耐用消费品，包括农民在内都穿毛料子，服装式样多。商店经营商品50多万种，而北京著名的王府井百货大楼仅有2.2万种，"相比之下，实在觉得我们很寒伧"[①]。

  这些出访者看到的情况表明，这些年资本主义国家的经济与科技发展迅速，中国与发达国家的差距不是缩小而是扩大，他们由此产生了必须加快中国发展的紧迫感。那么，如何加快，就要利用国外的资金、设备、技术和管理经验，必须打开国门，实行对外开放。同时，还要改革自身制约发展的体制机制。有亲历者回忆说："打倒'四人帮'以后，从中央到地方的各级领导干部，都在深刻反思历史的教训，这是一个总的背景。当时，外国究竟是怎么样？我们并不十分清楚。大家都有一种困惑，为什么我们的经济搞得这么差？我们的体制究竟出了什么问题？我们知道一点儿信息，日本、德国被战争打垮了，但他们为什么能在经济上崛起呢？走出去看过以后，使我们大开眼界！可以说，这一次出国考察，对我们这一代人来说，真是印象深

---

① 《日本经济情况——邓力群1979年1月19日在社科院党组学习日上的汇报》，《经济研究参考资料》1979年第45期。

刻啊！使我们看到了中国与世界的差距。"①1978年9月12日，邓小平在访问朝鲜同金日成会谈时说："我们一定要以国际上先进的技术作为我们搞现代化的出发点。最近我们的同志出去看了一下，越看越感到我们落后。什么叫现代化？五十年代一个样，六十年代不一样了，七十年代就更不一样了。"②

更为重要的是，邓小平也在1978年的下半年频繁出访。邓小平早年曾有在法国勤工俭学的经历，在法国的工厂当过工人，对资本主义国家的工业发展有直接的感性认识。1974年4月，为出席联合国大会特别会议，他去了美国，并在途中两次在巴黎作短暂停留，是党的第一代中央领导集体成员中唯一去过美国的领导人。今天我们很难了解1974年邓小平的美国和法国之行给他留下什么样的感悟，在当时的政治环境下他也不便把自己对这两个国家的观感表达出来，但恐怕美、法这些年在经济和科技领域的发展不可能不给他留下深刻印象。1978年，邓小平除了年初访问了缅甸和尼泊尔之外，这年9月他访问了朝鲜，10月下旬访问了日本，11月访问了泰国、马来西亚和新加坡。1979年初，又出访美国。在访问日本期间，邓小平参观了日产汽车公司、君津钢铁厂、松下电器产业公司等现代化企业，还乘坐了新干线"光—81号"超特快列车，在火车上当日本记者问及乘坐新干线的观感时，邓小平说："就感觉到快，有催人跑的意思，

---

① 中国经济体制改革研究会编：《与改革同行——体改战线亲历者回忆》，社会科学文献出版社2013年版，第2页。
② 中共中央文献研究室编：《邓小平年谱（1975—1997）》（上），中央文献出版社2004年版，第372—373页。

第四章 "中国式的现代化"与小康社会建设

我们现在正合适坐这样的车。"① 这使邓小平对什么是现代化有了更切身的感受。

1977年邓小平复出之后，讲得最多的一个话题，就是中国与发达国家的差距问题。1977年5月24日，他在同王震、邓力群谈话时说："要承认落后，承认落后就有希望了。现在看来，同发达国家相比，我们的科学技术和教育整整落后了二十年。"② 1978年3月10日，他在国务院会议上说："什么叫社会主义，社会主义总是要表现它的优越性嘛。它比资本主义好在哪里？每个人平均六百几十斤粮食，好多人饭都不够吃，二十八年只搞了二千三百万吨钢，能叫社会主义优越性吗？干社会主义，要有具体体现，生产要真正发展起来，相应的全国人民的生活水平能够逐步提高，这才能表现社会主义制度的优越性。"③ 同年3月13日，他在会见以阿卜迪卡西姆·萨拉德·哈桑为团长的索马里新闻代表团时又说："国际上都说我们是一个大国，苏联甚至说我们是超级大国。我们的大，只表现在两个方面，一是地方大，一是人口多。按生产和科学水平来说，我们同你们一样，只能算是一个小国。"④ 同年3月18日，在全国科学大会开幕式上的讲话中，邓小平更是明确指出："我们现在的生产技术水平是什么状况？几亿人口搞饭吃，粮食问题还没有真正过关。我们钢铁工业的劳动生产率只有国外先进水平的几十分之一。新兴工业的差距就更大了。在这方

---
① 中共中央文献研究室编：《邓小平年谱（1975—1997）》（上），中央文献出版社2004年版，第413页。
② 《邓小平文选》第二卷，人民出版社1994年版，第40页。
③ 中共中央文献研究室编：《邓小平年谱（1975—1997）》（上），中央文献出版社2004年版，第277页。
④ 中共中央文献研究室编：《邓小平年谱（1975—1997）》（上），中央文献出版社2004年版，第278—279页。

面不用说落后一二十年，即使落后八年十年，甚至三年五年，都是很大的差距。"[1]

这段时间，邓小平这方面的论述很多。1978年10月10日，他在会见德意志联邦共和国新闻代表团时，特别强调，"中国在历史上对世界有过贡献，但是长期停滞，发展很慢。现在是我们向世界先进国家学习的时候了"。"由于受林彪、'四人帮'的干扰，我们国家的发展耽误了十年。六十年代前期我们同国际上科学技术水平有差距，但不很大，而这十几年来，世界有了突飞猛进的发展，差距就拉得很大了。同发达国家相比较，经济上的差距不止是十年了，可能是二十年、三十年，有的方面甚至可能是五十年。"[2] 要知道，过去在内部宣传中总说资本主义一天天烂下去，处于腐朽没落的状态，邓小平不论是在接见外宾还是在全国科学大会这种公开场合中，如此坦率地承认自己的落后，是需要相当的勇气的，从他身上体现出什么叫实事求是。

如何缩短这种差距？办法只能是改革开放。1978年9月，邓小平在视察东北和天津等地时，反复地谈到中国必须改革。他说："从总的状况来说，我们国家的体制，包括机构体制等，基本上是从苏联来的，人浮于事，机构重叠，官僚主义发展。文化大革命以前就这样。办一件事，人多了，转圈子。有好多体制问题要重新考虑。总的说来，我们的体制不适应现代化，上层建筑不适应新的要求。"[3] 知耻而后勇。承认落后不是甘于落后，认识到差距是为了缩短差距。这

---

[1] 《邓小平文选》第二卷，人民出版社1994年版，第90页。
[2] 《邓小平文选》第二卷，人民出版社1994年版，第132页。
[3] 中共中央文献研究室编：《邓小平年谱（1975—1997）》（上），中央文献出版社2004年版，第376页。

第四章 "中国式的现代化"与小康社会建设

年7月10日,邓小平在会见弗兰克·普雷斯率领的美国科技代表团时说,"四人帮"把对外开放说成是崇洋媚外,吹嘘自己长得很漂亮,怕丢丑。"我们这么落后,面孔本来就不漂亮,你吹嘘干什么。"[①] 同年10月,在出访日本时又说:"本来长得很丑,为什么要装美人呢?苏联就吃这样的亏,自以为什么都是自己的好,其实农业、技术都很落后,结果是自己骗自己。"[②] 敢于承认落后,不是甘于落后,而是要努力改变落后状态,这就必须对内改革对外开放。

可以说,党的十一届三中全会前后,邓小平通过出国访问与各国经济界、企业界人士有着广泛的接触,多次参观考察各国尤其是美日两国的现代化企业,更加感受到我国在生产力方面与世界现代化的差距,开始意识到中国要在20世纪内实现西方国家那样的现代化是不现实的,中国的现代化必须分步骤分阶段进行,有自己的发展路径。在深入思考的基础上,邓小平提出了"中国式的四个现代化"这个新命题。

1979年3月21日,邓小平在会见英中文化协会执行委员会代表团时指出:"我们定的目标是在本世纪末实现四个现代化。我们的概念与西方不同,我姑且用个新说法,叫做中国式的四个现代化。现在我们的技术水平还是你们五十年代的水平。如果本世纪末能达到你们七十年代的水平,那就很了不起。就是达到这个水平,也还要做许多努力。由于缺乏经验,实现四个现代化可能比想像的还要困难些。我

[①] 中共中央文献研究室编:《邓小平年谱(1975—1997)》(上),中央文献出版社2004年版,第340页。
[②] 中共中央文献研究室编:《邓小平年谱(1975—1997)》(上),中央文献出版社2004年版,第429页。

中国式现代化之路

们的方针是大量吸收引进西方先进技术，甚至资金，这样做发展可能快一些。我们还要善于吸收，善于使用，善于管理。这一切都需要学习，我们有信心可以学会。"①3月23日，他在中共中央政治局会议的讲话中又说："我同外国人谈话，用了一个新名词：中国式的现代化。到本世纪末，我们大概只能达到发达国家七十年代的水平，人均收入不可能很高。"②

与此同时，陈云也在思考我国现代化建设的速度问题。陈云在这次政治局会议的讲话中强调，讲实事求是，先要把"实事"搞清楚。我国九亿多人口，80%是农民，革命胜利30年了，人民生活有改善，但还有要饭的。不估计到这种情况，整个经济搞不好。社办工业、小城镇工业很多，原因就是要就业，要提高生活。其中也有盲目性。"一方面我们还很穷，另一方面要经过二十年，即在本世纪末实现四个现代化。这是一个矛盾。人口多，要提高生活水平不容易；搞现代化用人少，就业难。我们只能在这种矛盾中搞四化。这个现实的情况，是制定建设蓝图的出发点。"③

在这之后，邓小平多次谈到"中国式现代化"的问题。1979年3月30日，邓小平在党的理论工作务虚会上提出，当前以及今后相当长一个历史时期的主要任务就是搞现代化建设。能否实现四个现代化，决定着国家的命运、民族的命运。社会主义现代化建设是当前最大的政治。现在搞建设，也要适合中国情况，走出一条中国式的现代

---

① 中共中央文献研究室编：《邓小平年谱（1975—1997）》（上），中央文献出版社2004年版，第496页。
② 中共中央文献研究室编：《邓小平年谱（1975—1997）》（上），中央文献出版社2004年版，第497页。
③ 《陈云文选》第三卷，人民出版社1995年版，第250页。

化道路。要使中国实现四个现代化，至少有两个重要特点是必须看到的：一个是底子薄，中国仍是世界上很贫穷的国家之一，科学技术水平总体上看要比世界先进国家落后二三十年，而且还经过两起两落，特别是"文化大革命"十年对国民经济造成大破坏，造成的后果很严重。第二条是人口多，耕地少，全国人口中农民占80%，国土面积虽然广大，但耕地很少。因此，"中国式的现代化，必须从中国的特点出发"①。同年4月17日，他在会见美国芝加哥大学历史系教授、全美华人协会副会长何炳棣时又指出："当前我们调整经济计划，主要是想把我国经济发展搞得稳一点、快一点。我们要搞中国式的四个现代化。"②从这之后，"中国式的现代化"开始为人们所使用，并出现在媒体的报道中。

三、小康之家：20世纪末人均一千美元

"中国式的现代化"这个概念提出之后，这种现代化究竟是怎样的现代化，其标准是什么，就成为人们关切的问题。1979年6月1日，陈云同上海市革命委员会副主任严佑民、韩哲一、陈锦华谈话时指出，"到二〇〇〇年，中国肯定能实现现代化，问题在于什么是现代化的标准？如果同西德、法国比生活，家家都有小汽车，按这个标准，我们不行"③。同年6月16日，陈云在国务院财政经济委员会全

---

① 《邓小平文选》第二卷，人民出版社1994年版，第164页。
② 中共中央文献研究室编：《邓小平年谱（1975—1997）》（上），中央文献出版社2004年版，第506页。
③ 中共中央文献研究室编：《陈云年谱》下卷，中央文献出版社2000年版，第246页。

中国式现代化之路

体会议上谈到了是否应该提"人民生活现代化"的问题,认为"当四个现代化实现时,人民生活水平必有提高,而且程度不会小,但还不能同美、英、法、德、日等国相比。因为我国人口众多,其中大部是农民,那样比办不到"[①]。

为使"中国式的现代化"有明确具体的指标,1979年7月,邓小平第一次提出了人均一千美元这个标准。7月28日,邓小平在青岛听取中共山东省委负责人汇报,在谈到如何发挥社会主义制度的优越性时,强调要搞富的社会主义,而不是搞穷的社会主义。邓小平说:"如果我们人均收入达到一千美元,就很不错,可以吃得好,穿得好,用得好,还可以增加外援。"[②]这里的人均收入一千美元,相当于后来所说的人均国民生产总值一千美元。

同年10月3日至10日,中共中央召开各省、市、自治区党委第一书记座谈会,专门讨论国民经济方针的落实问题。邓小平在10月4日的讲话中指出:"所谓政治,就是四个现代化。我们开了大口,本世纪末实现四个现代化。后来改了个口,叫中国式的现代化,就是把标准放低一点。特别是国民生产总值,按人口平均来说不会很高。据澳大利亚的一个统计材料说,一九七七年,美国的国民生产总值按人口平均为八千七百多美元,占世界第五位。第一位是科威特,一万一千多美元。第二位是瑞士,一万美元。第三位是瑞典,九千四百多美元。第四位是挪威,八千八百多美元。我们到本世纪末国民生产总值能不能达到人均上千美元?前一时期我讲了一个意见,

---
① 中共中央文献研究室编:《陈云年谱》下卷,中央文献出版社2000年版,第248页。
② 中共中央文献研究室编:《邓小平年谱(1975—1997)》(上),中央文献出版社2004年版,第540页。

第四章　"中国式的现代化"与小康社会建设

等到人均达到一千美元的时候,我们的日子可能就比较好过了,就能花多一点力量来援助第三世界的穷国。现在我们力量不行。"现在看来,人均国民生产总值一千美元不算高,但当时中国刚刚从"文化大革命"中走出来,经济基础还很薄弱,要达到这个目标也并非易事。所以邓小平又说:"现在我们的国民生产总值人均大概不到三百美元,要提高两三倍不容易。我们还是要艰苦奋斗。就是降低原来的设想,完成低的目标,也得很好地抓紧工作,要全力以赴,抓得很细,很具体,很有效。四个现代化这个目标,讲空话是达不到的。这是各级党委的中心工作。"[1]"要用经济办法解决政治问题、社会问题。要广开门路,多想办法,千方百计,解决问题。我们定下了一个雄心壮志,定下了一个奋斗目标,就要去实现,不能讲空话。"[2]

到这时,邓小平所说的"中国式的现代化"目标已经比较具体了,从经济指标上就是到20世纪末人均国民生产总值达到一千美元。应该说从20世纪五六十年代提出实现四个现代化的目标以来,现代化究竟是什么标准并不是很清楚,显得很笼统、很模糊,邓小平经过反复比较与认真思考,提出到20世纪末人均国民生产总值一千美元这个明确目标,也体现了他的务实精神。

虽然邓小平将"中国式的现代化"初步目标确定为一千美元,也就是这个现代化的标准不高,是低水平的现代化,但是,这个表述仍然不够通俗易懂,这究竟是什么样的一种现代化,普通群众不是很了解。老一辈革命家有一种特殊的本事,就是善于将深奥的理论用群众

---

[1] 《邓小平文选》第二卷,人民出版社1994年版,第194—195页。
[2] 《邓小平文选》第二卷,人民出版社1994年版,第196页。

中国式现代化之路

喜闻乐见的语言表达出来。1979年12月6日,邓小平会见日本首相大平正芳。在回答大平首相关于中国将来会是什么样的情况、整个现代化的蓝图是如何构思的问题时,他在略加思索后,首次提出了"小康"的概念,指出:"我们要实现的四个现代化,是中国式的四个现代化。我们的四个现代化的概念,不是像你们那样的现代化的概念,而是'小康之家'。到本世纪末,中国的四个现代化即使达到了某种目标,我们的国民生产总值人均水平也还是很低的。要达到第三世界中比较富裕一点的国家的水平,比如国民生产总值人均一千美元,也还得付出很大的努力。就算达到那样的水平,同西方来比,也还是落后的。所以,我只能说,中国到那时也还是一个小康的状态。当然,比现在毕竟要好得多了。到了那个时候,我们有可能对第三世界的贫穷国家提供更多一点的帮助。那个时候,中国国内市场比较大了,相应的,与国外的经济交往,包括发展贸易,前景就更加宽广了。"①

对于"小康"这个概念,邓小平后来多次说,他是在大平正芳的启发下提出的,但不是随口所说,而是他思考的结果。1980年1月16日,在中共中央召集的干部会议上,邓小平说:"我们对于艰苦创业,要有清醒的认识。中国这样的底子,人口这样多,耕地这样少,劳动生产率、财政收支、外贸进出口都不可能一下子大幅度提高,国民收入的增长速度不可能很快。所以,我在跟外国人谈话的时候就说,我们的四个现代化是中国式的。前不久一位外宾同我会谈,他问,你们那个四个现代化究竟意味着什么?我跟他讲,到本世纪末,

---

① 《邓小平文选》第二卷,人民出版社1994年版,第237—238页。

第四章　"中国式的现代化"与小康社会建设

争取国民生产总值每人平均达到一千美元，算个小康水平。这个回答当然不准确，但也不是随意说的。现在我们只有二百几十美元，如果达到一千美元，就要增加三倍。新加坡、香港都是三千多。我们达到那样的水平不容易，因为地广人多，条件很不一样。但是应该说，如果我们的国民生产总值真正达到每人平均一千美元，那我们的日子比他们要好过得多，比他们两千美元的还要好过。因为我们这里没有剥削阶级，没有剥削制度，国民总收入完全用之于整个社会，相当大一部分直接分配给人民。他们那里贫富悬殊很大，大多数财富是在资本家手上。"[1]

在此前后，小康和如何实现小康，是邓小平与外宾谈得最多的话题之一。1979年12月29日，他在会见时任新加坡财政部部长韩瑞生率领的新加坡政府代表团时说："中国人口太多，每个人增加一元钱的收入，就要十亿元。最近日本首相大平正芳访问中国的时候，他就向我提了个问题：你们的目标究竟有多大？我说所谓四个现代化，只能搞个'小康之家'，比如说国民生产总值人均一千美元。虽然是'小康之家'，肯定日子比较好过，社会存在的问题能比较顺利地解决。即使我们总的经济指标超过所有国家，人均收入仍不会很大。总之，既要有雄心壮志，也要脚踏实地。也许目标放低一点好，可以超过它。"[2] 1980年5月12日，他在会见英国前首相、工党领袖詹姆斯·卡拉汉时又说："我们是讲实际、从实际出发的。我们头脑里开始想的同我们在摸索中遇到的实际情况有差距，比如，我们的雄心壮

---

[1] 《邓小平文选》第二卷，人民出版社1994年版，第259页。
[2] 中共中央文献研究室编：《邓小平年谱（1975—1997）》（上），中央文献出版社2004年版，第586页。

中国式现代化之路

志是实现四个现代化,而且要在本世纪末实现,经过摸索,肯定了一点,我们的四个现代化,不同于包括你们英国在内的发达国家的现代化,中国人口太多,要达到你们那样的现代化,人均年收入五千至七千美元,不现实。所以,我们提出的现代化是中国式的现代化。日本大平首相同我谈话时,我说中国平均每人年收入达到一千美元,变成'小康之家',这就是我们的目标。"①

虽然人均国民生产总值一千美元不算高,但在邓小平看来,要实现这个目标不容易。为此,他多次提到这个问题。1980年5月30日,他在会见爱尔兰前总理约翰·林奇时说:"我们现在人均国民生产总值是二百五十美元,是世界上很穷的国家之一。要在二十年时间内增加三倍,很不容易。但是,我们已在工业、农业、科学技术方面有了初步的基础,另外一个好条件就是中国资源确实丰富,人民勤劳。在此基础上只要采取好的政策,不发生曲折,我们是很有信心的。所谓正确的政策和道路,就包括我们这个大国要充分利用国际的先进技术和经验,吸收国际资金来建设我们的国家,不能关起门来搞。"②同年6月5日,他在会见以克拉克·托马斯为团长的美国和加拿大社论撰写人访华团时又说:"我们讲的四个现代化是中国式的四个现代化。因为我们必须认识中国的现实,立足于中国的现实来进行四个现代化建设,也要根据现在中国的薄弱基础来决定我们实现四个现代化的目标。中国实现四个现代化的任务非常艰巨,是一件不容易

---

① 中共中央文献研究室编:《邓小平年谱(1975—1997)》(上),中央文献出版社2004年版,第631—632页。
② 中共中央文献研究室编:《邓小平年谱(1975—1997)》(上),中央文献出版社2004年版,第640页。

第四章 "中国式的现代化"与小康社会建设

的事情。因为中国是一个人口众多的国家,如果每个人增加一美元的收入,就需要十亿美元。""要正视这个现实,所以四个现代化的目标不能定得太高,定得太高了办不到。"[1]

1980年6月底起,邓小平前往陕西、四川、湖北、河南等地考察,2000年能否实现小康,达到人均一千美元,他想听听地方领导人的意见。7月22日,在乘专列从湖北十堰市前往郑州的途中,邓小平对中共河南省委负责人说:"这次出来到几个省看看,最感兴趣的是两个问题,一个是如何实现农村奔小康,达到人均一千美元,一个是选拔青年干部。对如何实现小康,我作了一些调查,让江苏、广东、山东、湖北、东北三省等省份,一个省一个省算账。我对这件事最感兴趣。八亿人口能够达到小康水平,这就是一件很了不起的事情。"[2]他还要求河南算算小康的账,因为河南地处中原,算账的数字是"中原标准""中州标准",在全国有一定的代表性。

1980年8月30日至9月10日,五届全国人大三次会议召开,2000年能否人均达到一千美元成为代表们热议的话题。与会代表认为,到2000年我国按人口平均的国民生产总值,要达到一千美元,那时,中国将是一个"小康的社会"。这个目标提得好,明确、实际,既能标志生产建设发展的水平,又能反映人民生活提高的水平。这个标准,是每个干部、群众看得见、摸得着的,是同他们的切身利害联系在一起的,很容易化作人民群众自觉的行动,有很大的鼓舞作

---

[1] 中共中央文献研究室编:《邓小平年谱(1975—1997)》(上),中央文献出版社2004年版,第644页。
[2] 中共中央文献研究室编:《邓小平年谱(1975—1997)》(上),中央文献出版社2004年版,第659页。

用。以一千美元作为小康的标准便于同其他国家作比较，这也是一种激励和督促。据有关部门的统计和折算，1979年全国按人口平均国民生产总值为253美元。要在今后20年内达到每人平均1000美元，就要在这个基础上再增加3倍。这个目标能否实现？代表们的回答是：困难不小，办法不少，希望很大。

在这次人代会上，一些地方算账的结果是：湖北省1979年国民生产总值184亿元，折算成美元（当时人民币与美元的汇率是1.55∶1），全省人均258美元。如果今后20年工农业产值每年递增率保持过去30年平均的7.7%，人口的自然增长率控制在11‰以内，到2000年全省按人口平均的国民生产总值就能达到1050美元。四川省是人口大省，1979年全省按人口平均的国民生产总值为200美元，低于全国的平均数，到2000年可达到820多美元，然后再奋斗两三年实现一千美元的目标。浙江省1979年人均268美元，比全国平均数略高，全省可以在2000年或提前一点时间实现一千美元的目标。黑龙江省按人口平均的国民生产总值，1979年人均国民生产总值是366美元，1995年就可达到一千美元的目标。[①]

当时，由于粉碎"四人帮"后人们急于迅速改变我国落后面貌，提出国民经济发展要实现新的跃进，一时出现不顾国民经济按比例发展和违背价值规律、盲目追求高速度的倾向。这次全国人大会议后，新组成的国务院领导班子发现经济形势比预计要严重，农业和能源减产，财政收入赤字增加，物价上涨，决定加大力度调整国民经济。鉴

---

① 参见《二〇〇〇年和一〇〇〇美元》，《人民日报》1980年9月7日。

第四章 "中国式的现代化"与小康社会建设

于这种情况，邓小平开始对小康的目标要求有所调整，提出到 2000 年人均国民生产总值翻两番，达到 800 至 1000 美元。1980 年 10 月 15 日，在中国人民解放军总参谋部召开的防卫作战研究班全体会议上，在讲到国防建设和经济建设的关系时，邓小平第一次明确提出："现在我们搞四个现代化，提的目标就是争取二十年翻两番。到本世纪末人均国民生产总值达到八百至一千美元，进入小康社会。"[①] 10 月 25 日，他在同胡乔木、邓力群谈话时强调，"年度计划、五年计划、十年规划，中心和着重点不要多考虑指标，而要把人民生活逐年有所改善放在优先的地位。知识分子工资问题、价格问题、城市住宅问题、轻工业品增长问题，也就是消费在国民收入中占的比例，要逐步提高。所谓基本建设退够，就是积累所占的比例退够，用来增加消费。总之，一定要使人民得到实惠，得到看得见的物质利益，从切身经验中感到社会主义制度的确值得爱。经济工作要接受过去的教训，再也不要打肿脸充胖子，一定要搞扎实"[②]。

1980 年 12 月 16 日至 25 日，中共中央召开工作会议，会议主要讨论经济形势和经济调整问题，总结了三十多年经济建设的经验教训，对经济工作中的"左"倾错误作了比较彻底的清理，确定在经济上实行进一步调整、政治上实行进一步安定的方针。

12 月 20 日，中共中央政治局常委会听取各小组召集人汇报情况，有人提出在 20 世纪末实现四个现代化，人均国民生产总值一千

[①] 中共中央文献研究室编：《邓小平年谱（1975—1997）》（上），中央文献出版社 2004 年版，第 681 页。
[②] 中共中央文献研究室编：《邓小平年谱（1975—1997）》（上），中央文献出版社 2004 年版，第 685 页。

美元的目标是否不要讲了。对于这个问题，邓小平的态度很明确。他说："我说1000美元，是说达到小康，不可能达到西方那样的水平。1000美元达不到，七八百美元也可以，不能要求太高。""本世纪末成为小康之家，日子好过一些可以提，实现四个现代化的口号，不能丢，至于时间、要求、标准，不要讲死了。"①在中央工作会议的总结讲话中，邓小平指出："至于走什么样的路子，采取什么样的步骤来实现现代化，这要继续摆脱一切老的和新的框框的束缚，真正摸准、摸清我们的国情和经济活动中各种因素的相互关系，据以正确决定我们的长远规划的原则，然后着手编制切实可行的第六个五年计划。只要全国上下团结一致地、有秩序有步骤地前进，我们就能够更有信心经过二十年的时间，使我国现代化经济建设的发展达到小康水平，然后继续前进，逐步达到更高程度的现代化。"②

在这之后，邓小平对于小康的指标，主要着眼于人均国民生产总值翻两番，而这时中国的人均国民生产总值才二百多美元，翻两番也就是800至1000美元。因此，邓小平将2000年要实现的小康指标设定为人均800至1000美元。1981年4月14日，他在会见以时任日本法务大臣古井喜实为团长的日中友好议员联盟访华团时说，中国式的现代化的概念，就是在本世纪末中国肯定不能达到日本、欧洲、美国和第三世界中有些发达国家的水平，只能达到一个小康社会，日子可以过。"经过我们的努力，设想十年翻一番，两个十年翻两番，就是达到人均国民生产总值一千美元。经过这一时期的摸索，看来达到

---

① 转引自蒋永清：《中共十二大前邓小平思考"小康之家"现代化目标的心路历程》，《邓小平研究》2017年第4期。
② 《邓小平文选》第二卷，人民出版社1994年版，第356页。

第四章　"中国式的现代化"与小康社会建设

一千美元也不容易，比如说八百、九百，就算八百，也算是一个小康生活了。"邓小平还说："特别是前一个时期，我们的脑子有点热，对自己的估计不很切合实际，大的项目搞得太多，基本建设战线太长，结果就出现问题了。尽管出现了这样的问题，我们的目标没有放弃，只是我们吸取和总结了经验教训，更加量力而行了。想快，这个意图是好的，但欲速则不达，这是中国的古话。步子稳妥一些，也许速度更快一些。"[①]

在邓小平看来，中国式的现代化，首先是实现小康社会目标的现代化，到 2000 年时人均国民生产总值达到 800 至 1000 美元，而要接近西方发达国家的现代化水平，还得再花三五十年甚至更长一段时间。从这时起，邓小平对中国现代化实现的时间有了明晰的路线图。1981 年 9 月 4 日，在会见美国最高法院首席大法官沃伦·伯格，以及美国国际交流署代表团、美国绘画展览代表团时，邓小平说："应该说我们建国后是一个有活力的国家。在三十二年中，我们已经建立了一个基础。八十年代我们有了一个新的开始，到本世纪末，就有一个小康社会出现。但要达到美国的水平恐怕要花一个世纪。"[②] 5 天后，在会见竹入义胜为团长的日本公明党第十次访华代表团时，邓小平说："实现四个现代化是相当大的目标，要相当长的时间。本世纪末也只能搞一个小康社会，要达到西方比较发达国家的水平，至少还要

[①] 中共中央文献研究室编：《邓小平年谱（1975—1997）》（下），中央文献出版社 2004 年版，第 732 页。
[②] 中共中央文献研究室编：《邓小平年谱（1975—1997）》（下），中央文献出版社 2004 年版，第 767 页。

再加上三十年到五十年的时间，恐怕要到二十一世纪末。"①

11月17日，邓小平会见美国财政部部长唐纳德·里甘，在谈到中国实现四个现代化的进程时，邓小平说："我们冷静地考虑了这个问题。根据现在的情况，到本世纪末，可以实现一个'小康之家'的现代化。我们不能主观地求快。一九七八年我们设想可以搞快一点，但我们想错了。因为中国底子薄，人口太多。所以，我们紧接着总结了经验，提出搞中国式的现代化。中国式的现代化，不能同西方比。日本大平首相一九七九年访问中国时向我提出，你们搞的四个现代化是个什么样的现代化。我想了一下，说到本世纪末人均国民生产总值达到一千美元。这对中国来讲是一个雄心勃勃的计划。我们要实现这个目标，国民生产总值就要超过一万二千亿美元，因为到那时我们人口至少有十二亿。现在我们经过摸索、计算和研究各种条件，包括国际合作的条件，争取人均达到一千美元，最低达到八百美元。在这个基础上，在下个世纪再花三十年到五十年时间，接近西方的水平。我们就是这么一个设想。"②

邓小平关于小康社会的论述，为全党所接受。1982年9月召开的党的十二大，明确提出"建设有中国特色的社会主义"这一重要命题。邓小平在开幕词中明确提出："我们的现代化建设，必须从中国的实际出发。无论是革命还是建设，都要注意学习和借鉴外国经验。但是，照抄照搬别国经验、别国模式，从来不能得到成功。这方面我

---

① 中共中央文献研究室编：《邓小平年谱（1975—1997）》（下），中央文献出版社2004年版，第769—770页。
② 中共中央文献研究室编：《邓小平年谱（1975—1997）》（下），中央文献出版社2004年版，第785页。

们有过不少教训。把马克思主义的普遍真理同我国的具体实际结合起来，走自己的道路，建设有中国特色的社会主义，这就是我们总结长期历史经验得出的基本结论。"[1] 党的十二大还正式将在 2000 年实现小康，作为中国共产党在 20 世纪最后十几年经济建设总的奋斗目标。十二大明确提出，中国共产党在新的历史时期的总任务是：团结全国各族人民，自力更生，艰苦奋斗，逐步实现工业、农业、国防和科学技术现代化，把我国建设成为高度文明、高度民主的社会主义国家。十二大同时强调："从一九八一年到本世纪末的二十年，我国经济建设总的奋斗目标是，在不断提高经济效益的前提下，力争使全国工农业的年总产值翻两番，即由一九八〇年的七千一百亿元增加到二〇〇〇年的二万八千亿元左右。实现了这个目标，我国国民收入总额和主要工农业产品的产量将居于世界前列，整个国民经济的现代化过程将取得重大进展，城乡人民的收入将成倍增长，人民的物质文化生活可以达到小康水平。"[2]

四、"三步走"发展战略的形成

党的十二大正式确定了到 2000 年工农业年总产值翻两番的目标，但这个目标能否实现是邓小平十分关心的问题。十二大刚刚闭幕一个月，邓小平就找国家计委副主任宋平等人谈话，提出到 2000 年工农业总产值翻两番靠不靠得住的问题。邓小平说："到本世纪末二十年

---

[1] 《邓小平文选》第三卷，人民出版社 1993 年版，第 2—3 页。
[2] 中共中央文献研究室编：《十二大以来重要文献选编》（上），中央文献出版社 2011 年版，第 11—12 页。

的奋斗目标定了，这就是在不断提高经济效益的前提下，工农业年总产值翻两番。靠不靠得住？党的十二大说靠得住，我也相信是靠得住的，但究竟靠不靠得住，还要看今后的工作。"①

1983年2月，邓小平前往中国经济相对发达的江苏、浙江考察，能否翻两番是他这次江浙之行十分关心的问题。在苏州同中共江苏省委负责人和苏州地委负责人座谈时，邓小平一连问了地方负责人很多的问题：到2000年，江苏能不能实现翻两番？苏州有没有信心，有没有可能？人均收入八百美元，达到这样的水平，社会上是一个什么面貌？发展前景是什么样子？当得知苏州已有不少社、队人均超过了800美元，主要是社队企业凭借灵活的经营机制得到成长和发展时，邓小平表示市场经济很重要。

随后在杭州，邓小平对中共浙江省委负责人说："这次，我在苏州看到的情况很好，农村盖新房子很多，市场物资丰富。现在苏州市人均工农业总产值已经到了或者接近八百美元的水平。到了人均工农业总产值达到八百美元，社会是个什么面貌呢？吃穿没有问题，用也基本上没有问题，文化有了很大发展，教师的待遇也不低。江苏从一九七七年到一九八二年的六年时间里，产值翻了一番，照此下去，到一九八八年前后可以达到翻两番的目标。"邓小平问浙江能不能实现这个目标，当听到浙江省委负责人表示翻两番不成问题时，又说："浙江能否多翻一点呢？像宁夏、甘肃翻两番就难了。"② 邓小平认为，全国要实现翻两番的目标，光东部较发达地区实现翻两番不行，还要

---

① 《邓小平文选》第三卷，人民出版社1993年版，第16页。
② 中共中央文献研究室编：《邓小平年谱（1975—1997）》（下），中央文献出版社2004年版，第888页。

第四章 "中国式的现代化"与小康社会建设

考虑西北欠发达地区翻两番的困难，东部地区应该发展更快一些。

这次江浙之行，增强了邓小平对于到2000年翻两番实现小康的信心。回到北京之后，他同几位中央领导人谈话时说："这次，我经江苏到浙江，再从浙江到上海，一路上看到情况很好，人们喜气洋洋，新房子盖得很多，市场物资丰富，干部信心很足。看来，四个现代化希望很大。到本世纪末实现翻两番，要有全盘的更具体的规划，各个省、自治区、直辖市也都要有自己的具体规划，做到心中有数。"[①] 他还以苏州为例，从六个方面说明人均工农业总产值接近800美元后的社会面貌：第一，人民的吃穿用问题解决，基本生活有了保障；第二，住房问题解决，人均达到二十平方米，因为土地不足，向空中发展，小城镇和农村盖二三层楼房的已经不少；第三，就业问题解决，城镇基本上没有待业劳动者；第四，人不再外流，农村的人想往大城市跑的情况已经改变；第五，中小学教育普及，教育、文化、体育和其他公共福利事业有能力自己安排；第六，人们的精神面貌变化了，犯罪行为大大减少。这几方面，也可以说是邓小平关于建成小康社会时要实现的目标。

同年10月22日，在中共中央顾问委员会第三次全体会议的讲话中，邓小平满怀信心地说："现在看翻两番肯定能够实现。这个话，我们过去是不敢讲的，只是讲翻两番有可能实现，但是要花很大的力气。经过四年的时间，'六五'计划的主要生产指标三年完成，今年的计划也将超额完成。过去说，如果前十年平均增长速度能够达到百

[①] 《邓小平文选》第三卷，人民出版社1993年版，第24页。

分之六点五,二十年平均增长速度能够达到百分之七点二,翻两番的目标就能够实现。看来我们前十年的势头可能超过百分之七点二,因为前三年已经接近百分之八了。"此外,邓小平还谈到了国民生产总值翻两番的意义,强调:"翻两番的意义很大。这意味着到本世纪末,年国民生产总值达到一万亿美元。从总量说,就居于世界前列了。这一万亿美元,反映到人民生活上,我们就叫小康水平;反映到国力上,就是较强的国家。因为到那时,如果拿国民生产总值的百分之一来搞国防,就是一百亿,要改善一点装备容易得很。据说苏联是百分之二十的国民生产总值用于国防,为什么他翻不起身来,就是负担太沉重。一百亿美元能够办很多事情,如果用于科学教育,就可以开办好多大学,普及教育也就可以用更多的力量来办了。智力投资应该绝不止百分之一。现在我们是捉襟见肘,要增加一点教育经费、科研经费,困难得很。至于人民生活,到本世纪末达到小康水平,比现在要好得多。"[1]

到1986年,邓小平对第二个发展目标的表述有所变化,由"接近发达国家水平"变为"达到中等发达国家水平"。这年9月23日,他在会见第三世界科学院院长阿卜杜拉·萨拉姆时说:"我们建国以后对第三世界的穷朋友做了一些事情,但还不很多。中国常说的一句话是,心有余而力不足。我们在本世纪末达到小康水平,就可以多尽些力了。到下个世纪中叶达到中等发达国家水平后,我们就可以为第三世界国家做更多的贡献。"[2] 10月24日,邓小平会见时任日中友好

---

[1] 《邓小平文选》第三卷,人民出版社1993年版,第88—89页。
[2] 中共中央文献研究室编:《邓小平年谱(1975—1997)》(下),中央文献出版社2004年版,第1140页。

第四章 "中国式的现代化"与小康社会建设

协会会长、日本参议员宇都宫德马率领的日中友好协会代表团,在谈到中国现代化发展战略目标时说:"我们的生活水平同你们的差距太大了,我们下决心花七十年时间接近发达国家的水平。这是我们压倒一切的中心任务。最主要的工作就是搞经济建设,第一步摆脱贫困状态,实现小康。第二步再花三十年至五十年时间,再翻两番,达到人均国民生产总值四千美元。那时中国人口估计是十五亿,国民生产总值六万亿美元。那就意味着中国是中等发达国家,总的国家力量并不弱了。"[1]

1987年4月,邓小平第一次提出了"三步走"的发展战略。他在会见西班牙工人社会党副总书记、政府副首相阿方索·格拉时说了这样一段话:"我们原定的目标是,第一步在八十年代翻一番。以一九八〇年为基数,当时国民生产总值人均只有二百五十美元,翻一番,达到五百美元。第二步是到本世纪末再翻一番,人均达到一千美元。实现这个目标意味着我们进入小康社会,把贫困的中国变成小康的中国。那时国民生产总值超过一万亿美元,虽然人均数还很低,但是国家的力量有很大增加。我们制定的目标更重要的还是第三步,在下世纪用三十年到五十年再翻两番,大体上达到人均四千美元。做到这一步,中国就达到中等发达的水平。这是我们的雄心壮志。"[2]

邓小平提出的"三步走"战略得到了这年10月召开的党的十三大的肯定。十三大报告指出,党的十一届三中全会以后,我国经济建

---

[1] 中共中央文献研究室编:《邓小平年谱(1975—1997)》(下),中央文献出版社2004年版,第1148页。
[2] 中共中央文献研究室编:《邓小平年谱(1975—1997)》(下),中央文献出版社2004年版,第1183页。

中国式现代化之路

设的战略部署大体分三步走。第一步，实现国民生产总值比1980年翻一番，解决人民的温饱问题。这个任务已经基本实现。第二步，到本世纪末，使国民生产总值再增长一倍，人民生活达到小康水平。第三步，到下个世纪中叶，人均国民生产总值达到中等发达国家水平，人民生活比较富裕，基本实现现代化。然后，在这个基础上继续前进。现在，最重要的是走好第二步。实现了第二步任务，我国现代化建设将取得新的巨大进展：社会经济效益、劳动生产率和产品质量明显提高，国民生产总值和主要工农业产品产量大幅度增长，人均国民生产总值在世界上所占位次明显上升。工业主要领域在技术方面大体接近经济发达国家70年代或80年代初的水平，农业和其他产业部门的技术水平也将有较大提高。城镇和绝大部分农村普及初中教育，大城市基本普及高中和相当于高中的职业技术教育。人民群众将能过上比较殷实的小康生活。在我们这样一个人口众多而又基础落后的国家，人民普遍丰衣足食，安居乐业，无疑是一项宏伟壮丽而又十分艰巨的事业。

针对如何实现第二步奋斗目标，党的十三大报告提出了具体的战略设想，认为实现第二步奋斗目标，我们有很多有利的条件，但也存在着不少困难和矛盾。其中，矛盾的焦点就是经济活动的效益太低。因此，只有在提高经济效益方面扎扎实实地做好工作，争取每年都有所进步，才能够逐步缓解我国人口众多、资源相对不足、资金严重短缺等一系列矛盾，保证国民经济以较高的速度持续发展。必须坚定不移地贯彻执行注重效益、提高质量、协调发展、稳定增长的战略。这一战略的基本要求是，努力提高产品质量，讲求产品适销对路，降低物质消耗和劳动消耗,从而实现生产要素合理配置,提高资金使用效益和资源利用效率,归根到底,就是要从粗放经营为主逐步转上集约经营为主的轨道。为了顺利实现这一战略目标,党的十三大报告提出必须着重解决好三个重要问题。

第一,把发展科学技术和教育事业放在首要位置,使经济建设转到依靠科技进步和提高劳动者素质的轨道上来。

党的十三大报告指出,"现代科学技术和现代化管理是提高经济效益的决定性因素,是使我国经济走向新的成长阶段的主要支柱"[①]。对于如何实现我国科学技术的加速发展,党的十三大报告提出"加速科技进步,应当立足我国实际,放眼世界,选准发展方向和重点。科技工作的首要任务是振兴国民经济。要着重推进大规模生产的产业技术和装备现代化,使农业、能源、原材料、交通、通信、机械制造等重点产业主干部分的技术面貌有明显改善;积极推广普遍适用的科技成果,加速企业的技术改造,继续实施以发展农村经济为宗旨的'星火'计划。与此同时,要组织精干力量不失时机地开展高技术研究,特别是微电子技术、信息技术、生物工程技术和新材料技术的研究与开发,继续加强基础研究,大力发展软科学。必须加快改革,形成科技同经济密切结合的机制,增强企业特别是大型骨干企业应用科技成果的动力和压力,推动技术市场的发展和技术成果商品化的进程,缩短科研成果运用于生产建设的周期。要继续积极引进国外先进技术,并使之同国内的科学技术研究密切结合,切实加强对引进技术的消

---

① 中共中央文献研究室编:《十三大以来重要文献选编》(上),中央文献出版社2011年版,第15页。

化、吸收和创新。建议国务院制定中长期科学技术发展纲领，合理组织全国科技力量，通力协作，尽快实施"[1]。

教育事业在经济建设中起着极其重要的作用，党的十三大报告认为，"从根本上说，科技的发展，经济的振兴，乃至整个社会的进步，都取决于劳动者素质的提高和大量合格人才的培养。百年大计，教育为本。必须坚持把发展教育事业放在突出的战略位置，加强智力开发。随着经济的发展，国家要逐年增加教育经费，同时继续鼓励社会各方面力量集资办学。要坚持教育为社会主义现代化建设服务的方针，按照实际需要，改善教育结构，提高教育质量，克服教育脱离实际和片面追求升学率的倾向。必须进一步造成尊重知识、尊重人才的社会环境，继续改善知识分子的工作和生活条件，努力做到人尽其才，才尽其用。要充分发挥广大工人、农民、知识分子的积极性和创造性，对一切为现代化建设作出优异成绩的人们都要给予奖励。必须下极大的力量，通过各种途径，加强对劳动者的职业教育和在职继续教育，努力建设起一支素质优良、纪律严明的劳动大军。在充分发挥我们自己的科技人员的作用的同时，还要积极开展国际人才交流的工作"[2]。

第二，保持社会总需求和总供给基本平衡，合理调整和改造产业结构。

保持社会总需求与总供给大体平衡是实现国民经济在提高效益的基础上稳定发展的前提，"做到这一点的关键，是适当控制全社会固

---

[1] 中共中央文献研究室编：《十三大以来重要文献选编》（上），中央文献出版社2011年版，第16页。
[2] 中共中央文献研究室编：《十三大以来重要文献选编》（上），中央文献出版社2011年版，第17页。

第四章　"中国式的现代化"与小康社会建设

定资产投资总规模，使之与国力相适应；合理掌握生活消费增长的幅度，使之与生产的发展相适应。要切实加强和改进国民经济的综合平衡，做到财政、信贷、外汇和物资的各自平衡和相互之间的基本平衡。在各项实际工作中，要善于审时度势，自觉地及时地解决经济生活中出现的不平衡，以经常性的小调整来避免比例严重失调情况下被迫进行的大调整。对目前国家机关、企事业单位和社会团体种种挥霍浪费、奢侈成风的现象，必须坚决加以制止"[1]。

与此同时，党的十三大报告提出要把发挥传统产业优势与利用国外先进技术结合起来，"以运用先进技术改造和发展我国传统产业为重点，同时注意发展高技术新兴产业，带动整个国民经济向前发展"。在此基础上，明确了此后长时期内调整和改造产业结构的基本方向，即"坚持把农业放在十分重要的战略地位，全面发展农村经济；在大力发展消费品工业的同时，充分重视基础工业和基础设施，加快发展以电力为中心的能源工业，以钢铁、有色金属、化工原料为重点的原材料工业，以综合运输体系和信息传播体系为主轴的交通业和通信业；努力振兴机械、电子工业，为现代化建设提供越来越多的先进技术装备；以积极推行住宅商品化为契机，大力发展建筑业，使它逐步成为国民经济的一大支柱。要重视发展第三产业，努力实现一、二、三产业协调发展。我们必须加强基础工业和基础设施的建设，否则经济发展没有后劲。基础工业和基础设施的发展也不能孤立进行，要同其他方面的发展相协调"[2]。

---

[1] 中共中央文献研究室编：《十三大以来重要文献选编》（上），中央文献出版社2011年版，第17页。
[2] 中共中央文献研究室编：《十三大以来重要文献选编》（上），中央文献出版社2011年版，第18—19页。

党的十三大还强调,"在产业发展的地区布局上,既要重点发挥经济比较发达的东部沿海地区的重要作用,又要逐步加快中部地区和西部地区的开发,使不同地区都能各展所长,并通过相互开放和平等交换,形成合理的区域分工和地区经济结构。对少数民族地区和贫困地区,要给予必要的支援,进一步研究和制定符合这些地区实际情况的政策,增强它们的发展活力,促进这些地区的经济繁荣"[①]。

第三,进一步扩大对外开放的广度和深度,不断发展对外经济技术交流与合作。

针对这一问题,党的十三大报告主要提到了三个方面,一是提升出口创汇能力,"必须根据国际市场的需要和我国的优势,积极发展具有竞争力、见效快、效益高的出口产业和产品,大力提高出口商品的质量,合理安排出口商品结构,多方位地开拓国际市场,以争取出口贸易较快地持续增长。同时,积极发展旅游业,发展劳务出口和技术出口,努力增加非贸易外汇收入。进口的重点要放在引进先进技术和关键设备上。凡是适宜于国内生产的重大设备和其他产品,要努力提高产品质量和性能,做到立足于国内。积极发展替代进口产品的生产,采取必要的政策和措施,加快国产化进程。为了更好地扩大对外贸易,必须按照有利于促进外贸企业自负盈亏、放开经营、工贸结合、推行代理制的方向,坚决地有步骤地改革外贸体制"[②]。

二是提升外资使用的综合经济效益,"要根据偿还能力和国内资金、物资配套能力,保持适当的规模和合理的结构,大力提高外资使

[①] 中共中央文献研究室编:《十三大以来重要文献选编》(上),中央文献出版社 2011 年版,第 19 页。
[②] 中共中央文献研究室编:《十三大以来重要文献选编》(上),中央文献出版社 2011 年版,第 20—21 页。

第四章 "中国式的现代化"与小康社会建设

用的综合经济效益。要进一步健全涉外经济立法，落实优惠政策，改善投资环境，使外国企业家能够按照国际惯例在我国经营企业，以吸引更多的外来投资"[1]。

三是巩固和发展"经济特区——沿海开放城市——沿海经济开发区——内地"开放格局，"从国民经济全局出发，正确确定经济特区、开放城市和地区的开发与建设规划，着重发展外向型经济，积极开展同内地的横向经济联合，以充分发挥它们在对外开放中的基地和窗口作用"[2]。

此外，在对实现第二步奋斗目标提出的具体战略设想中，党的十三大报告还涉及了环境保护和国防现代化的内容。关于环境保护，党的十三大报告提出，"要大力保护和合理利用各种自然资源，努力开展对环境污染的综合治理，加强生态环境的保护，把经济效益、社会效益和环境效益很好地结合起来"[3]。关于国防现代化，党的十三大报告指出，"国防现代化是社会主义现代化建设的重要组成部分。近几年来，人民解放军和国防工业、国防科技战线的广大职工，顾全国家建设大局，努力支援和参加经济建设，同时在推进国防现代化方面取得了十分可喜的进展。应当加强国防教育，提高人民的国防观念。今后要在经济发展的基础上，进一步发展国防技术，改善部队装备，把具有中国特色的国防现代化建设推向前进"[4]。

随着"三步走"现代化战略目标的提出，中国式的现代化建设有

---

[1] 中共中央文献研究室编：《十三大以来重要文献选编》（上），中央文献出版社2011年版，第21页。
[2] 中共中央文献研究室编：《十三大以来重要文献选编》（上），中央文献出版社2011年版，第21页。
[3] 中共中央文献研究室编：《十三大以来重要文献选编》（上），中央文献出版社2011年版，第21—22页。
[4] 中共中央文献研究室编：《十三大以来重要文献选编》（上），中央文献出版社2011年版，第22页。

了明晰的路线图，这就是第一步解决人民的温饱问题；第二步人民生活达到小康水平；第三步，人民生活比较富裕，基本实现现代化。每一步都以人民生活水平为根本标准，表明中国式现代化是以人民为中心的现代化。"三步走"现代化战略目标的提出，也表明"中国式现代化"的内涵有了进一步的丰富与拓展。

党的十三大后，尽管曾出现 1988 年价格闯关失败和 1989 年春夏的政治风波，但建设小康社会仍取得重大进展。1989 年 9 月 29 日，江泽民在庆祝中华人民共和国成立 40 周年大会上宣布："全国人民的温饱问题基本解决，一部分居民生活开始向小康水平迈进。"[①]1990 年 12 月 30 日，党的十三届七中全会通过了《中共中央关于制定国民经济和社会发展十年规划和"八五"计划的建议》，明确提出 1991 年至 2000 年，人民生活目前已经实现小康的少数地区，将进一步提高生活水平；温饱问题基本解决的多数地区，将普遍实现小康；现在尚未摆脱贫困的少数地区，将在温饱的基础上向小康前进。这个建议对小康的标准作了新的阐释，指出："所谓小康水平，是指在温饱的基础上，生活质量进一步提高，达到丰衣足食。这个要求既包括物质生活的改善，也包括精神生活的充实；既包括居民个人消费水平的提高，也包括社会福利和劳动环境的改善。"[②]

[①] 江泽民：《在庆祝中华人民共和国成立四十周年大会上的讲话》，人民出版社 1989 年版，第 5 页。
[②] 《中共中央关于制定国民经济和社会发展十年规划和"八五"计划的建议》，人民出版社 1991 年版，第 34 页。

第四章　"中国式的现代化"与小康社会建设

五、全面建设并建成小康社会

总体而言，党的十一届三中全会以来的十年间，国民经济持续发展，国家经济实力显著增强，城乡居民生活明显改善，各项事业都取得了巨大的成就，整个国家面貌发生了深刻的变化。但是，我国经济在前进中也存在着许多的问题和困难，包括通货膨胀明显加剧、总量不平衡、结构不合理、经济秩序混乱等。

据此，1989年11月召开的党的十三届五中全会通过了《中共中央关于进一步治理整顿和深化改革的决定》，强调"继续坚定不移地贯彻执行治理整顿和深化改革的方针，是克服当前经济困难，实现国民经济持续、稳定、协调发展的根本途径"[1]，决定包括1989年在内，"用三年或者更长一些时间，努力缓解社会总需求超过社会总供给的矛盾，逐步减少通货膨胀，使国民经济基本转上持续稳定协调发展的轨道，为到本世纪末实现国民生产总值翻两番的战略目标打下良好的基础"[2]。

经过这一时期的治理整顿，我国经济尽管走出了低谷，但经济运行中存在的深层次问题尚未得到根本的解决。与此同时，随着东欧国家的剧变以及苏联的解体，社会主义在世界范围内的实践遭遇严重挫折，陷入低潮，也对我国产生了不少负面影响，当时有人对社会主义前途缺乏信心，也有人对改革开放产生怀疑，提出姓"社"还是

---

[1] 中共中央文献研究室编：《十三大以来重要文献选编》（中），中央文献出版社2011年版，第121页。
[2] 中共中央文献研究室编：《十三大以来重要文献选编》（中），中央文献出版社2011年版，第125—126页。

姓"资"的疑问。在当时的国际国内背景下，中国共产党第十四次全国代表大会即将在1992年秋季如期举行，党的十四大将设定一个怎样的奋斗目标？中国未来的路该如何走？能否坚持党的基本路线不动摇，抓住机遇、加快发展，把改革开放和现代化建设继续推向前进？可以说，中国的发展又一次走到了十分关键的十字路口。

在此紧要关头，邓小平于1992年1月18日至2月21日乘专列先后前往武昌、深圳、珠海、上海等地考察，针对中国发展所面临的一系列重大问题发表重要谈话：

一是提出革命是解放生产力，改革也是解放生产力。针对人们对改革开放产生的疑虑，邓小平在谈话中指出"推翻帝国主义、封建主义、官僚资本主义的反动统治，使中国人民的生产力获得解放，这是革命，所以革命是解放生产力。社会主义基本制度确立以后，还要从根本上改变束缚生产力发展的经济体制，建立起充满生机和活力的社会主义经济体制，促进生产力的发展，这是改革，所以改革也是解放生产力。过去，只讲在社会主义条件下发展生产力，没有讲还要通过改革解放生产力，不完全。应该把解放生产力和发展生产力两个讲全了"，强调"要坚持党的十一届三中全会以来的路线、方针、政策，关键是坚持'一个中心、两个基本点'。不坚持社会主义，不改革开放，不发展经济，不改善人民生活，只能是死路一条。基本路线要管一百年，动摇不得。只有坚持这条路线，人民才会相信你，拥护你。谁要改变三中全会以来的路线、方针、政策，老百姓不答应，谁就会被打倒"。同时以党的十一届三中全会以来中国的快速发展，人民生活不断得到改善来证明党的基本路线的正确性，指出"在这短短的十几年内，我们国家发展得这么快，使人民高兴，世界瞩目，这就足以证明三中全会以来路线、方针、政策的正确性，谁想变也变不了。说过去说过来，就是一句话，坚持这个路线、方针、政策不变"。[①]

二是提出改革开放胆子要大一些，敢于试验。针对当时人们提出的姓"社"还是姓"资"的疑问，邓小平在谈话中明确指出，"改革开放迈不开步子，不敢闯，说来说去就是怕资本主义的东西多了，走了资本主义道路。要害是姓'资'还是姓'社'的问题。判断的标准，应该主要看是否有利于发展社会主义社会的生产力，是否有利于增强社会主义国家的综合国力，是否有利于提高人民的生活水平"[②]。关于计划和市场的关系这一长时间困扰人们的重大问题，邓小平进一步指出，"计划多一点还是市场多一点，不是社会主义与资本主义的本质区别。计划经济不等于社会主义，资本主义也有计划；市场经济不等于资本主义，社会主义也有市场。计划和市场都是经济手段。社会主义的本质，是解放生产力，发展生产力，消灭剥削，消除两极分化，最终达到共同富裕。就是要对大家讲这个道理。证券、股市，这些东西究竟好不好，有没有危险，是不是资本主义独有的东西，社会主义能不能用？允许看，但要坚决地试。看对了，搞一两年对了，放开；错了，纠正，关了就是了。关，也可以快关，也可以慢关，也可以留一点尾巴。怕什么，坚持这种态度就不要紧，就不会犯大错误。总之，社会主义要赢得与资本主义相比较的优势，就必须大胆吸收和借鉴人类社会创造的一切文明成果，吸收和借鉴

[①] 《邓小平文选》第三卷，人民出版社 1993 年版，第 370—371 页。
[②] 《邓小平文选》第三卷，人民出版社 1993 年版，第 372 页。

当今世界各国包括资本主义发达国家的一切反映现代社会化生产规律的先进经营方式、管理方法"①。对于一些人对改革开放有不同意见,邓小平提出了"不争论"的观点,指出"不搞争论,是我的一个发明。不争论,是为了争取时间干。一争论就复杂了,把时间都争掉了,什么也干不成。不争论,大胆地试,大胆地闯。农村改革是如此,城市改革也应如此"②。

三是提出抓住时机,发展自己,关键是发展经济。邓小平在谈话中多次谈到中国要加快发展的紧迫性,指出"周边一些国家和地区经济发展比我们快,如果我们不发展或发展得太慢,老百姓一比较就有问题了。所以,能发展就不要阻挡,有条件的地方要尽可能搞快点,只要是讲效益,讲质量,搞外向型经济,就没有什么可以担心的。低速度就等于停步,甚至等于后退。要抓住机会,现在就是好机会。我就担心丧失机会。不抓呀,看到的机会就丢掉了,时间一晃就过去了"。对于我国的经济发展,邓小平还提出了"力争隔几年上一个台阶"的目标,同时强调这种发展"不是鼓励不切实际的高速度,还是要扎扎实实,讲求效益,稳步协调地发展"。③ 对于能否实现"经济发展隔几年上一个台阶"的目标,邓小平通过总结国内外发展经验指出,这种发展是能够实现的。从我国自身发展经验来看,"对于我们这样发展中的大国来说,经济要发展得快一点,不可能总是那么平平静静、稳稳当当。要注意经济稳定、协调地发展,但稳定和协调也是相对的,不是绝对的。发展才是硬道理。这个问题要搞清楚。如果分

---

① 《邓小平文选》第三卷,人民出版社 1993 年版,第 373 页。
② 《邓小平文选》第三卷,人民出版社 1993 年版,第 374 页。
③ 《邓小平文选》第三卷,人民出版社 1993 年版,第 375 页。

析不当，造成误解，就会变得谨小慎微，不敢解放思想，不敢放开手脚，结果是丧失时机，犹如逆水行舟，不进则退"；从国际发展经验来看，"一些国家在发展过程中，都曾经有过高速发展时期，或若干高速发展阶段。日本、南朝鲜、东南亚一些国家和地区，就是如此。现在，我们国内条件具备，国际环境有利，再加上发挥社会主义制度能够集中力量办大事的优势，在今后的现代化建设长过程中，出现若干个发展速度比较快、效益比较好的阶段，是必要的，也是能够办到的。我们就是要有这个雄心壮志"。此外，邓小平还强调了科技和教育在经济发展中的重要作用，强调"经济发展得快一点，必须依靠科技和教育。我说科学技术是第一生产力。近一二十年来，世界科学技术发展得多快啊！高科技领域的一个突破，带动一批产业的发展。我们自己这几年，离开科学技术能增长得这么快吗？要提倡科学，靠科学才有希望"。[①]

四是提出要坚持两手抓，一手抓改革开放，一手抓打击各种犯罪活动。这两只手都要硬。鉴于国外的管理经验以及我国对外开放之后出现的新情况，邓小平指出，"打击各种犯罪活动，扫除各种丑恶现象，手软不得。广东二十年赶上亚洲'四小龙'，不仅经济要上去，社会秩序、社会风气也要搞好，两个文明建设都要超过他们，这才是有中国特色的社会主义。新加坡的社会秩序算是好的，他们管得严，我们应当借鉴他们的经验，而且比他们管得更好。开放以后，一些腐朽的东西也跟着进来了，中国的一些地方也出现了丑恶的现象，如吸

---

① 《邓小平文选》第三卷，人民出版社1993年版，第377—378页。

毒、嫖娼、经济犯罪等。要注意很好地抓，坚决取缔和打击，决不能任其发展"，"在整个改革开放过程中都要反对腐败。对干部和共产党员来说，廉政建设要作为大事来抓。还是要靠法制，搞法制靠得住些。总之，只要我们的生产力发展，保持一定的经济增长速度，坚持两手抓，社会主义精神文明建设就可以搞上去"，同时强调，"我们搞社会主义才几十年，还处在初级阶段。巩固和发展社会主义制度，还需要一个很长的历史阶段，需要我们几代人、十几代人，甚至几十代人坚持不懈地努力奋斗，决不能掉以轻心"。[1]

五是提出正确的政治路线要靠正确的组织路线来保证。邓小平指出，"中国的事情能不能办好，社会主义和改革开放能不能坚持，经济能不能快一点发展起来，国家能不能长治久安，从一定意义上说，关键在人"[2]。强调要将人民群众公认是坚持改革开放路线并作出政绩的人，大胆地放进新的领导机构里，使人民群众感到我们是真心诚意搞改革开放的，"人民，是看实践。人民一看，还是社会主义好，还是改革开放好，我们的事业就会万古长青"[3]。对于如何学习马克思主义的问题，邓小平强调要反对形式主义，坚持实事求是，指出"学马列要精，要管用的。长篇的东西是少数搞专业的人读的，群众怎么读？要求都读大本子，那是形式主义的，办不到。我的入门老师是《共产党宣言》和《共产主义ABC》。最近，有的外国人议论，马克思主义是打不倒的。打不倒，并不是因为大本子多，而是因为马克思主义的真理颠扑不破。实事求是是马克思主义的精髓。要提倡这个，

---

[1] 《邓小平文选》第三卷，人民出版社1993年版，第378—380页。
[2] 《邓小平文选》第三卷，人民出版社1993年版，第380页。
[3] 《邓小平文选》第三卷，人民出版社1993年版，第381页。

第四章　"中国式的现代化"与小康社会建设

不要提倡本本。我们改革开放的成功，不是靠本本，而是靠实践，靠实事求是。农村搞家庭联产承包，这个发明权是农民的。农村改革中的好多东西，都是基层创造出来，我们把它拿来加工提高作为全国的指导。实践是检验真理的唯一标准。我读的书并不多，就是一条，相信毛主席讲的实事求是。过去我们打仗靠这个，现在搞建设、搞改革也靠这个。我们讲了一辈子马克思主义，其实马克思主义并不玄奥。马克思主义是很朴实的东西，很朴实的道理"[①]。

六是提出社会主义经历一个长过程发展后必然代替资本主义。这是社会历史发展不可逆转的总趋势。针对当时人们因东欧剧变、苏联解体而对社会主义前途缺乏信心的状况，邓小平以资本主义代替封建主义的历史为例证，使处于迷茫之中的人们重新燃起对社会主义的信心。他指出："资本主义代替封建主义的几百年间，发生过多少次王朝复辟？所以，从一定意义上说，某种暂时复辟也是难以完全避免的规律性现象。一些国家出现严重曲折，社会主义好像被削弱了，但人民经受锻炼，从中吸收教训，将促使社会主义向着更加健康的方向发展。因此，不要惊慌失措，不要认为马克思主义就消失了，没用了，失败了。哪有这回事！"他强调："我们要在建设有中国特色的社会主义道路上继续前进。资本主义发展几百年了，我们干社会主义才多长时间！何况我们自己还耽误了二十年。如果从建国起，用一百年时间把我国建设成中等水平的发达国家，那就很了不起！从现在起到下世纪中叶，将是很要紧的时期，我们要埋头苦干。我们肩膀上的担

[①]《邓小平文选》第三卷，人民出版社1993年版，第382页。

子重，责任大啊！"① 可以说，南方谈话是邓小平理论的集大成之作，重申了深化改革、加速发展的必要性，总结了改革开放十多年来的经验教训，从理论层面回答了长久以来束缚人们思想的一系列重大问题，驱散了人们思想中普遍存在的担心和疑虑，不仅对即将召开的党的十四大具有十分重要的指导作用，而且对中国整个社会主义现代化建设事业具有重大而深远的意义。

1992年10月，党的十四大召开。在年初邓小平发表的南方谈话精神的鼓舞下，这时中国的改革开放出现了一片热腾腾的局面。因此，党的十四大决定，将原定国民生产总值平均每年增长6%调整为增长8%—9%，到本世纪末我国国民经济整体素质和综合国力将迈上一个新的台阶。国民生产总值将超过原定比1980年翻两番的要求。主要工农业产品产量显著增加。产业结构和地区经济布局比较合理。科学技术和管理水平有较大提高，一批骨干企业接近或达到国际先进水平。人民生活由温饱进入小康。在20世纪90年代，实现达到小康水平的第二步发展目标。再经过20年的努力，到建党100周年的时候，将在各方面形成一整套更加成熟更加定型的制度。在这样的基础上，到21世纪中叶新中国成立100周年的时候，就能够达到第三步发展目标，基本实现社会主义现代化。

到1995年，原定2000年国民生产总值比1980年翻两番的目标提前实现，1997年人均国民生产总值翻两番的目标也提前完成，邓小平设想的"三步走"战略目标中的第二步已经基本走完，表明中

---

① 《邓小平文选》第三卷，人民出版社1993年版，第383页。

第四章 "中国式的现代化"与小康社会建设

国已完成了由温饱到总体小康的历史性跨越。为此，1997年9月召开的党的十五大对第三步战略目标作出具体部署，并且明确提出两个百年奋斗目标："展望下世纪，我们的目标是，第一个十年实现国民生产总值比二〇〇〇年翻一番，使人民的小康生活更加宽裕，形成比较完善的社会主义市场经济体制；再经过十年的努力，到建党一百年时，使国民经济更加发展，各项制度更加完善；到世纪中叶建国一百年时，基本实现现代化，建成富强民主文明的社会主义国家。"[①]十五大第一次提出"进入和建设小康社会"的问题，强调："现在完全可以有把握地说，我们党在改革开放初期提出的本世纪末达到小康的目标，能够如期实现。在中国这样一个十多亿人口的国度里，进入和建设小康社会，是一件有伟大意义的事情。这将为国家长治久安打下新的基础，为更加有力地推进社会主义现代化创造新的起点。"[②]

按照人均国内生产总值、恩格尔系数、城镇人均可支配收入、农民人均纯收入等16项指标综合测算，1990年我国的小康实现程度为48%，而到2000年已跃升到96%。因此，2000年10月召开的党的十五届五中全会宣布：经过全党和全国各族人民的共同努力，我国的生产力水平迈上了一个大台阶，商品短缺状况基本结束，市场供求关系发生了重大变化；社会主义市场经济体制初步建立，市场机制在配置资源中日益明显地发挥基础性作用，经济发展的体制环境发生了重大变化；全方位对外开放格局基本形成，开放型经济迅速发展，对外经济

---

① 中共中央文献研究室编：《十五大以来重要文献选编》（上），中央文献出版社2011年版，第4页。
② 中共中央文献研究室编：《十五大以来重要文献选编》（上），中央文献出版社2011年版，第43页。

关系发生了重大变化。我们已经胜利实现了现代化建设的前两步战略目标,经济和社会全面发展,人民生活总体上达到了小康水平。[①]

在人民生活达到总体小康后,第三步战略目标如何具体部署,摆到了中共中央领导集体面前。党的十五届五中全会正式提出从新世纪开始,我国将进入全面建设小康社会,加快推进现代化的新的发展阶段。十五届五中全会强调:今后5到10年,是我国经济和社会发展的重要时期,是进行经济结构战略性调整的重要时期,也是完善社会主义市场经济体制和扩大对外开放的重要时期。2001至2005年经济和社会发展的主要目标是:国民经济保持较快发展速度,经济结构战略性调整取得明显成效,经济增长质量和效益显著提高,为到2010年国内生产总值比2000年翻一番奠定坚实基础;国有企业建立现代企业制度取得重大进展,社会保障制度比较健全,完善社会主义市场经济体制迈出实质性步伐,在更大范围内和更深程度上参与国际经济合作与竞争;就业渠道拓宽,城乡居民收入持续增加,物质文化生活有较大改善,生态建设和环境保护得到加强;科技教育加快发展,国民素质进一步提高,精神文明建设和民主法制建设取得明显进展。[②]

2002年11月,党的十六大提出了全面建设小康社会的具体目标。大会强调:"二十一世纪头二十年,对我国来说,是一个必须紧紧抓住并且可以大有作为的重要战略机遇期。""我们要在本世纪头二十年,集中力量,全面建设惠及十几亿人口的更高水平的小康社

[①] 中共中央文献研究室编:《十五大以来重要文献选编》(中),中央文献出版社2011年版,第487页。
[②] 中共中央文献研究室编:《十五大以来重要文献选编》(中),中央文献出版社2011年版,第487—488页。

第四章 "中国式的现代化"与小康社会建设

会，使经济更加发展、民主更加健全、科教更加进步、文化更加繁荣、社会更加和谐、人民生活更加殷实。这是实现现代化建设第三步战略目标必经的承上启下的发展阶段，也是完善社会主义市场经济体制和扩大对外开放的关键阶段。经过这个阶段的建设，再继续奋斗几十年，到本世纪中叶基本实现现代化，把我国建成富强民主文明的社会主义国家。"①

这次大会提出的全面建设小康社会的具体目标是：

——在优化结构和提高效益的基础上，国内生产总值到2020年力争比2000年翻两番，综合国力和国际竞争力明显增强。基本实现工业化，建成完善的社会主义市场经济体制和更具活力、更加开放的经济体系。城镇人口的比重较大幅度提高，工农差别、城乡差别和地区差别扩大的趋势逐步扭转。社会保障体系比较健全，社会就业比较充分，家庭财产普遍增加，人民过上更加富足的生活。

——社会主义民主更加完善，社会主义法制更加完备，依法治国基本方略得到全面落实，人民的政治、经济和文化权益得到切实尊重和保障。基层民主更加健全，社会秩序良好，人民安居乐业。

——全民族的思想道德素质、科学文化素质和健康素质明显提高，形成比较完善的现代国民教育体系、科技和文化创新体系、全民健身和医疗卫生体系。人民享有接受良好教育的机会，基本普及高中阶段教育，消除文盲。形成全民学习、终身学习的学习型社会，促进人的全面发展。

---

① 中共中央文献研究室编：《十六大以来重要文献选编》（上），中央文献出版社2011年版，第14—15页。

中国式现代化之路

——可持续发展能力不断增强,生态环境得到改善,资源利用效率显著提高,促进人与自然的和谐,推动整个社会走上生产发展、生活富裕、生态良好的文明发展道路。①

党的十六大之后,国家统计局公布了全面小康的标准:(一)人均国内生产总值2500元(按1980年的价格和汇率计算,2500元相当于900美元);(二)城镇人均可支配收入2400元;(三)农民人均纯收入1200元;(四)城镇住房人均使用面积12平方米;(五)农村钢木结构住房人均使用面积15平方米;(六)人均蛋白质日摄入量75克;(七)城市每人拥有铺路面积8平方米;(八)农村通公路行政村比重85%;(九)恩格尔系数50%;(十)成人识字率85%;(十一)人均预期寿命70岁;(十二)婴儿死亡率3.1%;(十三)教育娱乐支出比重11%;(十四)电视机普及率100%;(十五)森林覆盖率15%;(十六)农村初级卫生保健基本合格县比重100%。②

2007年10月召开的党的十七大,深刻分析国际国内形势发展变化和新世纪新阶段的一系列新的阶段性特征,对实现全面建设小康社会奋斗目标提出了新的更高要求:

——增强发展协调性,努力实现经济又好又快发展。转变发展方式取得重大进展,在优化结构、提高效益、降低消耗、保护环境的基础上,实现人均国内生产总值到2020年比2000年翻两番。社会主义市场经济体制更加完善。自主创新能力显著提高,科技进步对经济增长的贡献率大幅上升,进入创新型国家行列。居民消费率稳步提高,

---

① 中共中央文献研究室编:《十六大以来重要文献选编》(上),中央文献出版社2011年版,第15页。
② 朱剑红:《全面小康什么样——访国家统计局副局长贺铿》,《人民日报》2002年11月18日。

形成消费、投资、出口协调拉动的增长格局。城乡、区域协调互动发展机制和主体功能区布局基本形成。社会主义新农村建设取得重大进展。城镇人口比重明显增加。

——扩大社会主义民主，更好保障人民权益和社会公平正义。公民政治参与有序扩大。依法治国基本方略深入落实，全社会法制观念进一步增强，法治政府建设取得新成效。基层民主制度更加完善。政府提供基本公共服务能力显著增强。

——加强文化建设，明显提高全民族文明素质。社会主义核心价值体系深入人心，良好思想道德风尚进一步弘扬。覆盖全社会的公共文化服务体系基本建立，文化产业占国民经济比重明显提高、国际竞争力显著增强，适应人民需要的文化产品更加丰富。

——加快发展社会事业，全面改善人民生活。现代国民教育体系更加完善，终身教育体系基本形成，全民受教育程度和创新人才培养水平明显提高。社会就业更加充分。覆盖城乡居民的社会保障体系基本建立，人人享有基本生活保障。合理有序的收入分配格局基本形成，中等收入者占多数，绝对贫困现象基本消除。人人享有基本医疗卫生服务。社会管理体系更加健全。

——建设生态文明，基本形成节约能源资源和保护生态环境的产业结构、增长方式、消费模式。循环经济形成较大规模，可再生能源比重显著上升。主要污染物排放得到有效控制，生态环境质量明显改善。生态文明观念在全社会牢固树立。[1]

---

[1] 中共中央文献研究室编：《十七大以来重要文献选编》（上），中央文献出版社2009年版，第15—16页。

从党的十一届三中全会到党的十八大的改革开放和社会主义现代化建设新时期，中国共产党作出把党和国家工作中心转移到经济建设上来，实行改革开放的历史性决策，大力推进实践基础上的理论创新、制度创新、文化创新以及其他各方面创新，实行社会主义市场经济体制，实现了从生产力相对落后的状况到经济总量跃居世界第二的历史性突破，实现了人民生活从温饱不足到总体小康、奔向全面小康的历史性跨越，为中国式现代化提供了充满新的活力的体制保证和快速发展的物质条件。

2012年11月召开的党的十八大提出，综观国际国内大势，我国发展仍处于可以大有作为的重要战略机遇期。我们要准确判断重要战略机遇期内涵和条件的变化，全面把握机遇，沉着应对挑战，赢得主动，赢得优势，赢得未来，确保到2020年实现全面建成小康社会宏伟目标。根据我国经济社会发展实际，要在党的十六大、十七大确立的全面建设小康社会目标的基础上努力实现新的要求。

——经济持续健康发展。转变经济发展方式取得重大进展，在发展平衡性、协调性、可持续性明显增强的基础上，实现国内生产总值和城乡居民人均收入比2010年翻一番。科技进步对经济增长的贡献率大幅上升，进入创新型国家行列。工业化基本实现，信息化水平大幅提升，城镇化质量明显提高，农业现代化和社会主义新农村建设成效显著，区域协调发展机制基本形成。对外开放水平进一步提高，国际竞争力明显增强。

——人民民主不断扩大。民主制度更加完善，民主形式更加丰富，人民积极性、主动性、创造性进一步发挥。依法治国基本方略全面落实，法治政府基本建成，司法公信力不断提高，人权得到切实尊重和保障。

——文化软实力显著增强。社会主义核心价值体系深入人心，公民文明素质和社会文明程度明显提高。文化产品更加丰富，公共文化服务体系基本建成，文化产业成为国民经济支柱性产业，中华文化走出去迈出更大步伐，社会主义文化强国建设基础更加坚实。

——人民生活水平全面提高。基本公共服务均等化总体实现。全民受教育程度和创新人才培养水平明显提高，进入人才强国和人力资源强国行列，教育现代化基本实现。就业更加充分。收入分配差距缩小，中等收入群体持续扩大，扶贫对象大幅减少。社会保障全民覆盖，人人享有基本医疗卫生服务，住房保障体系基本形成，社会和谐稳定。

——资源节约型、环境友好型社会建设取得重大进展。主体功能区布局基本形成，资源循环利用体系初步建立。单位国内生产总值能源消耗和二氧化碳排放大幅下降，主要污染物排放总量显著减少。森林覆盖率提高，生态系统稳定性增强，人居环境明显改善。[1]

党的十八大以来，改革开放和社会主义现代化建设取得历史性成就，党和国家事业发生历史性变革，全面建成小康社会取得重大进展。经济保持中高速增长，在世界主要国家中名列前茅，国内生产总值从2012年的54万亿元增长到2017年的80万亿元，稳居世界第二，城镇化率年均提高1.2个百分点，八千多万农业转移人口成为城镇居民。按照兜底线、织密网、建机制的要求，全面建成覆盖全民、

---

[1] 中共中央文献研究室编：《十八大以来重要文献选编》（上），中央文献出版社2014年版，第13—14页。

城乡统筹、权责清晰、保障适度、可持续的多层次社会保障体系，健全更加公平、更可持续的社会保障体系。尤其是脱贫攻坚取得重大进展，贫困人口大幅度减少，每年减贫1000万人以上，贫困地区经济社会面貌发生重大变化，全面建成小康社会的目标即将如期实现。为此，2017年10月召开的党的十九大明确提出，要决胜全面建成小康社会，开启全面建设社会主义现代化国家新征程。

综合分析国际国内形势和我国发展条件，党的十九大将2020年到21世纪中叶分两个阶段来安排。第一个阶段，从2020年到2035年，在全面建成小康社会的基础上，再奋斗15年，基本实现社会主义现代化。到那时，我国经济实力、科技实力将大幅跃升，跻身创新型国家前列；人民平等参与、平等发展权利得到充分保障，法治国家、法治政府、法治社会基本建成，各方面制度更加完善，国家治理体系和治理能力现代化基本实现；社会文明程度达到新的高度，国家文化软实力显著增强，中华文化影响更加广泛深入；人民生活更为宽裕，中等收入群体比例明显提高，城乡区域发展差距和居民生活水平差距显著缩小，基本公共服务均等化基本实现，全体人民共同富裕迈出坚实步伐；现代社会治理格局基本形成，社会充满活力又和谐有序；生态环境根本好转，美丽中国目标基本实现。第二个阶段，从2035年到21世纪中叶，在基本实现现代化的基础上，再奋斗15年，把我国建成富强民主文明和谐美丽的社会主义现代化强国。到那时，我国物质文明、政治文明、精神文明、社会文明、生态文明将全面提升，实现国家治理体系和治理能力现代化，成为综合国力和国际影响力领先的国家，全体人民共同富裕基本实

第四章 "中国式的现代化"与小康社会建设

现,我国人民将享有更加幸福安康的生活,中华民族将以更加昂扬的姿态屹立于世界民族之林。①

经过全党全国各族人民持续奋斗,特别是党的十八大以来,以习近平同志为核心的党中央团结带领全党全国各族人民,统筹推进"五位一体"总体布局,协调推进"四个全面"战略布局,立足新发展阶段,贯彻新发展理念,构建新发展格局,推动高质量发展,我国如期全面建成小康社会。总的来看,2013—2021年,我国国内生产总值年均增长6.6%,高于同期世界2.6%和发展中经济体3.7%的平均增长水平,经济增长率居世界主要经济体前列。其中,在2014、2016、2017、2018、2020年,我国国内生产总值相继跨越60、70、80、90、100万亿元大关,2021年突破110万亿元,达到114.4万亿元,按不变价计算为2012年的1.8倍。按年平均汇率折算,2021年我国经济总量占世界经济的比重达18.5%,比2012年提高7.2个百分点,稳居世界第二位。2013—2021年,我国对世界经济增长的平均贡献率超过30%,居世界第一。2021年,我国人均GDP达80976元,扣除价格因素,比2012年增长69.7%,年均增长6.1%。按年平均汇率折算,2021年我国人均GDP达12551美元,连续3年超过1万美元,稳居上中等收入国家行列,接近世界银行划分的高收入国家门槛值。

从农业方面来看,2021年,我国农林牧渔业总产值为147013亿元,比2012年增加60671亿元,2013—2021年年均增长4.2%。具

---

① 中共中央党史和文献研究院编:《十九大以来重要文献选编》(上),中央文献出版社2019年版,第20—21页。

体而言，2021 年，我国农业产值 78340 亿元，比 2012 年增加 33494 亿元，2013—2021 年年均增长 4.5%；林业产值 6508 亿元，增加 3101 亿元，年均增长 6.1%；牧业产值 39911 亿元，增加 13420 亿元，年均增长 2.7%；渔业产值 14507 亿元，增加 6103 亿元，年均增长 3.4%；农林牧渔专业及辅助性活动产值 7748 亿元，增加 4554 亿元，年均增长 7.8%。2021 年，我国粮食产量达 13657 亿斤，为历史最高水平，比 2012 年增加 1412 亿斤，2013—2021 年年均增长 1.2%。其中，2021 年谷物产量 12655 亿斤，比 2012 年增加 1323 亿斤，年均增长 1.2%；2021 年豆类产量 393 亿斤，比 2012 年增加 57 亿斤，年均增长 1.8%；2021 年薯类产量 609 亿斤，比 2012 年增加 32 亿斤，年均增长 0.6%。自 2012 年起，我国人均粮食产量持续保持在 450 公斤以上，2021 年人均粮食产量达到了 483.5 公斤，比 2012 年增加 31.4 公斤，2013—2021 年年均增长 0.7%。

从工业、交通运输方面来看，2013—2021 年，我国工业增加值年均增长 6.1%，远高于世界其他主要经济体增长水平。2012 年，我国工业增加值总量首次突破 20 万亿元，2018 年突破 30 万亿元，2021 年达 37.3 万亿元，占国内生产总值的比重达 32.6%。根据世界银行统计数据，2010 年我国制造业增加值首次超过美国，之后连续多年稳居世界第一；2020 年我国制造业增加值占世界的份额达 28.5%，较 2012 年提升 6.2 个百分点。就主要工业产品产量而言，2021 年，我国集成电路产量达到 3594 亿块，比 2012 年增长 361.0%；乙烯产量 2826 万吨，比 2012 年增长 90.1%；天然气 2076 亿立方米，比 2012 年增长 87.7%；房间空气调节器 2.2 亿台，比 2012 年增长 76.1%；化学纤维 6709 万吨，比 2012 年增长 74.8%；发电量 8.5 万亿千瓦时，比 2012 年增长 71.1%；10 种有色金属 6477 万吨，比 2012 年增长 62.3%；粗钢 10.4 亿吨，比 2012 年增长 43.0%；液晶电视机 1.7 亿台，比 2012 年增长 52.6%；微型计算机设备 4.7 亿台，比 2012 年增长 46.8%；移动通信手持机 16.6 亿台，比 2012 年增长 40.6%；汽车 2653 万辆，比 2012 年增长 37.6%。到 2021 年，我国铁路营业里程达 15.1 万公里、公路里程达 528 万公里、内河航道通航里程达 12.8 万公里、民航定期航班航线里程达 690 万公里、输油（气）管道里程达 13.1 万公里，比 2012 年分别增长 54.4%、24.6%、2.1%、110.3% 和 43.2%。

从科技创新来看，2021 年，我国研发经费投入达 27956 亿元，按现价计算比 2012 年增长 1.7 倍，年均增长 11.7%，投入规模仅次于美国，稳居世界第二位。其中，基础研究经费投入为 1817 亿元，是 2012 年的 3.6 倍；2013—2021 年年均增长 15.4%，增速比同时期全社会研发经费快 3.7%；基础研究占研发经费比重为 6.5%，比 2012 年提高 1.66%。就科学研究人才队伍而言，2021 年，按折合全时工作量计算的全国研发人员总量达 562 万人年，是 2012 年的 1.7 倍；我国研发人员总量自 2013 年超过美国以来，已连续 9 年稳居世界第一。另外，我国每万名就业人员中研发人员数从 2012 年的 61 人提高到 2021 年的 115 人，研发人员中拥有本科及以上学历人员占比由 50.2% 提高到 63% 左右。2011—2021 年的 10 年间，我国各学科高被引国际论文数达 4.29 万篇，占世界份额的 24.8%，仅次于美国的 44.5%，位列世界第二位。2021 年我国发明专利授权数达69.6万件，是2012年的3.2倍；我国申请人通过《专利合作条约》提交的国际专利申请达6.95万件，连续三年位居世界第一位。中国空间站"天和"核心舱、"天问一号"探测器、"祝融号"火星车、"奋斗者"号全海深载人潜水器、"海斗一号"全海深无人潜水器、北斗卫星导航系统、国产大飞机C919等一系列高科技成果不断涌现。

从人民生活水平来看，2021年全国居民人均可支配收入达35128元，比2012年的16510元增加18618元，扣除价格因素，累计实际增长78.0%，年均实际增长6.6%。其中，2021年城镇居民人均可支配收入为47412元，比2012年增长96.5%；农村居民人均可支配收入为18931元，比2012年增长125.7%。就耐用消费品而言，2021年，城乡居民平均每百户家用汽车拥有量为50.1和30.2辆，分别比2012年提高132.7%和358.3%；平均每百户空调拥有量为161.7和89.0台，分别比2012年提高27.5%和250.8%；平均每百户移动电话拥有量为253.6和266.6部，分别比2012年提高19.3%和34.8%。此外，农村居民家电拥有量较快增长，2021年，农村居民平均每百户电冰箱拥有量为103.5台，比2012年提高53.8%；平均每百户洗衣机拥有量为96.1台，比2012年提高42.9%。就医疗和教育服务水平而言，2021年，城镇地区有87.5%的户所在社区有卫生站，农村地区有94.8%的户所在自然村有卫生站，分别比2013年提高7.8%和13.2%。2021年，城镇地区有99.0%的户所在社区可以便利地上幼儿园或学前班，比2013年提高2.3%；有99.2%的户所在社区可以便利地上小学，比2013年提高2.4%。2021年，农村地区有90.1%

的户所在自然村可以便利地上幼儿园或学前班，比2013年提高14.4%；有91.3%的户所在自然村可以便利地上小学，比2013年提高10.5%。

建设并建成小康社会其实就是中国实现富起来的过程。例如，1978年国内生产总值3678.7亿元，人均385元，按当年汇率计算约230美元；城镇居民人均可支配收入343.4元，农村居民人均纯收入133.6元。到2020年，中国国内生产总值超过100万亿元，人均国内生产总值超过1万美元，常住人口城镇化率超过60%，中等收入群体超过4亿人，全国居民人均可支配收入32189元，城镇居民人均可支配收入43834元，农村居民人均可支配收入17131元。2020年，全国居民每百户家用汽车、移动电话、空调、排油烟机、热水器拥有量，分别为37.1辆、253.8部、117.7台、60.9台和90.4台。而在1978年，这些消费品除了个别家庭拥有外，对于绝大多数家庭来说几乎为零。即便到1998年全国每百户居民也只有汽车0.25辆，摩托车13.22辆，洗衣机90.57台，电冰箱76.08台，彩色电视机105.43台，空调20.01台，计算机3.78台。可以说，到2020年时的中国，汽车、摩托车、洗衣机、电冰箱、空调、彩电、电脑、手机已进入寻常百姓家，早已不是稀罕之物。"特别是全面建成小康社会取得伟大历史成果，解决困扰中华民族几千年的绝对贫困问题取得历史性成就。这在我国社会主义现代化建设进程中具有里程碑意义，为我国进入新发展阶段、朝着第二个百年奋斗目标进军奠定了坚实基础。"①

2021年7月1日，在庆祝中国共产党成立100周年大会上，习近平总书记代表党和人民庄严宣告，经过全党全国各族人民持续奋斗，我们实现了第一个百年奋斗目标，在中华大地上全面建成了小康社会，历史性地解决了绝对贫困问题，正在意气风发向着全面建成社会主义现代化强国的第二个百年奋斗目标迈进。中华民族实现了小康这个千年梦想，胜利地走好了当年邓小平提出的"三步走"战略目标的第二步，为下一步建成社会主义现代化强国奠定了坚实的基础。这不仅标志着中国全面建成了小康社会，人民生活水平显著提高，经济社会全面发展，而且标志着在改革开放的伟大实践中，我们成功走出一条从实现小康到全面建成小康社会，再到建成社会主义现代化强国的现代化道路，表明中国式现代化道路越走越宽广，具有强大的生命力。

邓小平曾说过："实现四个现代化是一场深刻的伟大的革命。在这场伟大的革命中，我们是在不断地解决新的矛盾中前进的。"②改革开放向前推进一步，人们对中国式现代化的认识也就深化一步。在中国式现代化这个概念提出之后，其内涵和目标不断地深化。1979年9月29日，在新中国成立30周年之际，叶剑英代表中共中央发表《在庆祝中华人民共和国成立三十周年大会上的讲话》，他指出："我们所说的四个现代化，是实现现代化的四个主要方面，并不是说现代化事业只以这四个方面为限。""在建设高度物质文明的同时，提高全民族的教育科学文化水平和健康水平，树立崇高的革命理想和革命道

---

① 中共中央党史和文献研究院编：《习近平关于中国式现代化论述摘编》，中央文献出版社2023年版，第16页。
② 《邓小平文选》第二卷，人民出版社1994年版，第152—153页。

德风尚，发展高尚的丰富多彩的文化生活，建设高度的社会主义精神文明。这些都是我们社会主义现代化的重要目标，也是实现四个现代化的必要条件。"①明确提出中国的现代化不但是高度物质文明的现代化，也是高度精神文明的现代化，中国要建成的现代化，不但要实现现代化的农业、工业、国防和科学技术这样的物质目标，而且还包括完善的民主法制、高度的精神文明。

伴随着改革开放的推进，中国式现代化目标要求也越来越清晰。1981年6月，党的十一届六中全会通过的《关于建国以来党的若干历史问题的决议》，在全面总结新中国成立以来历史经验的基础上，提出了中国共产党在改革开放新时期的奋斗目标，就是把中国"逐步建设成为具有现代农业、现代工业、现代国防和现代科学技术的，具有高度民主和高度文明的社会主义强国"②。1987年10月，党的十三大系统地阐述了党在社会主义初级阶段的理论，并将"为把我国建设成为富强、民主、文明的社会主义现代化国家而奋斗"，作为党在社会主义初级阶段基本路线的重要内容，在"社会主义现代化国家"之前，提出了富强民主文明"三位一体"的总要求与总目标。2007年10月，党的十七大将"富强民主文明"拓展为"富强民主文明和谐"，反映了人们对建立社会主义和谐社会的愿望与诉求。2017年10月，党的十九大将社会主义现代化国家的目标，由"富强民主文明和谐"拓展为"富强民主文明和谐美丽"，反映了人们对努力建设

---

① 中共中央文献研究室编：《改革开放三十年重要文献选编》（上），中央文献出版社2008年版，第71页。
② 中共中央文献研究室编：《三中全会以来重要文献选编》（下），中央文献出版社2011年版，第166页。

美丽中国，实现中华民族永续发展的强烈愿望。从"民主文明"到"富强民主文明和谐美丽"，中国的现代化经济建设、政治建设、文化建设、社会建设和生态文明建设全面推进，表明中国式的现代化领域更全面，是全方位的现代化。

实现现代化进而实现中华民族的伟大复兴，是中国共产党的初心使命。把中国建成一个强大的社会主义现代化国家，是中国共产党在全国执政后就确立的目标，并为此进行了艰辛的探索。在经历社会主义建设的曲折之后，人们痛定思痛，深刻地认识到要改变中国贫穷落后的面貌，必须把现代化建设作为全党全国的中心工作，而原来的体制机制不适合现代化建设的需要，应当执行对内改革对外开放的方针。改革开放使人们认识到自己的长处与短处，意识到中国的现代化不能搬用过去的苏联模式，也不能套用西方的现代化标准，而必须有自己的目标追求和发展路径，"中国式现代化"这一命题应运而生。改革开放是在新的历史条件下中国共产党领导人民进行的新的伟大革命，其目的就是为了更好地解放和发展生产力，尽快实现现代化。可以说，摆脱贫困进而实现现代化催生了改革开放，而改革开放为中国式现代化建设提供了强大动能，成为现代化和民族复兴的推进器。正如习近平总书记所指出的："改革开放是决定当代中国命运的关键一招，也是决定中国式现代化成败的关键一招。"[①]

[①] 习近平：《中国式现代化是中国共产党领导的社会主义现代化》，《求是》2023年第11期。

第五章

全面建设社会主义现代化国家

随着全面建成小康社会目标的实现，中国的现代化建设站到了新的历史起点上。2022年10月召开的党的二十大明确指出："从现在起，中国共产党的中心任务就是团结带领全国各族人民全面建成社会主义现代化强国、实现第二个百年奋斗目标，以中国式现代化全面推进中华民族伟大复兴。"[①] 从此，中国人民在中国共产党的领导下，踏上了全面建设社会主义现代化国家的新征程。党的二十大的一个重要的理论创新，就是概括提出并深入阐述中国式现代化理论，这是科学社会主义的最新重大成果。

一、新时代中国共产党人的中心任务

中国近现代史，是一部追求现代化目标的艰苦奋斗史。在中国共产党领导下，中国人民投入到革命、建设、改革的伟大实践中，经过不懈探索，终于开创出一条具有鲜明中国特色的现代化新道路。正如习近平总书记在庆祝中国共产党成立100周年大会上指出的，"我们坚持和发展中国特色社会主义，推动物质文明、政治文明、精神文明、社会文明、生态文明协调发展，创造了中国式现代化新道路，创造了人类文明新形态"[②]。

中国的现代化是在极度艰辛的条件下起步的。从19世纪40年代

[①] 《习近平著作选读》第一卷，人民出版社2023年版，第18页。
[②] 《习近平著作选读》第二卷，人民出版社2023年版，第483页。

开始，率先走上近代化道路的西方列强，对中国发动了一场又一场侵略战争，中国逐渐沦为半殖民地半封建社会，国家蒙辱、人民蒙难、文明蒙尘。苦难中的中国人逐步意识到，必须赶上时代步伐，实现现代化，才能实现民族复兴。自此，中国开始了漫长而艰难的现代化探索之路。

近代中国人对现代化的认识，最初是也只能是欧美资本主义模式。先是提出"师夷长技以制夷"，随后兴起洋务运动，办工厂、修铁路、建海军。然而甲午战争的惨败，让中国的先进分子将探索的目光从"器物"转向"制度"。但无论是戊戌变法，还是辛亥革命，均未让中华民族摆脱继续沉沦的命运。正如毛泽东在《论人民民主专政》中指出的，"中国人向西方学得很不少，但是行不通，理想总是不能实现。多次奋斗，包括辛亥革命那样全国规模的运动，都失败了。国家的情况一天一天坏，环境迫使人们活不下去。怀疑产生了，增长了，发展了"[①]。

欧美的资本主义模式在一定时期内推进了经济发展和科技进步，但其以私有制为基础，追求利润最大化，以牺牲公平、贫富悬殊、阶级对立为特点，对外充满扩张性与侵略性。它弱肉强食的弊端，在第一次世界大战中暴露得尤为明显，中国的先进分子由此意识到，不能重蹈西方覆辙，这种模式的现代化被当时中国的先进分子所摒弃。恰在此时，列宁领导俄国十月革命建立起全新的社会主义制度，开辟了人类发展的新方向，使人们看到了通往现代化并非只有资本主义一种

[①] 《毛泽东选集》第四卷，人民出版社1991年版，第1470页。

途径，这就为中国人探寻现代化道路打开了新的大门。

中华民族的现代化道路上，横亘着帝国主义、封建主义、官僚资本主义三座大山。不推翻压在中国人民头上的这三座大山，就不能实现民族独立和人民解放，中国的现代化就无从谈起。鸦片战争以来中国现代化的挫折和失败的历史证明，这个任务只能由新兴政治力量即中国工人阶级及其先锋队来承担。

中国共产党成立后，领导人民开展反帝反封建的革命斗争，经过北伐战争、土地革命战争、抗日战争、解放战争，以武装的革命反对武装的反革命，推翻了三座大山，建立了人民当家作主的新中国，彻底结束了旧中国半殖民地半封建社会的历史，彻底结束了旧中国一盘散沙的局面，彻底废除了列强强加给中国的不平等条约和帝国主义在中国的一切特权，为实现中华民族伟大复兴创造了根本社会条件，为古老的中国实现人民梦寐以求的现代化扫清了前进道路上的重大障碍，奠定了坚实基础。

新中国成立后，中国共产党带领人民克服一穷二白的不利条件，一方面在短期内完成了新民主主义向社会主义的过渡，迅速建立起社会主义基本制度；另一方面建立计划经济体制，开启了以计划经济为基本特征的现代化建设。在不长的时间内，一批重点项目相继上马，生产出新中国第一架飞机、第一辆汽车等，新中国的现代化平稳起步。

中国式现代化道路的开辟，是前无古人的事业。新中国开启的现代化，借鉴了苏联的现代化模式。苏联模式有其长处，但也存在忽视市场和微观经济主体作用的局限，导致生产者缺乏积极性和创新动

第五章　全面建设社会主义现代化国家

力。随着苏联模式弊端日渐显现，中国共产党意识到，必须探索出一条适合中国国情的社会主义现代化道路。1956年苏共二十大后，毛泽东明确指出，"最重要的是要独立思考，把马列主义的基本原理同中国革命和建设的具体实际相结合"，要"找出在中国怎样建设社会主义的道路"。1956年4月，毛泽东发表《论十大关系》，强调要调动一切积极因素，建设强大的社会主义国家，外国的经验应当学习，但不能盲目地学，社会主义建设应当走自己的路。从这个时期起，我们就试图走出一条不同于苏联模式的社会主义现代化道路，并为此付出了艰苦的努力，其中有成功也有失误，有经验也有一些教训。

　　清晰地判断国情，是开创中国式现代化新道路的基本前提。新中国成立以后，党对中国社会发展阶段的认识经历了一个曲折的过程。党的十一届三中全会在总结经验教训、清晰判断国际国内两个大局基础上，果断地将党和国家的工作重心转移到社会主义现代化建设上。党的十二大明确提出要走自己的路，建设有中国特色的社会主义。邓小平在十二大的开幕词中强调：我们的现代化建设，必须从中国的实际出发。无论是革命还是建设，都要注意学习和借鉴外国经验。但是，照抄照搬别国经验、别国模式，从来不能得到成功。这方面我们有过不少教训。把马克思主义的普遍真理同我国的具体实际结合起来，走自己的道路，建设有中国特色的社会主义，这就是我们总结长期历史经验得出的基本结论。中国的事情要按照中国的情况来办，要依靠中国人自己的力量来办。

　　随着改革开放的推进，中国共产党人对国情的认知越来越深刻，认识到我国正处于并将长期处于社会主义初级阶段。逐步形成社会主

中国式现代化之路

义初级阶段基本路线，提出了"三步走"发展战略。社会主义初级阶段理论的提出，为中国式现代化新道路奠定了理论基础，确立了方位和坐标。这意味着，中国已经进入社会主义社会，必须坚持而不能离开社会主义；同时，中国的社会主义还处于初级阶段，现代化建设必须从这个实际出发而不能超越这个阶段。邓小平指出，把我国建成一个社会主义强国，这是一个非常艰巨的任务，必须走出一条具有中国特色的现代化道路。他明确提出了"中国式的四个现代化""中国式的现代化道路"等重要命题，并在此基础上提出"小康"概念。就这样，"小康"成为20世纪后20年中国现代化的具体目标任务。

在开创中国特色社会主义道路的进程中，中国共产党人认识到，要在坚持党的领导和坚持社会主义道路的前提下，从根本上改革束缚生产力发展的经济体制，建立社会主义市场经济体制，并进行政治体制改革和其他领域的改革；要实行全面开放，发展对外经济技术交流与合作，更多更好地利用外来资金、资源和技术，吸收和借鉴人类社会创造的优秀文明成果。在此基础上，中国共产党带领中国人民，把坚持以经济建设为中心同坚持四项基本原则、坚持改革开放这两个基本点统一于发展中国特色社会主义的伟大实践，为实现人民对美好生活的向往不懈努力。2000年10月召开的十五届五中全会宣布，我们已经胜利实现现代化建设的前两步战略目标，人民生活总体上达到小康水平。2012年11月，党的十八大在十六大、十七大确立的全面建设小康社会的基础上，提出在建党100周年之际全面建成小康社会。中国式现代化目标越发清晰、前景越发明朗。

党的十八大以来，以习近平同志为核心的党中央坚持问题导向，

第五章　全面建设社会主义现代化国家

围绕解决现代化建设中存在的突出矛盾和问题，全面深化改革，不断实现理论和实践上的创新突破，成功推进和拓展了中国式现代化。创立了习近平新时代中国特色社会主义思想，实现了马克思主义中国化时代化新的飞跃，为中国式现代化提供了根本遵循。进一步深化对中国式现代化的内涵和本质的认识，概括形成中国式现代化的中国特色、本质要求和重大原则，初步构建中国式现代化的理论体系，使中国式现代化更加清晰、更加科学、更加可感可行。在战略上不断完善，作出了在21世纪中叶把我国建成富强民主文明和谐美丽的社会主义现代化强国"两步走"的战略安排，明确"五位一体"总体布局和"四个全面"战略布局，深入实施科教兴国战略、人才强国战略、乡村振兴战略等一系列重大战略，为中国式现代化提供坚实战略支撑。在实践上不断丰富，推进一系列变革性实践、实现一系列突破性进展、取得一系列标志性成果，特别是消除了绝对贫困问题，全面建成小康社会，推动党和国家事业取得历史性成就、发生历史性变革，为中国式现代化提供了更为完善的制度保证、更为坚实的物质基础、更为主动的精神力量。

世界上不存在定于一尊的现代化模式，也不存在放之四海而皆准的现代化标准。习近平总书记指出："当代中国的伟大社会变革，不是简单延续我国历史文化的母版，不是简单套用马克思主义经典作家设想的模板，不是其他国家社会主义实践的再版，也不是国外现代化发展的翻版，不可能找到现成的教科书。"[1] 新中国成立特别是改革开

---

[1] 《习近平著作选读》第一卷，人民出版社2023年版，第484页。

中国式现代化之路

放以来,在长期的实践探索中,中国共产党带领中国人民,走出了一条既不同于西方,也有别于苏联的中国式现代化新道路,即中国共产党领导的社会主义现代化之路。

立足党和国家事业发展所处历史方位,对奋斗目标接续作出战略规划和安排,并坚持抓好落实,是我们党成功领导和推进现代化进程的重要经验。党的十八大着重对全面建成小康社会、实现第一个百年奋斗目标进行谋划;党的十九大对第二个百年奋斗目标作出分两个阶段推进的战略安排;党的二十大进一步对全面建成社会主义现代化强国两步走战略安排进行宏观擘画,提出到2035年我国发展的总体目标和未来五年目标任务,既保持连续性,又体现发展性。

展望到21世纪中叶把我国建设成为综合国力和国际影响力领先的社会主义现代化强国的目标,党的二十大从八个方面明确了到2035年我国发展的总体目标。这一系列战略安排,细化了全面建成社会主义现代化强国的时间表、路线图,展现了中华民族伟大复兴的光明前景。到那时:

经济实力、科技实力、综合国力大幅跃升,人均国内生产总值迈上新的大台阶,达到中等发达国家水平。实现人均国内生产总值达到中等发达国家水平,意味着我国将成功跨越中等收入阶段,并在高收入阶段继续向前迈进一大步。届时,我国经济实力、科技实力、综合国力将大幅跃升,社会生产力、国际竞争力、国际影响力将再迈上新的大台阶。

实现高水平科技自立自强,进入创新型国家前列。坚持走中国特色自主创新道路,在创新型国家建设上取得长足发展,在关键共性技术、前沿引领技术、现代工程技术、颠覆性技术创新等方面取得重大突破，实现关键核心技术自主可控，进入创新型国家前列，把发展主导权牢牢掌握在自己手中。

建成现代化经济体系，形成新发展格局，基本实现新型工业化、信息化、城镇化、农业现代化。推进"新四化"同步发展、建成现代化经济体系和形成新发展格局，既是我国实现社会主义现代化的基本路径，也是重要目标。届时，我国将迈向制造强国、质量强国、航天强国、交通强国、网络强国、数字中国，以城市群和都市圈为依托的大中小城市协调发展格局基本形成、以人为核心的新型城镇化基本实现，农业现代化短板加快补齐，乡村振兴取得决定性进展。

基本实现国家治理体系和治理能力现代化，全过程人民民主制度更加健全，基本建成法治国家、法治政府、法治社会。支撑中国特色社会主义制度的根本制度、基本制度、重要制度等各方面制度将更加完善。人民当家作主制度体系更加健全，人民依法实行民主选举、民主协商、民主决策、民主管理、民主监督得到充分保证。依法治国、依法执政、依法行政共同推进，法治国家、法治政府、法治社会一体建设，形成科学立法、严格执法、公正司法、全民守法的良好格局。

建成教育强国、科技强国、人才强国、文化强国、体育强国、健康中国，国家文化软实力显著增强。教育、科技、人才是全面建设社会主义现代化国家的基础性、战略性支撑，文化、体育、健康是人的全面发展的应有之义。建成教育强国、科技强国、人才强国、文化强国、体育强国、健康中国，意味着我国将总体实现教育现代化、实现高水平科技自立自强，国民思想道德素养、科学文化素质明显提高，社会文明程度达到新高度，人民身体素养和健康水平、体育综合实力和国际影响力居于世界前列，国家文化软实力和中华文化影响力全面提升。

人民生活更加幸福美好，居民人均可支配收入再上新台阶，中等收入群体比重明显提高，基本公共服务实现均等化，农村基本具备现代生活条件，社会保持长期稳定，人的全面发展、全体人民共同富裕取得更为明显的实质性进展。在幼有所育、学有所教、劳有所得、病有所医、老有所养、住有所居、弱有所扶上不断取得进步，居民人均可支配收入随着经济增长将再上新台阶，分配制度更加完善，基本公共服务实现均等化，中等收入群体显著扩大，农村基础设施和基本公共服务明显改善，改革发展成果更多更公平惠及全体人民，促进人的全面发展，朝着实现全体人民共同富裕迈出坚实步伐。

广泛形成绿色生产生活方式，碳排放达峰后稳中有降，生态环境根本好转，美丽中国目标基本实现。我国生态文明制度体系将更加完善，绿色生产方式和生活方式蔚然成风，碳排放总量在达峰后稳中有降，空气质量和水环境质量根本改善，土壤环境安全得到有效保障，山水林田湖草沙生态功能稳定恢复，蓝天白云、绿水青山将成为常态。

国家安全体系和能力全面加强，基本实现国防和军队现代化。平安中国建设达到更高水平，国家安全法治体系、战略体系、政策体系、人才体系和运行机制更加健全，粮食安全、能源安全、重要产业链供应链安全和公共安全能力全面提高。同国家现代化进程相一致，全面推进军事理论现代化、军队组织形态现代化、军事人员现代化、武器装备现代化，基本实现国防和军队现代化。

第五章　全面建设社会主义现代化国家

党的二十大既放眼长远，又立足当前，指出未来五年是全面建设社会主义现代化国家开局起步的关键时期，提出未来五年的主要目标任务，体现了由远及近、以近启远、远近呼应的周密部署。比如，未来五年构建新发展格局和建设现代化经济体系取得重大进展，2035年建成现代化经济体系，形成新发展格局；未来五年科技自立自强能力显著提升，2035年实现高水平科技自立自强；未来五年国家治理体系和治理能力现代化深入推进，2035年基本实现国家治理体系和治理能力现代化；未来五年中国特色社会主义法治体系更加完善，2035年基本建成法治国家、法治政府、法治社会；未来五年基本公共服务均等化水平明显提升，2035年基本公共服务实现均等化；未来五年美丽中国建设成效显著，2035年美丽中国目标基本实现；等等。这种战略安排和目标设定上的一体化、递进式特点，体现了我们党治国理政的鲜明特点。只要坚持一张蓝图绘到底、一棒接着一棒跑，全面建成社会主义现代化强国的宏伟蓝图必将一步一步变成现实。搞好这五年的发展对于实现第二个百年奋斗目标至关重要，要紧紧抓住解决不平衡不充分的发展问题，着力在补短板、强弱项、固底板、扬优势上下功夫，研究提出解决问题的新思路、新举措。

现在，我们比历史上任何时期都更接近、更有信心和能力建成社会主义现代化强国，进而实现中华民族伟大复兴的目标。同时，必须清醒认识到，中国式现代化和中华民族伟大复兴取得历史性成就，进入了乘势而上、确保中华民族伟大复兴历史进程不被迟滞甚至中断的关键时期；必须清醒认识到，建成社会主义现代化强国和中华民族伟大复兴绝不是轻轻松松、敲锣打鼓就能实现的，前进道路上仍然存在可以预料和难以预料的各种风险挑战；必须清醒认识到，我国仍处于社会主义初级阶段，我国仍然是世界上最大的发展中国家，社会主要矛盾是人民日益增长的美好生活需要和不平衡不充分的发展之间的矛盾；必须清醒认识到，百年变局和世纪疫情相互交织，世界进入新的动荡变革期，世界和平与发展面临严峻挑战，外部环境更加不稳定不确定，我国发展面临新的战略环境。基于这样的考虑，党的二十大报告强调，必须增强忧患意识，坚持底线思维，做到居安思危、未雨绸缪，准备经受风高浪急甚至惊涛骇浪的重大考验，牢牢把握好坚持和加强党的全面领导、坚持中国特色社会主义道路、坚持以人民为中心的发展思想、坚持深化改革开放、坚持发扬斗争精神等重大原则，既不走封闭僵化的老路，也不走改旗易帜的邪路，坚持把国家和民族发展放在自己力量的基点上，坚持把中国发展进步的命运牢牢掌握在自己手中。

二、中国式现代化的基本特征

"现代化"是一个动态的概念，一个国家或地区是否实现现代化，可以从经济上的工业化、社会生活上的城市化、政治上的民主化、学术知识上的科学化等诸多方面去衡量。现代化国家也是通常意义上讲的发达国家。总体来说，实现了现代化的国家与地区，共同的特征是生产力水平高，经济比较发达，科学技术先进，物质比较充实，居民生活水平较高，公共服务较为完善，人均国内生产总值、人均预期寿命、人均受教育年限在全球排名靠前，等等。中国要实现的现代化，也一定是如此。

但是，中国式现代化除了各国现代化的共同特征外，还具有自己鲜明的特色。随着改革开放和现代化建设的持续推进，中国共产党人对中国式现代化的认识不断深化，在2020年10月召开的党的十九届五中全会上，习近平总书记指出，我们所推进的现代化，既有各国现代化的共同特征，更有基于国情的中国特色，并将这种中国特色首次概括为五点，即："第一点，我国现代化是人口规模巨大的现代化。我国十四亿人口要整体迈入现代化社会，其规模超过现有发达国家的总和，将彻底改写现代化的世界版图，在人类历史上是一件有深远影响的大事。第二点，我国现代化是全体人民共同富裕的现代化。共同富裕是中国特色社会主义的本质要求，我国现代化坚持以人民为中心的发展思想，自觉主动解决地区差距、城乡差距、收入分配差距，促进社会公平正义，逐步实现全体人民共同富裕，坚决防止两极分化。第三点，我国现代化是物质文明和精神文明相协调的现代化。我国现代化坚持社会主义核心价值观，加强理想信念教育，弘扬中华优秀传统文化，增强人民精神力量，促进物的全面丰富和人的全面发展。第四点，我国现代化是人与自然和谐共生的现代化。我国现代化注重同步推进物质文明建设和生态文明建设，走生产发展、生活富裕、生态良好的文明发展道路，否则资源环境的压力不可承受。第五点，我国现代化是走和平发展道路的现代化。一些老牌资本主义国家走的是暴力掠夺殖民地的道路，是以其他国家落后为代价的现代化。我国现代化强调同世界各国互利共赢，推动构建人类命运共同体，努力为人类和平与发展作出贡献。实践表明，中国式现代化既切合中国实际，体现了社会主义建设规律，也体现了人类社会发展规律。我国要坚定不移推进中国式现代化，以中国式现代化推进中华民族伟大复兴，不断为人类作出新的更大贡献。"①

党的二十大报告再次强调，在新中国成立特别是改革开放以来长期探索和实践基础上，经过十八大以来在理论和实践上的创新突破，我们党成功推进和拓展了中国式现代化。中国式现代化，是中国共产党领导的社会主义现代化，既有各国现代化的共同特征，更有基于自己国情的中国特色。

——中国式现代化是人口规模巨大的现代化。我国十四亿多人口整体迈进现代化社会，规模超过现有发达国家人口的总和，艰巨性和复杂性前所未有，发展途径和推进方式也必然具有自己的特点。我们始终从国情出发想问题、作决策、办事情，既不好高骛远，也不因循守旧，保持历史耐心，坚持稳中求进、循序渐进、持续推进。

——中国式现代化是全体人民共同富裕的现代化。共同富裕是中国特色社会主义的本质要求，也是一个长期的历史过程。我们坚持把实现人民对美好生活的向往作为现代化建设的出发点和落脚点，着力维护和促进社会公平正义，着力促进全体人民共同富裕，坚决防止两极分化。

——中国式现代化是物质文明和精神文明相协调的现代化。物质富足、精神富有是社会主义现代化的根本要求。物质贫困不是社会主义，精神贫乏也不是社会主义。我们不断厚植现代化的物质基础，不

---

① 《习近平著作选读》第二卷，人民出版社2023年版，第367—368页。

断夯实人民幸福生活的物质条件，同时大力发展社会主义先进文化，加强理想信念教育，传承中华文明，促进物的全面丰富和人的全面发展。

——中国式现代化是人与自然和谐共生的现代化。人与自然是生命共同体，无止境地向自然索取甚至破坏自然必然会遭到大自然的报复。我们坚持可持续发展，坚持节约优先、保护优先、自然恢复为主的方针，像保护眼睛一样保护自然和生态环境，坚定不移走生产发展、生活富裕、生态良好的文明发展道路，实现中华民族永续发展。

——中国式现代化是走和平发展道路的现代化。我国不走一些国家通过战争、殖民、掠夺等方式实现现代化的老路，那种损人利己、充满血腥罪恶的老路给广大发展中国家人民带来深重苦难。我们坚定站在历史正确的一边、站在人类文明进步的一边，高举和平、发展、合作、共赢旗帜，在坚定维护世界和平与发展中谋求自身发展，又以自身发展更好维护世界和平与发展。[1]

中国式现代化这五个特色，是中国独特客观条件决定的，是中国社会制度和治国理念决定的，也是中国在实现现代化长期实践中得到的规律性认识决定的。中国式现代化五个特色的概括，使中国共产党人的现代化思想上升到一个新的高度，深刻揭示了中国式现代化的科学内涵，是中国现代化建设十分重要的理论成果，进一步指明了我国现代化建设的价值追求与发展方向。

中国式现代化是人口规模巨大的现代化，这是中国式现代化的显

---

[1] 《习近平著作选读》第一卷，人民出版社2023年版，第18—19页。

著特征。人口问题始终是我国面临的全局性、长期性、战略性问题。人口规模巨大，决定了我国现代化必须是高度自立自强，而不能是依附他人的现代化，必须走自己的路，为中国式现代化提供了充裕的劳动力资源，蕴藏着高质量发展的坚实基础。

人口多，就业、住房、教育、医疗、社保等基本公共服务压力就大，也给现代化建设所需要的要素保障等带来严峻考验。大有大的难处。正是有难处，而我们能够解决好，才能彰显中国特色社会主义制度的优越性。大也有大的优势。人口规模巨大创造了巨大人口红利，支撑劳动和人力资本密集型产业发展，形成超大规模市场和超大规模经济体。在中国共产党的坚强领导下，我们仅用几十年时间就走完了发达国家几百年走过的工业化历程，实现了跨越式发展，成为世界第二大经济体。党的十八大以来，中国共产党立足新发展阶段、贯彻新发展理念、构建新发展格局、推动高质量发展，赋予中国式现代化一系列新的特征。组织实施了人类历史上规模空前、力度最大、惠及人口最多的脱贫攻坚战，全面消除绝对贫困，如期全面建成小康社会。积极推进以人为核心的新型城镇化，常住人口城镇化率达到66%左右。推动实现更加充分、更高质量的就业，建成世界上规模最大的教育体系、社会保障体系、医疗卫生体系，在幼有所育、学有所教、劳有所得、病有所医、老有所养、住有所居、弱有所扶上不断取得新进展。

人口规模不同，现代化的任务就不同，其艰巨性、复杂性就不同，发展途径和推进方式也必然具有自己的特点。现在，全球进入现代化的国家也就20多个，总人口10亿左右。中国14亿多人口整体迈入现代化，规模超过现有发达国家人口的总和，将极大地改变现代化的世界版图。这是人类历史上规模最大的现代化，也是难度最大的现代化。中国这样一个人口众多、原本经济文化落后的国家要实现现代化，其难度可想而知，其意义也可想而知。

全体人民共同富裕的现代化，这是中国式现代化的本质特征，也是区别于西方现代化的显著标志。共同富裕是社会主义的本质要求，是党在推动中国式现代化过程中始终坚持的价值取向，是中国式现代化区别于西方国家现代化的一个重要标准。实现共同富裕不仅体现了中国特色社会主义发展的目标与要求，更体现了新时代以人为本、不断满足人民对美好生活的需要、让人民共享发展成果的价值理念。共同富裕不是少数人的富裕，不是整齐划一的平均主义，更不是搞"福利主义"那一套，而是通过共同努力、共同奋斗、共同发展来共同分享整个国家进步的成果，也就是全民富裕、全面富裕、共建富裕、逐步富裕。

全体人民共同富裕是一个总体概念，是对全社会而言的，不宜分成城市一块、农村一块，或者东部、中部、西部地区各一块，各提各的指标，需要从全局上来把握。现在，已经到了扎实推动共同富裕的历史阶段。实现共同富裕的目标，首先要通过全国人民共同奋斗把"蛋糕"做大做好，然后通过合理的制度安排正确处理增长和分配的关系，把"蛋糕"切好分好。必须更加自觉贯彻以人民为中心的发展思想，顺应人民对美好生活的向往，奋力推进高质量发展，自觉主动解决地区差距、城乡差距、收入分配差距等问题，突出保障和改善民生，完善分配制度，规范平台企业健康发展，防止垄断和资本无序扩张，解决好人民群众急难愁盼问题，推动全体人民共同富裕取得更为明显的实质性进展。

西方现代化的最大弊端，就是以资本为中心而不是以人民为中心，追求资本利益最大化而不是为绝大多数人谋利益，导致贫富差距大、两极分化严重。一个多世纪以来，在马克思主义影响下，工人阶级走向觉悟，与资产阶级开展斗争，迫使资产阶级做出一定的让步，工人阶级的生活状况有所改变，但贫富悬殊、阶级对立仍然严重存在。因此，"西方工业文明是建立在少数人富裕、多数人贫穷的基础上的；当大多数人都要像少数富裕人那样生活，人类文明就将崩溃。当今世界都在追求的西方式现代化是不能实现的，它是人类的一个陷阱"[①]。一些发展中国家在现代化过程中曾接近发达国家的门槛，却掉进了"中等收入陷阱"，长期陷于停滞状态，甚至严重倒退，一个重要原因就是没有解决好两极分化、阶层固化等问题。中国是社会主义国家，中国共产党始终强调共同富裕是社会主义的本质特征。因此，中国式现代化是以人民为中心的现代化，必然是也必须是全体人民共同富裕的现代化，这是中国式现代化与西方式现代化的本质区别。

中国式现代化是物质文明和精神文明相协调的现代化。既要物质富足，也要精神富有，是中国式现代化的崇高追求。物质文明和精神文明，是人类认识世界、改造世界全部成果的总括和结晶。改革开放之初，中国共产党创造性地确定了物质文明和精神文明"两手抓、两手都要硬"的战略方针，中国式现代化的目标是促进物的全面丰富和

---

① 习近平：《之江新语》，浙江人民出版社2007年版，第118页。

人的全面发展。

在推进现代化建设中，不仅强调解放和发展社会生产力、促进经济持续快速增长，而且认为精神文明是中国特色社会主义的题中应有之义。面对新形势新任务，习近平总书记指出，要以辩证的、全面的、平衡的观点正确处理物质文明和精神文明的关系，只有物质文明建设和精神文明建设都搞好，国家物质力量和精神力量都增强，全国各族人民物质生活和精神生活都改善，中国特色社会主义事业才能顺利向前推进。必须把物质文明和精神文明相协调的重大原则要求，贯穿于中国式现代化的始终，在实现经济发展和社会进步的同时，促进人的全面发展。

西方一些国家在现代化的过程中，一方面是生产力得到很大发展，大量的商品被生产出来，一些人物质生活越来越富足；另一方面是一些人的精神生活却越来越空虚，从而引发愈来愈多，甚至愈来愈严重的各种问题。今天，西方国家日渐陷入困境，一个重要原因就是无法遏制资本贪婪的本性，无法解决物质主义膨胀、精神贫乏等痼疾。中国式现代化既要物质财富极大丰富，也要精神财富极大丰富，在思想文化上自信自强。要坚持两手抓、两手硬，促进物质文明和精神文明相互协调、相互促进，让全体人民始终拥有团结奋斗的思想基础、开拓进取的主动精神、健康向上的价值追求。要顺应人民日益增长的精神文化需求，建设具有强大凝聚力和引领力的社会主义意识形态，加强理想信念教育和"四史"宣传教育，培育和弘扬社会主义核心价值观，发展社会主义先进文化，推出更多优秀文艺作品，不断丰富人民精神世界，提高全社会文明程度，促进人的全面发展。

中国式现代化之路

中国式现代化是人与自然和谐共生的现代化。尊重自然、顺应自然、保护自然，促进人与自然和谐共生，是中国式现代化的鲜明特点。中国式现代化站在人与自然和谐共生的高度谋划发展，推动经济社会发展全面绿色转型，形成人与自然和谐发展的现代化建设新格局，这是由我国基本国情决定的。

我国资源总量丰富，但人均能源资源禀赋严重不足，人均资源占有量远低于世界平均水平。我国人均耕地面积不足世界平均水平的1/2，宜居程度较高的土地面积只占我国陆地国土面积的19%；人均淡水资源量仅为世界平均水平的1/4，且时空分布极不平衡；油、气、铁、铜等大宗矿产人均储量远低于世界平均水平，对外依存度高；人均森林面积仅为世界平均水平的1/5，近一半木材依赖进口。

人口众多、资源相对不足、环境承载力较弱的基本国情，决定了中国式现代化必须摒弃西方国家大量消耗资源能源、肆意破坏生态环境的现代化老路，努力走人与自然和谐共生的现代化新路。因此，"我们要建设的现代化是人与自然和谐共生的现代化，既要创造更多物质财富和精神财富以满足人民日益增长的美好生活需要，也要提供更多优质生态产品以满足人民日益增长的优美生态环境需要"[1]。这从理论和实践层面阐明了人与自然和谐共生的关系，进一步丰富和拓展了中国式现代化的内涵与外延，为同步推进物质文明建设和生态文明建设、促进人与自然和谐共生的现代化，指明了方向、提供了遵循。

习近平同志曾指出："人类追求发展的需求和地球资源的有限供

---

[1] 《习近平著作选读》第二卷，人民出版社2023年版，第41页。

给是一对永恒的矛盾。古人'天育物有时，地生财有限，而人之欲无极'的说法，从某种意义上反映了这一对矛盾。人类社会在生产力落后、物质生活贫困的时期，由于对生态系统没有大的破坏，人类社会延续了几千年。而从工业文明开始到现在仅三百多年，人类社会巨大的生产力创造了少数发达国家的西方式现代化，但已威胁到人类的生存和地球生物的延续。"[1] 近代以来，西方国家的现代化大都经历了对自然资源肆意掠夺和生态环境恶性破坏的阶段，在创造巨大物质财富的同时，往往造成环境污染、资源枯竭等严重问题。中国作为后现代化国家，必须避免西方一些国家现代化过程中对生态环境一度造成的严重破坏，在现代化过程中必然实现人与自然和谐共生。

中国式现代化必须坚持可持续发展，坚持节约优先、保护优先、自然恢复为主的方针，坚定不移走生产发展、生活富裕、生态良好的文明发展道路，为实现中华民族永续发展开辟广阔前景。要牢固树立和践行绿水青山就是金山银山的理念，坚持山水林田湖草沙一体化保护和系统治理，推进生态优先、节约集约、绿色低碳发展，加快发展方式绿色转型，提升生态系统多样性、稳定性、持续性，积极稳妥推进碳达峰碳中和，以高品质的生态环境支撑高质量发展。

中国式现代化是走和平发展道路的现代化。坚持和平发展，在坚定维护世界和平与发展中谋求自身发展，又以自身发展更好维护世界和平与发展，推动构建人类命运共同体，是中国式现代化的突出特征。

---

[1] 习近平：《之江新语》，浙江人民出版社 2007 年版，第 118 页。

当前，世界百年未有之大变局加速演进，但和平、发展、合作、共赢仍是时代潮流，世界各国相互联系、相互依存的程度空前加深，建设持久和平、共同繁荣的世界，是各国人民的共同愿望。长期以来，中国坚持对话而不对抗、结伴而不结盟，走出了一条通过合作共赢实现共同发展、和平发展的现代化道路。这条中国式现代化新道路，打破了"国强必霸"的大国崛起传统模式，提供了实现现代化的全新选择、全新方案。

同时，必须清醒看到，我国仍处于社会主义初级阶段的基本国情没有变，我国是世界上最大发展中国家的国际地位没有变，如期实现第二个百年奋斗目标、让有14亿多人口的中国整体迈入现代化行列，规模和难度都世所罕见，必须毫不动摇地长期奋斗、持续发展。因此，继续营造一个和平的外部环境，对实现中国的现代化目标至关重要。这就要求立足基本国情，保持战略定力，坚定不移走和平发展道路，努力营造和平稳定的国际环境。正如《中共中央关于党的百年奋斗重大成就和历史经验的决议》所指出的，只要我们坚持和平发展道路，既通过维护世界和平发展自己，又通过自身发展维护世界和平，同世界上一切进步力量携手前进，不依附别人，不掠夺别人，永远不称霸，就一定能够不断为人类文明进步贡献智慧和力量。

一个国家要走向现代化，实现繁荣富强，必须主动顺应世界发展大势。西方一些国家曾通过战争、殖民、掠夺等方式，实现了自身的工业化和现代化，造成许多国家和地区长久摆脱不了贫穷与落后，这种损人利己、充满血腥罪恶的现代化之路，给广大发展中国家人民带来深重苦难，必须坚决摒弃。中华文化强调"和为贵"，中华民族没有对外侵略的文化基因，中国坚定不移地走和平发展道路，以前不走、现在不走、以后也绝不走"国强必霸"的路子。

中国式现代化坚持独立自主、自力更生，依靠全体人民的辛勤劳动和创新创造发展壮大自己，通过激发内生动力与和平利用外部资源相结合的方式来实现国家发展，不以任何形式压迫其他民族、掠夺他国资源财富，而是为广大发展中国家提供力所能及的支持和帮助。必须始终高举和平、发展、合作、共赢旗帜，奉行互利共赢的开放战略，不断以中国新发展为世界提供新机遇。积极参与全球治理体系改革和建设，践行真正的多边主义，弘扬全人类共同价值，推动落实全球发展倡议和全球安全倡议，努力为人类和平与发展作出更大贡献。

三、中国式现代化的本质要求

在新中国成立特别是改革开放以来长期探索和实践基础上，经过党的十八大以来在理论和实践上的创新突破，中国共产党成功推进和拓展了中国式现代化。中国式现代化创造了人类文明新形态，开辟了发展中国家走向现代化的新路径，打破了只有西方资本主义道路才能实现现代化的神话。中国式现代化既有各国现代化的共同特征，更有基于自己国情的中国特色，具有明确的本质要求，这就是：坚持中国共产党领导，坚持中国特色社会主义，实现高质量发展，发展全过程人民民主，丰富人民精神世界，实现全体人民共同富裕，促进人与自然和谐共生，推动构建人类命运共同体，创造人类文明新形态。

一是从领导力量把握中国式现代化的本质要求。实现中华民族伟大复兴，是中国共产党人神圣而光荣的使命。要实现中华民族的伟大复兴，就必然要将我国建设成为富强民主文明和谐美丽的社会主义现代化强国，二者互相联系、不可分割。中国共产党成立以来的历史，就是一部中国现代化目标的追求史、现代化事业的建设史、现代化道路的探索史。中国共产党百年来所进行的革命、建设和改革，所有的努力与奋斗，都是为了实现社会主义现代化和中华民族的伟大复兴。在中国共产党的领导下，中国人民终于找到了一条适合中国国情的现代化道路。历史和现实都证明：没有中国共产党的领导，就不可能有中国式现代化的开创、推进和拓展，就不可能全面建成社会主义现代化强国；党的领导是中国式现代化的根本政治保证，只有坚持中国共产党领导，中国式现代化才能走向光明未来。这是中国人民从长期奋斗中得出的结论。

中国共产党是中国式现代化的领导力量，也是中国式现代化沿着中国特色社会主义道路继往开来、持之以恒、一以贯之、赓续推进的可靠支撑，更是新时代中国式现代化创新发展、实现第二个百年奋斗目标的坚强保证。坚持中国共产党领导，是中国式现代化最鲜明的特征和最突出的优势，是推进中国式现代化必须坚持的最高原则。中国式现代化是社会主义制度条件下的现代化，社会主义制度决定了中国式现代化的基本性质和未来走向。坚持中国特色社会主义，是中国式现代化同西方现代化道路的根本区别，是推进中国式现代化的最本质要求。

二是从科学内涵把握中国式现代化的本质要求。中国式现代化的

第五章　全面建设社会主义现代化国家

奋斗目标是把我国建成富强民主文明和谐美丽的社会主义现代化强国，必须全面提升我国的物质文明、政治文明、精神文明、社会文明、生态文明水平。中国式现代化的本质要求传递着清晰的判断、鲜明的态度、深厚的情怀，突出中国式现代化本身的全面性、系统性、协调性和多维性，明确了中国式现代化的立体目标。实现高质量发展，发展全过程人民民主，丰富人民精神世界，实现全体人民共同富裕，促进人与自然和谐共生，分别对应"五位一体"总体布局的不同方面，既各自独立又相互联系，相辅相成、相互促进、形成合力，有利于推进社会有机体整体优化并不断向前发展。

全面提升物质文明水平，必须坚持以实现高质量发展为方向，加快形成高质量发展模式和现代化经济体系，不断厚植现代化的物质基础和人民幸福生活的物质条件，全面提高我国经济实力、科技实力和综合国力，打牢物质基础。人民民主是社会主义的生命，是全面建设社会主义现代化国家的应有之义。全面提升政治文明水平，必须坚持以发展全过程人民民主为方向，健全人民当家作主制度体系，坚持走中国特色社会主义法治道路，全面实现国家治理体系和治理能力现代化。物质富足、精神富有是社会主义现代化的根本要求，要求必须全面提升精神文明水平，坚持以丰富人民精神世界为方向，坚持中国特色社会主义文化发展道路，激发全民族文化创新创造活力，增强实现中华民族伟大复兴的精神力量。全面提升社会文明水平，必须坚持以实现全体人民共同富裕为方向，坚持把实现人民对美好生活的向往作为现代化建设的出发点和落脚点，着力维护和促进社会公平正义，保证社会既充满活力又和谐有序。全面提升生态文明水平，必须坚持以

中国式现代化之路

促进人与自然和谐共生为方向,牢固树立和践行绿水青山就是金山银山的理念,坚定不移走生产发展、生活富裕、生态良好的文明发展道路,实现中华民族永续发展。

三是从国际影响把握中国式现代化的本质要求。以和平方式实现国家发展和民族复兴,是中国式现代化的显著特征。中国式现代化摒弃了一些国家通过战争、殖民、掠夺等方式实现现代化的老路,开创了通过合作共赢实现共同发展、和平发展的现代化发展模式,致力于推动构建人类命运共同体,在坚定维护世界和平与发展中谋求自身发展,又以自身发展更好维护世界和平与发展。

推动构建人类命运共同体,是当代中国对世界的重要思想和理论贡献,产生了日益广泛而深远的国际影响,成为中国引领时代潮流和人类文明进步方向的鲜明旗帜。当今时代,经济全球化大潮滚滚向前,新一轮科技革命和产业变革深入发展,全球治理体系深刻重塑,国际格局加速演变,和平发展大势不可逆转。人类交往的世界性比过去任何时候都更深入、更广泛,各国相互联系和彼此依存比过去任何时候都更频繁、更紧密。和平、发展、合作、共赢已成为时代潮流,世界退不回彼此封闭孤立的状态,更不可能被人割裂。世界各国只有顺应历史大势,推动构建人类命运共同体,才能实现共同发展、共享繁荣。必须坚持对话协商,建设一个持久和平的世界;坚持共建共享,建设一个普遍安全的世界;坚持合作共赢,建设一个共同繁荣的世界;坚持交流互鉴,建设一个开放包容的世界;坚持绿色低碳,建设一个美丽清洁的世界。建设这样的美好世界,反映了人类社会的共同价值追求,汇聚了世界各国人民对和平发展繁荣向往的最大公约数。

第五章　全面建设社会主义现代化国家

中国式现代化是创造人类文明新形态的过程，拓展了发展中国家走向现代化的途径，给世界上那些既希望加快发展又希望保持自身独立性的国家和民族提供了全新选择，为解决人类问题贡献了中国智慧和中国方案。世界好，中国才能好；中国好，世界才更好。中国共产党是为中国人民谋幸福的党，也是为人类进步事业而奋斗的党。中国将一如既往为世界和平安宁作贡献，一如既往为世界共同发展作贡献，一如既往为世界文明交流互鉴作贡献。世界命运握在各国人民手中，人类前途系于各国人民的选择。中国人民愿同世界各国人民一起，在构建人类命运共同体这条人间正道上携手前行，共同创造更加繁荣美好的世界。

党的二十大指出，全面建设社会主义现代化国家，是一项伟大而艰巨的事业，前途光明，任重道远。当前，世界百年未有之大变局加速演进，新一轮科技革命和产业变革深入发展，国际力量对比深刻调整，我国发展面临新的战略机遇。同时，世纪疫情影响深远，逆全球化思潮抬头，单边主义、保护主义明显上升，世界经济复苏乏力，局部冲突和动荡频发，全球性问题加剧，世界进入新的动荡变革期。我国改革发展稳定面临不少深层次矛盾躲不开、绕不过，党的建设特别是党风廉政建设和反腐败斗争面临不少顽固性、多发性问题，来自外部的打压遏制随时可能升级。我国发展进入战略机遇和风险挑战并存、不确定难预料因素增多的时期，各种"黑天鹅""灰犀牛"事件随时可能发生。因此，必须增强忧患意识，坚持底线思维，做到居安思危、未雨绸缪，准备经受风高浪急甚至惊涛骇浪的重大考验。前进道路上，必须牢牢把握以下重大原则。

——坚持和加强党的全面领导。坚决维护党中央权威和集中统一领导，把党的领导落实到党和国家事业各领域各方面各环节，使党始终成为风雨来袭时全体人民最可靠的主心骨，确保我国社会主义现代化建设正确方向，确保拥有团结奋斗的强大政治凝聚力、发展自信心，集聚起万众一心、共克时艰的磅礴力量。

——坚持中国特色社会主义道路。坚持以经济建设为中心，坚持四项基本原则，坚持改革开放，坚持独立自主、自力更生，坚持道不变、志不改，既不走封闭僵化的老路，也不走改旗易帜的邪路，坚持把国家和民族发展放在自己力量的基点上，坚持把中国发展进步的命运牢牢掌握在自己手中。

——坚持以人民为中心的发展思想。维护人民根本利益，增进民生福祉，不断实现发展为了人民、发展依靠人民、发展成果由人民共享，让现代化建设成果更多更公平惠及全体人民。

——坚持深化改革开放。深入推进改革创新，坚定不移扩大开放，着力破解深层次体制机制障碍，不断彰显中国特色社会主义制度优势，不断增强社会主义现代化建设的动力和活力，把我国制度优势更好转化为国家治理效能。

——坚持发扬斗争精神。增强全党全国各族人民的志气、骨气、底气，不信邪、不怕鬼、不怕压，知难而进、迎难而上，统筹发展和安全，全力战胜前进道路上各种困难和挑战，依靠顽强斗争打开事业发展新天地。[①]

[①] 《习近平著作选读》第一卷，人民出版社2023年版，第21—23页。

第五章　全面建设社会主义现代化国家

党的二十大对中国式现代化的本质要求作出的科学概括，是党深刻总结我国和世界其他国家现代化建设的历史经验，对我国这样一个东方大国如何加快实现现代化在认识上不断深化、战略上不断完善、实践上不断丰富而形成的思想理论结晶。中国式现代化蕴含的独特世界观、价值观、历史观、文明观、民主观、生态观等及其伟大实践，是对世界现代化理论和实践的重大创新。在前进道路上，必须始终不渝地坚持中国共产党领导，坚持中国特色社会主义，实现高质量发展，发展全过程人民民主，丰富人民精神世界，实现全体人民共同富裕，促进人与自然和谐共生，推动构建人类命运共同体，创造人类文明新形态。坚持党的基本理论、基本路线、基本方略不动摇，坚定道路自信、理论自信、制度自信、文化自信，坚持独立自主、自力更生，坚持道不变、志不改，既不走封闭僵化的老路，也不走改旗易帜的邪路，坚定不移走好自己的路，心无旁骛做好自己的事，坚持把国家和民族发展放在自己力量的基点上，坚持把中国发展进步的命运牢牢掌握在自己手中。要拓展世界眼光，坚持对外开放，积极学习借鉴世界各国现代化的成功经验，在交流互鉴中不断拓展中国式现代化的广度和深度。

后 记

近一段时间，关于中国式现代化的著述已经出版了不少，但从历史角度回顾一百多年来中国人如何探索现代化道路的成果似乎少见，本书试图就此做一点儿尝试。

当然，由于学识所限，这本书并不系统、深入与全面。参加本书编写的有罗平汉、林建雄、陈红杰、张南等人。本书的出版得到了北京联合出版公司的大力支持，北京华景时代文化传媒有限公司的朱文平、刘雅文同志为本书出版出力甚多，编辑人员做了大量细致的编校工作，在此一并表示感谢！